于永正教育文集

给初为人师的女儿20条贴心建议

于永正◎著

教育科学出版社
·北京·

人生留痕

——写在前面的话

一

小时候想当画家。邻居家有四幅郑板桥画的竹、兰、菊、梅，每年春节才舍得挂出来，挂到正月十五，就收起来了。听着大人的品评，羡慕得不得了，心想，长大了，我也要当画家。于是天天画画儿，常常画得天昏地暗，废寝忘食。

读初中一年级时，在恩师李晓旭老师的激励下又想长大了当作家。读了神童作家刘绍棠写的中篇小说《运河的桨声》，佩服得五体投地，更坚定了当作家的信念，而且不一定等“长大”了。于是孜孜不倦地读书，苦思冥想地写作。

“文革”彻底粉碎了我的“作家梦”。但改革开放后，它“死灰复燃”，我继续操笔为文，只是不写小说、散文之类，而改写教育随笔和教学论文。心想，写什么不行，只要文章能见诸报端就成。

功夫不负有心人。1980 年第 12 期《江苏教育》发表了我的第一篇教学论文《选材与命题》，同年同月，《徐州日报》发表了我的短篇小说《没脑子的人》。我把《选材与命题》的用稿通知书在衣兜里整整揣了一个星期，逢人便掏给人家看。

从此，一发不可收拾。

我经常开玩笑说："写，让我变成了一条猎狗，瞪大眼睛看世界，张开鼻孔嗅四周，竖起耳朵听动静。干什么呀？搜寻生活中的真、善、美呀！"是的，写，让我读书有了动力——看看人家是怎样看待教育、教学的？人家是怎样做的？人家是怎样研究学生的？人家又是怎样写的？读与写是"洗洁剂"，经常洗去自己头脑中的污垢；读与写也是"充电器"，不断为自己的大脑注入新的理念和动力。

总之，读与写是我教育、教学不断进步的双翼。读与写的过程，是不断肯定自己、激励自己的过程，同时也是不断反省自己、否定自己的过程。在这样一个往复循环的过程中，让自己的实践有了智慧，有了理性，使自己的路走得越来越正了，越来越直了。

感谢读、写的习惯。它充实了我的人生，成就了我的事业，并且让我的人生留痕。过去的事情，用文字凝固下来，就会成为"永久"，哪怕把它放在抽屉里。不写出来，终究只是一种记忆，而记忆不会长久。记忆一旦消失了，过去，就不复存在了。

人应当有追求，有抱负。虽然不一定都能如愿以偿，但为实现理想的付出，一定会收获充盈，会收获习惯，不至于"赤裸裸地来"、"赤裸裸地去"，最终两手空空。这样，至少对得起生我养我的父母，对得起教育我，并寄希望于我的老师。14 岁那年（1955 年），徐州京剧团招收文武场学员（即乐队学员，包括操琴、打锣鼓的），我独自一人，提了把胡琴去应试。没考上。但我对京戏、拉琴的兴趣丝毫未减。到了晚年，才体会到这一习惯给我带来的好处。对我来说，收获习惯，比收获"琴师"、"名角"真的更重要。

二

我的文章不是在书斋里写出来的，而是做出来的。

我写的，都是我的故事，我的经验、体会与感受。没有拾人牙慧，更没有抄袭。偶尔引用别人的话，是因为他（她）说得对，引起了我的共鸣，或用来佐证自己的观点，增加说服力而已。

我常常想，为什么叶圣陶、陶行知的书好读？为什么连外国的马卡连柯、苏霍姆林斯基、雷夫·艾斯奎斯写的书也好读，不像读有些理论家的书那样晦涩、费解？他们的书不但好懂，而且让我们感同身受。为什么？因为他们是教育家，而不是空头理论家。教育家的书都是做出来的。

作为一位教师，必须把工作做好，课上好，否则写什么？还要会思考、会感受，少了这一条也不行。没有“消化生活的胃”，对所从事的工作就不会有深切的体察和深刻的认识，就概括不出规律性的东西。

教育的理论是古老的理论。我只不过是用孔子、苏格拉底等中外教育家的理论演绎自己的故事罢了。我很卖力，很勤奋，因为我总想做个学生喜欢的老师，不能愧对学生以及他们身后的家长。

但，做到这一点不容易。我不断告诫自己：不要忘记自己曾经是孩子。一想到孩提时的我，我对学生就会多一份尊重、理解和宽容。我会向学生交出这样一张“名片”——“名片”的正面写着两个大字：微笑；下面书写着三个关键词：尊重、理解、宽容。“名片”的反面写着两个大字：负责；下面也书写了三个关键词：严格、顶真、耐心。

由此，我有了许多故事和体悟；于是，写的习惯让我把它们形诸文字；于是，有了这一套书。亲爱的读者，其实，我的“教学实录”，也是我和学生书写的故事，是有趣的故事。不信，你们读读看。

好文章的确是做出来的，不是写出来的。

“做”出来的文章是鲜活的，可感的，有生命张力的（恕我也使用了“张力”这个费解的词），因而更具有可读性。

三

这套文集主要包括以下三个方面的内容。

1. 对教育的实践与感悟；

2. 对语文教学的实践与感悟；

3. 忆师友与对人生的感悟等。

本人从教五十多年，主要教的是语文学科，所以有关语文教育的，占的篇幅最多。除了有对语文教育的认识，更多的是语文教育实践——课堂教学实录。读者从中可以看出我的教育观、语文观、学生观，乃至于我的性格、为人和其他的方方面面。教学实录是最生动的教学论文，是最鲜活的语文教学法。同时，如我刚才所说，也是故事。

《做一个学生喜欢的老师——我的为师之道》，是刚写好的，本书是我对自己从教五十多年的较为全面的总结。这本书，可以说是我的“封笔”之作了。我很用心写它；写好了，也很喜欢它。和其他五本比起来，我自认为，它也是“压卷”之作。因为是一次全方位的总结，个别文字和课例，难免与其他几本书有相似或重复之处。

四

有一次，我的一位徒弟写了一篇题为《你了解学生在家里的表现吗》的文章，请我提提意见。一看题目，我就问：“你是质问我吗？——这个题目我读了有点不舒服。我想，任何一位读者读了都会有同感。”接着，我对这位徒弟说，写文章要有读者意识。第一，写的东西，对读者有好处，要传递“正能量”。即使是让读者消遣，那也一定得给读者带去一抹阳光，一缕春风，让人心情放松，甚至博得读者开心一笑。如果文章写出来自己都觉得没多大意思，我绝不投寄给报刊社，不能无端地耗费读者的精力和时间。只有自己觉得有点味道，甚至把自己感动了，才小心地投寄出去。有时，把写好的稿子先请你师母“审阅”。她读后脸上若有笑意，便有门儿；若眉头锁起，评价时吞吞吐吐，我就会把它丢进纸篓，或者打入“冷宫”，以后再加工。第二，要考虑别人能否读懂，尽量不要给读者带来麻烦。老舍先生曾说过，既然我们的语汇中有“可是”、“但是”，就不一定用“然而”。写文章是与别人交流思想的，不要卖弄自己的文字技巧。因此，话说得越明白越好。第三，要摆正自己和读者的关系。我们和读者是平等对话、平等交流，不能有居高临下、教训别人的意思。即使对某些人、某些问题、某些现象有看法，在言辞上也要把握好分寸。

我的这位徒弟对我的话表示赞同，连声说："记住了！"

张志公先生说："语言的运用从今不从古，从俗不从雅，从易不从难。"

启功先生写过这样一副对联：

行文简浅显

做事诚平恒

我深以为是，而且努力去践行。至于做得怎么样，就有待于读者去评价了。

五

吴法源先生早就想为我出一套教育文集，为此，他费了不少心血。吃水不忘挖井人。感谢法源先生的抬举，感谢为本书的出版付出辛勤劳动的编辑朋友们！

目 录 | contents

第二辑 教育的两个名字

第三辑 蹲下来看学生

第四辑
站在巨人的肩膀上

第一辑

把自己教成孩子

如果说，我在教学中取得了一点成功，原因之一是我有一颗童心。用学生的话来说，我是他们的“大朋友”；用思维科学家张光鉴教授的话来说，就是“于永正和学生相似”；用苏霍姆林斯基的话来说，就是我“始终不忘记自己也曾是孩子”。

给初为人师的女儿20条贴心建议

女儿要当老师了。她和所有即将踏上神圣教坛的年轻人一样，既激动又不安。由于她是非师范院校毕业的大学生，心里就更没有底儿了，于是向我讨教，索要“锦囊妙计”。我说：“妙计没有，经验倒是有一些。”她说：“那就请老爸支儿招儿吧！”

下面，是我和女儿谈话的要点，算是为她支的招儿。

1. 教师要在上课铃声未落之前到达教室门口

铃声落了，教室里的多数人如果对你视而不见，依然我行我素，乱哄哄的（低年级小朋友尤甚），你不要发脾气，要静静地观察每个人，目光不要严厉，但要犀利、灵活、有神。一般情况下，片刻之后，多数学生会安静下来。此刻，你一定要及时给学生们一个满意的表情，表扬表现好的人，表扬要具体，指出哪一排哪一组的学生安静，哪些学生坐得端正。

如果还有人在说话，甚至打闹，则用一种期待或者严厉的目光“盯”住他。无效，则点明某一排或某一组的某一人仍在做影响大家上课的事，因为你不可能知道他们的名字。再无效，则迅速地走到他们眼前，请他们站起来，严肃但措辞文明地告诉他们，之所以请他们站起来，是因为他们无视课堂纪律，影响了别人的学习。必要时，则请他们把名字写在黑板上，然后说一句：“噢，你叫李勇，你叫王强。”不要指责，更不能挖苦。这一招儿肯定有效。千万不要不管班级里怎么样乱七八糟，傻乎乎地走进教室立刻开始教学。否则，你很难把课上下去。

2. 一旦进入课堂，就要像京剧演员一样，精气十足

走进课堂，要把90%的注意力放在学生身上，10%的注意力用在教学方案的实施上。要善于用眼睛表达你的满意、生气和愤怒。尽量不要吼叫，训斥只可偶尔为之。

目光要经常瞥向那些神不守舍、好动、好说的学生。可以请他们做点事——比如读书、读单词、表演、到黑板上默字等，这叫“以动治动”。最要紧的是不断地鼓励、表扬、提醒学生，但话要简洁明了，忌婆婆妈妈式的唠叨。

这样的表扬会更有效：

“第二组同学坐得最端正。”——如果班级里某一个角落出现“骚动”。

“李勇的眼睛一直看着老师。”——如果李勇的同学走了神，或者在做小动作。

“小强同学善于思考。”——如果小强的同桌读书心不在焉。

要把问题消灭在萌芽状态。必要时，把个别学生的座位调动一下，最好把个别自觉性差的学生调到离老师近的位置。对此类问题，处理要果断，快刀斩乱麻，不必说为什么。最不得已的手段是惩罚——如罚他停课。但最好不要在上课时请他到办公室去，课间休息时，把他请到办公室去。

惩罚尽量少用。千万不要体罚，切记。宁肯让教育失败一次，也不要因体罚而造成更大的失败。这种失败是无法挽回的。

3. 要尽快记住每个学生的名字

首先记住表现好的和表现差的学生的名字。直呼其名地表扬胜于不指名道姓的表扬，指名道姓地批评、提醒，有时效果更好。

把所授课班级的学生座次表写出来，上课时放在讲桌上，这样做，有助于记住学生的名字，尽快地了解每个学生及其家庭的情况。

4. 要注意教学形式、手段的变化

低年级学生的注意力是很短暂的。如果第一个词是老师领读，第二个词也是，那么第三个词就要请优秀的学生当回老师了。

第一遍读课文是齐读，第二、三遍最好自由读，或者同桌之间互相读。读书、读词不要让学生扯着嗓子读。如果让全班学生读单词，能不能声音由低到高，再由高到低？那一定是很有趣、很有意境的。

板书“大”和“小”，故意把“大”写得大大的，把“小”写得小小的；板书《骆驼和羊》，故意把前者写大，后者写小；板书《鲸》，则特意把这个字写得斗大。如此，学生一定会发出会心的微笑。这也是变化。

第一次分角色朗读，全由学生参与；第二次，如果你参与进去，学生一定会读得更有精神。讲燕子、翠鸟的外形，画简笔画；讲鲸，让学生看图片；学习《桂林山水》，看看课件……这些，都叫“变化”，没有变化，学生会厌；没有变化，也就没有教学艺术。

5. 要细心观察学生，全面了解学生，倾听学生的谈话

如果你在适当的时机和场合，不经意地说出某一个学生做的一件值得称道的事或值得称道的一种表现，他不仅会感到吃惊，而且受到的鼓舞也会特别大。

表扬要有实指性，忌空泛。“你做作业总是那么细心，很少有错误。”“你回答问题不但对，而且口齿清楚。”——这样说就具体了。

恰当地使用肢体语言，可以让学生感到你的真诚和亲昵，拉近师生的距离。如抚肩、握手、贴贴学生的脸蛋等。

6. 搞点小激励

教低年级，可把全班分为几个组，上课时，不论哪个学生在哪方面表现好，都在他所在的组上画一面红旗或一个苹果；有人表现不好则擦掉一面红旗或一个苹果。下课时，表扬表现特别好的组。这个办法对维持课堂

纪律很有效。

7. 培养学生的思考能力

不要追求课堂教学的热闹，小手如林，你说我说，有时可能是“虚假繁荣”、“泡沫经济”。要让学生学会思考，潜心体会文本，告诉学生老师提出一个问题，必须经过思考方能举手。老师的提问要有一定的深度、难度，要有价值。可以直截了当地告诉学生：我不喜欢问题一提出来就举手的人，喜欢想一想，想好了再说的人。

可不要把孩子教浮躁了。宁静以致远。宁静是心无杂念、专心思考、刻苦钻研的意思。有的学生很优秀，也喜欢举手，你可以这样对他说：“我知道你很优秀，当别人说不出、读不好、写不好时，再请你出马，怎么样?”不能让少数学生“独占课堂”。

8. 课间尽可能多和学生一起玩

如果和他们一起做游戏，要遵守游戏规则，倘若犯规，同样要接受相应的处罚。这样，学生就会真真切切地感到你是他们中的一员，你和他们一样。老师要和学生相似，不应该也不可能要求学生和老师相似。

9. 上好第一节课

精心备课，把握准教材，把教材装在心里。准备好教具，组织好教学。一旦学生安静下来，要尽可能地展示自己的特长和才能。如果——

开头的一段话热情洋溢；板书的第一个字让学生为之赞叹；第一次朗读让学生为之感动；用丰富的表情和机灵的眼神吸引住学生；得体的幽默让孩子笑起来；充满爱意的一次抚摸让学生感到亲切；教学方法的变化让学生感到有趣，使他们注意力集中。那么，你成功了。如果这样，而且今后也不懈怠，我敢说，你绝对成功了。

以上说的几个方面，能做到一半，也会成功。要有信心，哪一方面不足，就努力去修炼。

10. 肚子里要有几个故事和笑话，找机会讲给学生听

老师讲的故事，学生会终生不忘。忘不了故事，就忘不了你这位老师。讲故事特别能让调皮的学生亲近你。当好动的学生拉着你讲故事时，你不要趁机给他提要求，更不要批评他，否则他会难堪。你可以这样说："没想到你喜欢听我讲的故事！以后肯定有机会。"要利用这个机会和他们进行交流。

11. 驾驭好课堂

必须这样对影响大家学习的学生说："这个班不是只有你一个，而是几十个人。你做任何一件事都得先考虑：会不会影响大家。利己，但不能损人。损人利己是大家所不容的。"对低年级小朋友可以把话说得浅显一些："你一说话，就会影响别人听讲、做作业，所以请你不要随便讲话。"

课堂上，教低年级的老师说得最多的话是组织教学的话。"苦口婆心"这个成语，是教低年级的老师的真实写照。

12. 要经常注意学习

要经常读——注意，我说的是经常读——关于教育学、心理学以及教学论等方面的著作，要养成翻阅各种教育杂志的习惯。读书要跟自己的实际联系起来，要把读书所得运用到工作中去。建议你做读书笔记，把名言名句记下来。

13. 如果犯了错，向学生道歉

如果你犯了错误，比如问题处理不当，说话欠妥，甚至体罚了学生，一定要当着全班学生的面认错，向学生道歉。老师向学生认错、道歉，错误就成为了一种教育资源。

14. 讲到重点、难点时，一定要进行组织教学

讲到重点部分，或者讲到关键问题的时候，一定要组织教学，给注意力不集中的人提个醒儿，否则，学困生的队伍不断扩大将是不可避免的。

15. 切不可让学生看出你的偏爱

品学兼优的学生谁都喜欢，但切不可让学生看出老师的偏爱。偏爱是当老师的大忌之一。你和孩子相处时间长了，会感到每个孩子都有可爱之处，即使长得丑的学生，慢慢也会看顺眼。更要关心学困生，让学生感到你赏识他的办法很简单——主动地和他们说说话；夸夸他们的某一长处；拍拍他们的肩；和他们一起玩，如扳手腕；请他们替老师做点事，如收收作业本等。如果扳手腕，你让着学生点，而且让他赢一次，他一定会兴高采烈，念念不忘："哇，我战胜了老师。"

16. 最好当班主任

最好当班主任。当班主任，才能真正感受到当老师的甘苦，才能锻炼自己。

如果当了班主任，别忘了搞活动。想一想，你童年时代最喜欢什么活动，那时你希望老师搞什么活动。

搞活动最明显的作用是能增强学生之间的团结和班集体的凝聚力。

17. 对学生要严格要求，但不要太厉害

清代的冯班说："师太严，弟子多不令。柔弱者必愚，强者怼而严，鞭扑叱咄之下，使人不生好念也。"意思是说，老师如果太厉害了，懦弱的孩子就会被教愚笨，个性强的孩子会变得暴戾。什么事过了头，就会走向反面。

要像孔子说的那样，做到"温而厉，威而不猛，恭而安"。

如果你今天狠批了张三一顿，明天一定要找个理由表扬他。至少要主动和他说话，就像昨天什么事也没有发生。

18. 对所有学生家长都要以礼相待

不要在家长面前指责学生。对任何学生都要首先肯定他的长处，把优点放大，也要让学困生的家长树立信心。“罗森塔尔效应”同样适用于学生家长。

尽量不要请家长到学校来，而应该主动到学生家里去，老师踏进学生家门，而且心平气和、推心置腹地和家长交谈，学生和家长该是一种什么感觉、一种什么心情啊！在这种情况下，我想，无论谈什么，学生和家长都会接受。

19. 多听别人的课

记得京剧艺术大师梅兰芳说过这样一句话：“不看别人的戏，就演不好自己的戏。”演戏如此，教学也如此。我实习的时候，就是先听别的老师上课。至今还记得当时老师上课的情形。看优秀老师的课，就是读活的教育学，活的教学法，这与读书的感受是大不相同的。你走向讲台前以及走向讲台后务必抽时间听听别人的课。我要不是听了众多的优秀课，恐怕是不会把课上好的。也可以这样说：“不听别人的课，就上不好自己的课。”

20. 学高为师，身正为范

以上说的，都是初为人师时所要特别注意的。你今后若有志当老师，请记住古人的这两句话：学高为师，身正为范。虽然此话只有八个字，但它把怎样当一个好老师讲全了。若干年后，当你把这两句话读“厚”了，读成一本书了，你就是个很优秀的老师了。

我相信你会成为一位十分优秀的老师！

书本是理论，细节是艺术

一

刚刚教书的时候，我真的很苦恼。在徐州师范学校读书期间，我是个很用功的人，是正儿八经的“三好学生”，教育学、心理学考试成绩特别优秀，而且还利用课余时间读了不少马卡连柯的书。可是，一踏上讲台，面对着徐州市搬运工人子弟小学的三年级（2）班的学生，我竟束手无策！

为什么教育学上的关于班级管理的理论派不上用场？到底是什么原因会使我选择不准选择，也不该选择的吼叫和体罚？

我在苦恼中思索着，蹒跚着。

二

我写在脸上的沮丧和痛苦引起了学校老教师的关注。老教师告诉我：书中的理论之所以派不上用场，一是因为理论确实太抽象，二是因为学生又太复杂。这就难免使新老师手足无措。活的教育学体现在教育工作中的细枝末节上。任何老教师都有他的成功之处，不仅是优秀教师有成功之处，年轻教师一定要仔细揣摩、虚心学习老教师的经验。

这话我记住了，并细心观察我周围的老师，有时候向他们讨教。如果把老教师比作一本书，那么“观察”则是默读，“讨教”便是朗读。处处留心皆学问。一段时间下来，确实使我受益匪浅。

当教室里还乱糟糟的时候，我再不像以前那样轻易跨进门去，而是像大队辅导员周传美老师那样，用目光扫视全班学生，用一种期待的、有时是严厉的目光盯着个别无视班集体的人。有时指名道姓地表扬表现好的人或者小组。一般情况下，全班学生会马上安静下来。

一次，我站在教室门口足足有半分钟了，大个儿王承明还在和同位争吵，对于我的到来视而不见。我径直走到他跟前，俯在他的耳朵上，轻声说："请到我的办公桌上拿一支红色粉笔来，动作要快！"

他两眼望着我，似乎没听懂我的话。我认真地说："去呀，还迟疑什么呀？谢谢你啦！"

于是，他一阵风似的跑出教室。

如果说"扫视"是"举一"，是向大队辅导员彭老师学来的，那么，请王承明到办公室去取粉笔则是"反三"，是我的创造。于是我给自己打气："于永正，你把'书'读活了。"

上课了，如果值日生忘记了擦黑板，我不再像以前那样去指责学生，而是像江苏省模范班主任李桂清老师那样，一声不响地拿起黑板擦儿，细细地去擦干净。如果发现地上有纸屑，我也不再像过去那样去批评学生，并命令学生捡起来，而是像李老师那样，悄悄地弯下身子拾起来……

就这样，我在悄然变化，班级也在悄然变化。

三

三年级（2）班里脾气最倔、最不服管教的是刘永田。别看他个儿小（坐在第一排），嘴巴却不饶人，你说一句，他有十句等着，人称"惹不起"。

李老师见我经常把他请到办公室谈话，便私下对我说："对于这种学生来说，既要晓之以理，更要动之以情。"

我反复地琢磨李老师这句话。李老师的话总是言简意赅。

一天，我问刘永田："你妈妈的病好些了吗？"

他很诧异，用目光问我："您是怎么知道的?"

"你妈这几天能活动活动了吗?"

"能，能!"

"有空儿，我去看看她。"

第二天，我真的去了。他的家在学校西边，离学校只有一步之遥。他母亲是街道干部，由于工作紧张，加上血压高，病倒了。我是从一位老师那里得知的。

一天课外活动时，我对刘永田说："听说你力气大，咱们扳手腕怎么样?我让你两只手。"

他认真起来，挽了挽袖子。

小小年纪的他，哪里是大人的对手?——败了。

"王承明也上，我让你们俩。"

二人一拥而上。好汉难敌双拳，这次——我败了。

"人多力量大!"围观的学生说。

"众人拾柴火焰高!"我说。

就这样，刘永田、王承明和我越来越亲近了。

李老师说的"动之以情"，就是"以情育人"。以情育人，理也就在其中了。当然，对于他们的错误，我也不姑息迁就，有时照样批评得很厉害。严厉，也是一种情，是教育中不可或缺的一种情，只不过不能经常流露出来罢了。

四

大队辅导员彭老师有着丰富的教学经验，她这本"书"很厚重，因此，我经常和她探讨教育问题。

有一次，她说：为什么学生来到办公室非得立正站好?如果让学生坐下，师生间不是更融洽吗?为什么大扫除有些老师喜欢当"指挥员"，而不能当"战斗员"?如果和学生一起劳动，不更好吗?

言之有理。既然“有理”，就付诸行动。从此，我再请学生到办公室来（哪怕是犯了严重错误），我也搬把椅子，请他坐下来谈。“坐下来谈”，表示的是尊重、平等。从此，我不但大扫除时和学生“同甘苦，共劳动”，平时也把自己当作学生中的一员，每周也做一次值日生。轮到我值日的那天，我便比往常到班级更早一些，认真做好组长分配给我的工作。

“大道无痕”。教育的“大道”，自然也应该是“无痕”的。

五

一天下午第一节课，我班是自习课，我因有事没到班里去。事情处理完之后，已经快下课了。那时班级纪律虽然开始好转，但我还是放心不下，便来到了教室。学生们坐得井然有序。原来，他们正在聚精会神地看邹启虎和张长书等人表演“抬花轿”——邹启虎和另外一个男同学扮轿夫，张长书扮新娘，二位“轿夫”一前一后地走着，“新娘”则站在“轿夫”的中间一仰一合的，似乎真的坐在轿子里一般。

等他们发现了我以后，像老鼠见了猫似的，躬着腰向座位跑去。

“好，好！”我边进教室边说，“三人表演得精彩极了！再演一遍我看看。”

他们哪里敢动？

我笑着说：“我说的是真话。元旦马上到了，大队部正要求各中队出节目呢！我看你们三人就代表我们三（2）班中队参加演出，咱们的节目就叫‘抬花轿’！”

他们三人可真把这当成大事来办了，一天到晚排练。演出那天，张长书穿着女同学薛爱华的红灯芯绒外套，戴着红头巾，脸上搽着胭脂，还真像个新娘呢！他们的演出博得了全场观众的阵阵笑声。

李老师对我的做法十分赞赏，说：“这叫因势利导，水总得有个地方流。”

张安军一肚子故事，同学们都爱听。我问张安军的故事哪儿来的，他说："看来的，听来的。"我对大家说："你们也去看书，也去请老人讲故事嘛！咱们到一定的时候举办个故事会。"于是学生们便找书看，"小人书"成了他们亲密的伙伴。

张长书很喜欢用红泥做玩具手枪，有时上课也做，教数学的余老师没收了几次都禁止不了。一次我请张长书把做得最好的手枪拿来给我看。一看，还真逼真！上面刻着精美的花纹，简直可以称得上是艺术品了。"你只知道做'五四'式的吗？手枪的种类多着哪！你搜集一下各种手枪的图案，再和同学们一起做，看看能不能在班级举办个'泥手枪'展览。但是，上课可不能做哟。"

玩泥大概也是儿童的一种天性。有一篇文章记了这样一件事：有一位家长看见孩子玩泥，连声说："脏死了！走，跟我回家练琴去！"说完，把他拉走了。这事被一位艺术家看到了，叹了口气说："你焉知儿子将来是音乐家而不是雕塑家呢？"

是啊，为什么我们总是喜欢按照自己的主观意志去塑造孩子呢？为什么不尊重孩子的选择呢？我们为什么要没收孩子的"作品"呢？我们没收的不是一把泥制的手枪，而是没收了学生的兴趣，没收了儿童天地中的那一份对于美的追求和具有个性的创造。天性不能扼杀，只能因势利导。

六

随着"读别人"、"读自己"的不断深入，我真的悟出了不少教育学书上没有的东西。

一天吃早点，见到了王明乾的家长，他说："孩子可喜欢您了，说您课上得好。"

家长对我说："孩子特别喜欢听您朗读课文，回到家里常常学着您的样子读书。还有写字，很喜欢老师写的字，孩子对写字产生了浓厚的兴趣。一天晚上，明乾发现上五年级的姐姐把'休息'的'休'写成'体'了，便说：人靠在树上才能休息。多了一小横，就成了'体'了。明乾说，这话是您讲的。还有一天，他发现姐姐把‘名字’写成‘名子’了，连忙说：你的名字是‘王明华’，‘王明华’是字，不是‘子’，改过来。从此，他姐姐再也不把‘名字’写成‘名子’了。于老师您这样教，学生怎么能记不住呢?”

家长的反馈对我是个很大的鼓舞，也是一个很大的启发。对于一个老师来说，上好课的确是至关重要的。没想到最让学生受益的、难忘的竟是那些教学细节！

于是，我更加注意细节——朗读的、写字的，以及其他方面的细节。

一年之后，我带的班成为徐州市优秀中队，我也被评为徐州市优秀辅导员。

七

我刚刚把这篇文章的草稿写完，恰巧在一本杂志上读到一篇谈企业管理的文章。文章说，管理学上讲的是理论，管理中的细节是艺术。

现在我明白了，教育学上讲的也是理论，而教育中的细节才是艺术。细节处理得越好，距离荒蛮就越远。

读罢这篇文章，于是我把原来的《教育细节是活的教育学》改为《书本是理论，细节是艺术》，因为这个题目更符合我这篇文章的主旨。

经常露一手

一

1962年9月1日，我带着初为人师的神圣、庄重、热情和希望，穿着一件白衬衣，一条虽然在里面的膝盖部位打了个补丁却洗得脆生生的浅灰色的裤子，跨进了徐州市搬运工人子弟小学三年级（2）班的教室。

教室里一片混乱。小朋友似乎没有发现我的到来。有两个小男孩扭在一起，显然，他们在我没到来以前就断打起来了。我赶紧从脑子里“检索”教育学、心理学中的有关“法则”，包括马卡连柯《教育诗》里的法儿，可是用了不起作用。

一个大个子男生说：“老师（那时他还不知道我姓什么），你把他们拉出去!”拉出去？教育学里有这么一说？这是“紧急状态”，也只有采取断然措施了，于是我把他们二人拉到教室外面。教育学里没有的一招果然奏效——教室里顿时安静了。

我努力使自己平静下来，想从头来——和蔼又亲切地背诵两天前就准备好的充满诗情画意的开场白。可是，我怎么也笑不起来，没有那个情绪。

安静了没有五分钟，学生们又开始骚动起来。讲话的，争吵的，因为对方的胳膊过了几乎每张桌子都有的“三八线”而发生“边界冲突”的……

按下了葫芦又浮起了瓢。这是怎么了？我对我这个师范学校的堂堂的“三好生”产生了怀疑。

下课了，学生们议论开了：

“刚毕业的，谁听他的！”

“多穷！穿条烂裤子！”

晚上，同寝室的一位老师问：“你有好一点的裤子吗？”

我说：“有。我不是觉得应该给学生一个艰苦朴素的印象吗？”

“咳，书呆子！”

二

举步维艰。一个多月过去了，用的全是教育学里没有的手段，包括罚站、罚蹲（蹲在教室门后）、用粉笔头砸，才使班级的秩序得以维持。

别看孩子小，心眼倒是有的。你用粉笔头砸了他，他愣着头大声喊：“老师打人！”

“不打好人！”我回击说。那时，我仿佛不是老师，而是一个粗野的孩子。

“我又不是坏人。”个别胆大而又聪明的人虽然还能找到反驳我的理由，但不那么有气势了。他知道，毕竟有不对的地方。“理”不那么直了，“气”自然也就不那么壮了。孩子到底是孩子，好蒙。

我并不因此而沾沾自喜，反而陷入了深深的苦恼。

三

不久，雷锋的事迹在报上发表了。

教音乐的余老师教我班学生唱《学习雷锋好榜样》，可是一连用了两节课都没教会。那时，学校有一架风琴，可是余老师不会弹，全靠嗓子上。

“我来替你上。”我对她说。她求之不得。我让学生把风琴抬到教室。

学生们手舞足蹈，一窝蜂似的跑到办公室，又像一群蚂蚁似的把风琴这个庞然大物移进了教室。他们坚决不让我动手。

学生们从来没有像今天这节课坐得这么好，个个正襟危坐。我被这种气氛所感动（我这个人好动感情），于是，使出浑身解数，把在师范学校学的所有伴奏技巧都用上了，包括分解和弦。琴声使学生们陶醉了。

最后，男女生二部轮唱。歌声清脆、嘹亮，人人脸上洋溢着兴奋和激动。

令我吃惊的是，这节课没让我说一句维持纪律的话。学生们望着我，目光和过去的不一样，好像才认识我似的。

四

几天之后，大队部要举行“向雷锋学习”主题队会，请我画一幅雷锋像。晚上我在办公室画的时候，被我班的邹启虎小朋友看到了。

第二天早晨，许多小朋友围着我，问：“于老师，您会画画?”

不用说，一定是邹启虎告诉大家的。

主题队会召开了，很隆重。主席台正中的幕布上挂着一幅雷锋像。画像得到了大家的认可，会场上到处可以听到学生们的啧啧称赞声。

我班同学神采飞扬：“那是俺于老师画的!”

谁问他们了!?

渐渐地，我说话灵了。正是深秋季节，我带领他们爬山，搞军事游戏，“急行军”、“打游击”、“抓特务”……

课间，只要我不进办公室，周围总是围着一群孩子。调皮的孩子特别有眼色：“围着老师干什么?——于老师，您到办公室歇歇去吧!”

“我喜欢和大家在一起。”我说，“哎，我开学初的时候，不该用粉笔头砸你们哟!”

“一点也不疼!”他们摸摸头发蓬乱的小脑袋。

“于老师，您跟雷锋叔叔一样，多么朴素。”孩子们说。显然，他们指的是我穿带补丁的裤子。此时，在他们眼里，“补丁”再不是“穷”的象征。

我意识到，学生们之所以喜欢我，听我的，是因为我有“一手”。岂止一手！于是，我决定教他们唱豫剧《花木兰》。徐州人喜欢听豫剧。豫剧《花木兰》“这几日老爹爹疾病好转”选段，我是在师范学校读书时跟同学学的，能自弹自唱。我先把花木兰的故事讲给小朋友听，再讲花木兰这段唱词的意思，然后说：“请听于老师女声独唱《花木兰》!”

“什么？女声独唱?”小朋友眼里露出异样的神色，又欢呼，又鼓掌!

风琴演奏完慢板的过门，从我嘴里发出的女人一般的声音使小朋友先是惊喜，后是狂热。他们站起来，使劲鼓掌，掌声几乎把风琴弹的过门掩盖住了。

接着，我一句一句地教，小朋友们一句一句地学。调皮的男孩子也像我一样捏着细腔唱，真是其乐融融。

后来，我又教他们写美术字，吹口琴，为他们演奏京胡，唱京戏。我自拉自唱的一段《苏三起解》，更使学生倾倒!

在不少学生的眼里，我成了无所不能的人，硬是赢得了他们的单纯的崇拜，是崇拜膨化了我自身的影响。

跟崇拜我的学生在一起，我觉得，教书育人的氛围和谐而温馨。细雨绵绵也罢，雷霆大作也罢，我们都能共度春风。

有人说，没有崇拜就没有教育。

对的。

但是，不能缺少这样一份清醒：不要亵渎那纯洁的崇拜。

教书 30 多年了，我从不忘“露一手”，决不放过在学生面前“露一手”的机会——尤其是刚接一个新班的时候。

自然，自己必须有一手。有几手更好。

本事越大，师德越高尚，赢得学生崇拜的砝码就越有分量。

换个说法和做法

一

一年春节，我到一位朋友家拜年。吃饭的时候，朋友的孩子一失手，碗掉在地上，“哗啦”一声，碎了。

朋友生气了，说：“看你！做什么事都是冒冒失失的，连个碗也端不住……”

孩子不安极了，要哭。

孩子的奶奶却笑着说：“碎（岁）碎（岁）平安！碎（岁）碎（岁）平安！再找个碗来！”

一句话，说得大家都高兴起来。家里立刻又洋溢着节日的祥和气氛。

我佩服朋友母亲的说话艺术。一句“碎（岁）碎（岁）平安”，把由孩子打碎碗而带来的“晦气”转化为吉祥。我们当老师的，每天不知要讲多少话，处理多少事，有些时候，有些事情，是不是也应该“换个说法”、“换种做法”？

二

一天，我到一所小学听二年级的一位老师教《我的爸爸》。我坐在教室的后面，和我同桌的是一位小男孩。

“是你一个人一张桌子，还是你的同桌今天没来？”我轻声问。

“自己。”他说，语言的简洁说明的不是他的表达能力强，而是局促和羞怯。二年级的孩子还不会认识到“事以简为止，言以简为当”。

我明白了，他在班里肯定是“好动分子”，是个“不受欢迎的人”。

老师开始讲课。当她讲到李大钊教育女儿学习要一心一意，不能三心二意那一段时，瞅了我的“同桌”一眼，说：“咱们班有个别小朋友，学习就不能一心一意，而是三心二意。”

老师的本意显然是好的。她是想联系实际，教育这位小朋友。是呀，讲到这里，提醒学生改过，也是顺理成章的事，况且老师的语气又是极柔和的，没有半点儿严厉。

可是，事与愿违。小男孩一句“回敬”的话，宣告了老师教育的失败。只见我的“同桌”，脸一红，头一歪，嘟囔了一句：“谁三心二意了？”

这使我记起一位教育家说过的话：当学生意识到老师是在教育他的时候，这种说教往往是失败的。

我想，我们是不是可以这样做：请这位学习不用心的男孩读读李大钊教育女儿的这一段话。如果读得尚可，及时予以肯定；如果读得不令人满意，及时纠正、指导，直到读得较好时，不妨说一句：“这次你读得真好。只要用心，什么事都会做好的。”这样效果可能会好得多。“文贵自得”、“书忌耳传”，这些古训，我们是万万忘不得的。

还有一天，我到一所学校听一位老师教《金色的细雨》，生字学完了，老师请一位学生读生字卡。一个“柁”字挡住了去路。

“谁来告诉他？”老师问。

一位学生站起来，把正确的读音告诉了处境尴尬的同伴。随即，老师让他连读三遍。

“记住了吗？”

“记住了。”

接着写生字。生字写完了，临下课前，这位老师又把“柁”的卡片举起来，请开始读错了的那位学生读。多么负责的老师啊！但我也担心，生怕他忘记了读音，经不住老师的“突然袭击”，再次陷入尴尬境地。学生读对了！我心里的一块石头落了地。

可是，没想到老师却沉着脸儿对他说了这么一句话："学习一定要用心。"

这位学生灰溜溜地坐下了。

开始读错了，经同学的帮助而终于记住了，应该表扬嘛！可是得到的却是老师带教训语气的话！老师假如这样说："你的记性很好。"或者说："我为你终于牢牢记住了这个字而高兴。"那，该生又会是一种什么心情、什么表情啊！

有些时候，有些事情，我们的确应该换一种说法、换一种做法。

三

一天，我路过教室门口，发现刘云站在教室门口，头低着，鼻涕从鼻孔里探出头来，一个大书包拎在手里。

"是迟到了，还是犯错误被老师撵出来了？"

"迟到了。"他轻吸了一下鼻子。

我推开门，对正在上数学课的侯老师说："迟到了，敢进校门，敢在教室门外喊一声'报告'，需要多大的勇气！就凭这一点，我看是不是让刘云进教室听课？"侯老师点头同意。

我对全班学生说："我小的时候，有一天，迟到了，连校门也不敢进，在大门口转悠了半天，又背着书包回家了，我不如刘云。"

刘云把鼻涕迅速擦掉，偷偷地笑了。

一句话，化窘迫为轻松。而且，在我的记忆中，刘云从此再也没有迟到过。

这样的事例很多。记得有一次我请两个学生在黑板上默字。其中一个学生把"尤其"写成"由其"。同学看了哧哧地笑。我没有批评他把"尤"字写错了，而是对这位学生说："你成心想考考于老师，看我会不会写'尤其'的'尤'字，是不是？"他先是一怔，然后对着"由"字看，片刻之后，恍然明白了，连忙将"由"字擦掉，改成"尤"字。

我抚摸着他的头说："我知道，你是会写这个字的。"

一次我到新沂市新安小学上课。我请一位学生读课文，有一个句子她一连读了三遍都没读正确，把其中一个"破"字丢掉了。同学们笑了，她却莫名其妙。我说："由于你太紧张了，丢了一个'破'字。再来一遍。第四遍万一还读不好也不要紧，因为还有第五遍！"

她认真把这个句子看了看，又读了一遍。这一遍读得既正确，又流利，声音还响亮。

我说："请你介绍介绍你取得成功的经验好不好？"

她腼腆地说："把字看准，多读几遍。"

张庆老师评论说："明明该批评，却变成表扬。这个细节耐人寻味。"

四

1997 年教师节前夕，1975 年毕业的六年级（2）班的学生在大马路小学聚会。来自北京、太原、石家庄、常州、连云港以及徐州本地的 30 名学生相聚母校，坐在 22 年前他们读过书的教室里，自然是感慨系之。他们中，有的 22 年未曾见面，有人已经叫不出名字来了。一个魁梧的小伙子紧握着我的手问："于老师，您还记得我吗？""怎么不记得？你叫李明，咱们班的小画家嘛！"

学生告诉我，李明现在是大画家了，在一家广告公司工作。通过自学，他已拿到美术大专文凭，学业有成，事业也有成。

李明说："上小学时，我常常为数学考不及格而烦恼。于老师，您还记得吗？有一次，我正对着没考及格的数学卷子落泪，您拿着我的美术作业，对教数学的老师和全班同学说：'李明李明，画画真行！'我听了，心里不知有多么感动！从那时起，您经常要我为班级做黑板报插图。您站在黑板报旁边夸我的时候，是我腰杆挺得最直的时候。从此，我便天天画。没有您的那句话，就不会有我的今天啊。"

我说："人不可能什么都好，也不大可能什么都不好。有长处，发展长处，就会对社会有用。发展，主要靠自己。如果你不奋发，不孜孜以求，才不会有今天呢。我呢，只不过在关键时候，鼓励鼓励你罢了。”

李明说：“要知道，您是老师啊！同样的话，出自老师之口和出自旁人之口分量不一样啊！说真心话，我们现在见到您的心情还和上小学时见到您一样！”

没想到，在他失败、伤心的时候，我换了一个角度，换了一个话题，说了一句“李明李明，画画真行”，就使他鼓起生活的风帆，而且鼓出了出息。

五

不妨“换种说法和做法”，不是迁就学生，更不是不要直截了当的批评，包括严厉的批评。这要看时机、场合（特别是学生的处境）以及老师的心境如何。其中，老师的心境最为要紧。老师没有良好的心境是较难做到这一点的。老师的良好心境从哪里来？它来自老师的善解人意，来自老师对学生的体谅，来自老师的豁达与宽容、耐心与冷静、诙谐与机智。

有一天，著名校外辅导员王遐方到一所小学去作报告。一进校门，见两位小朋友歪戴着帽子在打闹。王遐方不动声色，走到这两位小朋友跟前，弯下腰问：“小朋友，看看王伯伯的帽子戴得正不正？”两个小朋友立刻会意，连忙把自己的帽子戴正了。王遐方慈爱地抚摸了他们一下。两个小家伙向王伯伯道了声“再见”，便跑开了。

这件事真是微不足道，但它折射出来的东西是不是很多？是不是包含了上面说的营造老师良好心境的诸多方面？

“一鸟入林，百鸟压声”

一

“小朋友，请看——图上画的什么人？他们在干什么？看出来的，先自己小声地说一说。”

这是一节二年级的看图说话课。执教的是一位拜我为师的年轻教师，听课的除了我，还有他的同年级组的老师。

黑板上挂的是一幅老师带领学生植树的彩图。

不一会儿，小朋友便举起小手。我的徒弟把一位手举得最高、身子几乎站直的小朋友叫了起来。小家伙落落大方，口齿伶俐，说得既清楚又有条理，连在什么时间、什么地方植树都说出来了。

“谁还再说说？”老师微笑着问。

教室里静静的，没有一个举手的。

其实，这位小朋友并非说得无懈可击，比如把“一天上午”换成“一个春天的上午”更合适；把“公园”改为“山坡上”更恰当。但是无人举手。尽管老师的目光充满了鼓励和期待，面部写满了亲切与平易。

只好往下进行。在说老师和学生们怎样挖坑、培土、浇水的时候，也出现了“一人说后，再无人举手”的“万马齐喑”的局面。

下课了，我的徒弟不无遗憾地说：“于老师，今天的课堂气氛怎么不如平时活跃了呢？是不是因为您在后面听课？”

我笑了。不过，不是笑我的徒弟，而是想起了当年的我。

二

我刚参加工作不久，一天，校长和教导主任要听我的课。我没有丝毫的紧张与胆怯，笑嘻嘻地说："欢迎指导！"校长、主任听我上的是《卖火柴的小女孩》。这一课适合朗读，我把指导学生有感情地朗读放在重要的位置。备课时连小女孩每次划火柴由哪个学生读，我都定下来了，将名字写在书上。最后一次划火柴，小女孩看到了奶奶，奶奶带着她在快乐中飞走了，是重中之重，便决定由全班朗读能力最强的班长读，而且班长的名字也用红色笔写在了这一段的旁边。

还真不含糊，班长把"重中之重"读得声情并茂，催人泪下。我瞥见了坐在教室后面的主任在抹眼泪。女同志的感情丰富而脆弱。

"谁再读一遍？"我问。

本以为，在班长的带动下，会小手如林，出现一个朗读的高潮，没料到，却没有一个人举手。于是我说出了班长的美中不足——速度稍快了些——以期有人再读。可是，仍无人举手，出现了冷场。

这一教学环节和我徒弟的何其相似啊！初出茅庐的我和我的徒弟一样，缺少的不是胆量，而是经验。

三

我没有正面回答徒弟的问题，而是向他讲了这么一件事。

谈恋爱时，妻子——那时称为对象——对我说："我喜欢京剧，特别喜欢现代京剧中常宝的唱段。"说完，唱了一段《八年前风雪夜大祸从天降》。她唱得不错，字虽不正，腔却很圆。

我说："巧了，咱们俩的爱好相同，将来有共同语言了。我是山东莱阳人，从小就酷爱京剧，特别喜欢青衣，小学三年级时，就学会了《汾河湾》

《打渔杀家》中的几段唱，村里人称我是‘小梅兰芳’呢!”说完，便唱了一段“儿的父去投军杳无音信”。没想到，从此以后，妻子在我面前再也不提“京剧”二字了——“共同语言”不“共通”了。

妻子曾学过口琴，吹得也颇上水平。结婚不久的一天晚上，她为我吹奏了一曲“郎呀咱们俩是一条心”。作为回报，我为她同样吹奏了《天涯歌女》这支曲子，以表“穿在一起不离分”之意。几十年来，我们相敬如宾，举案齐眉，不过，从此她再也没在我面前摸过口琴。

此事在当时并没有引起我的思考。过了若干年之后，一个偶然的机会，我们谈及上述两件事时，妻子才表露了自己的内心：“当时本想在你面前表现表现，没承想，你是高手！谁还敢班门弄斧?”

“不对呀！华罗庚说过：‘下棋找高手，弄斧到班门。’这样才进步得快。”

“你没听说过这样一句话：‘一鸟入林，百鸟压声’？谁好意思在比自己能的人面前显示自己?”

答案找到了！为什么班长朗读完之后再无人举手的原因，事隔若干年之后找到了！一句话，就是因为班长读得好。所以，教学中，一开始不能请伶牙俐齿的学生回答问题，不能请朗读能力强的人读课文。

讲到这里，徒弟频频颔首。

四

别看他头一个劲地点，但我知道他尚未真正领会内中的道道儿。

我接着说：“从教学论的观点看，教学是一个过程，是一个学生在老师指导下由不懂到懂、由不会到会的认识过程。正常的教学应该展示这一过程，而不是展示一个结果。学习成绩好的学生知识占有量大，而且聪颖，往往对老师提的问题对答如流。这很容易给老师造成一种假象——以为学生们懂了，会了，于是便过去了。其实，其他多数学生可能还不知所云呢。这样的教学很糟糕，这是制造‘后进生’的教学。”

徒弟一面聆听，一面点头。可以看出，这会儿点得比刚才实在得多。

我又接着说："平时我常对学生说，我最喜欢发言发错的同学。这不是一种'政策'，不只是为了消除学生们的顾虑，而是体现了一种教学思想。"

这近乎说教。虽然徒弟听得很专心，但是，我知道，真正领会，还得有赖于"形象"的支持。

我问他："听过我的《月光曲》吗？"

他摇摇头。

于是我约他到教研室看我的教学录像。

五

"你看，一开始上课我播放《月光曲》，并在优美的乐曲中介绍一下贝多芬。为什么？为的是激情激趣，为学习课文做铺垫。"我一边看录像，一边为徒弟做旁白，以帮助他理解。

电视屏幕上出现了这样一个镜头：我请学生读课文的1～4小节。举手者争先恐后。我请坐在前排的一位学生读。第一句就丢了一个词，一段未了，重复了三四处。我说："你只读了两遍，能在这么多老师同学面前读成这个样子，就很不简单了。请你再读一遍，这一次肯定会更好。注意：不要紧张，慢一点，看准每一个字。"该生又读了一遍。这一遍比第一遍流畅多了。接着，指一名朗读能力强的学生读。最后，齐读。

我将电视屏幕定格，对徒弟说："这就叫训练。开始读不好，提示一下，再读，直至读得较好为止。如果一开始就请读得好的这位学生读，还训练什么？读得不错了嘛！"

徒弟说："看来，课堂上学生答得不对，读得不好，倒是好事，这恰恰是老师发挥主导作用的时候。"

"应该说：出现问题是正常的事。'一帆风顺'、'配合默契'倒不正常了。有人把课没上好的责任推到学生身上，说学生没配合好。这是把主体和主导的位置搞颠倒了。——咱们接着看。"

电视屏幕上又出现了这样一个教学环节。我对学生们说："读书要边读边想，要理解意思，不要有口无心。谁来读第二节？"一个学生口齿伶俐地朗读："一天夜晚，他（指贝多芬）在幽静的小路上散步，听到断断续续的钢琴声从一所茅屋里传了出来，弹的正是他的曲子。"我让学生停下来，问："你们从'断断续续'这个词中看出了什么？"有七八个人举手。但我并不急于让学生回答，而是说："请大家再读一遍，边读边想，相信每个人都会看出来。"一会儿，举手的人多起来。我还没让学生说，又让他们读了一遍。一会儿，几乎人人都举手了，我满意地点点头。发言很热烈。有的说，从这个词中可以看出这个人弹得不熟练；有的说，还可以看出弹琴的是位盲人……

我的徒弟笑了："第一种意见是对的，第二种意见站不住脚。读了下文才知道弹琴的是位盲姑娘，从声音中怎么能听出来呢？"

我说："你听下面这位小男孩是怎么说的。他是学习成绩好的学生，最后请他出马。"电视屏幕中一位小男孩站起来说："从'断断续续'这个词中看出了三点：第一，弹琴的人弹得不熟练；第二，可以看出这首曲子难弹；第三，还可以看出这个弹琴的人家里很穷，不然她会花钱请别人教。"教室里发出一阵赞叹声。看到这里，徒弟说："由'断断续续'看出弹琴的人家里穷，理解得够深刻的！"

我说："有人担心不让好学生发言会挫伤他们的积极性。不会的。当别人回答不出来，再请他说，会使他更感自豪。"

徒弟问："刚才已有好多人举手了，为什么还不让学生说？"

我说："找到答案不是目的，目的是以问促读，培养全体学生的阅读能力和边读边想的习惯。单纯为了找到答案还不容易？学习好的学生或老师一讲就得了。但是，这样一来，哪里还有大面积训练可言？我们的教学应面向全体学生，而不是少数人。"

徒弟使劲地点点头。

我敢说，此时，他完全领会了教学时为什么不要先找学习好的学生发言、读书的真谛了。

让“南郭先生”销声匿迹

一

在徐州师范学校读一年级的时候，教音乐的是刘老师。刘老师脾气好，即使是批评人，那声音也和他弹的三弦一样中听，既柔和又舒缓，不温不火的。读二年级的时候，换了个梁老师。梁老师一改刘老师惯用的“齐唱”的复习检查方法，对前一节课学的内容，喜欢一个一个查。歌儿，要一个一个地唱给他听；风琴，要一个一个地弹给他看。不少同学常常因为不会唱或者指法错了而羞个大红脸。上梁老师的课，我们几个不把音乐当回事的人一下子紧张起来，脑子再也不敢想别的事了，对他布置的作业再也不敢置若罔闻，掉以轻心了。但梁老师脾气也好，你不会唱，不会弹，最多说一句“以后好好练”就拉倒了。日子久了，上音乐课我又有些随便，常常心猿意马。

上三年级时，换了个陆老师。陆老师也像梁老师那样，喜欢“单兵教练”，但是要求极其严格，一点差错都不放过。有一次，一位女同学只因一个附点音符没唱对，便把脸一沉，说：“学习可不能有一点马虎!”“一点”二字说得特别重，连我听了都觉得仿佛是两颗石子重重地砸在了身上。同学们个个咋舌。从此，上音乐课，我们几个人再也不敢混了，再也当不成“南郭先生”了。教室里一向很少有人问津的两架风琴也闲不住了，课间、晚间叫个不停，星期天也常常得不到休息。不知是风琴质量差，还是不堪负重，一年之内修了好几次。

我们的音乐课越上越好，同学们的音乐知识、弹唱水平、欣赏能力天天见长，陆老师十分高兴。有一次，他叫平时不太喜欢唱歌的姜志勇唱《天仙配》里的“家住丹阳姓董名永”选段，因为姜志勇平时练习认真，再加上那次超常发挥，竟把陆老师的眼睛唱湿润了。陆老师动情地表扬过之后，请他再唱一遍。这回，陆老师的钢琴弹得更投入更深沉。对姜志勇来说，这真是莫大的殊荣。

我感谢陆老师，是他使我在音乐课上最终没变成“南郭先生”，为我打下了较扎实的音乐基本功，使我有了较好的音乐素养；更感谢陆老师使我知道了在教学中怎样做才能不产生“南郭先生”，怎样做才能使已经成为“南郭先生”的学生改弦易辙，不再是“南郭先生”。

二

不过，认识常常和实践对不上号，特别是在刚刚踏上工作岗位的时候。

刚参加工作时，我班学生的考试成绩常常不如兄弟班好。那时兴统考，搞评比。终于，一天，刘校长和周主任来我班“会诊”了，又是听课，又是看作业，又是查试卷，从早晨忙活到晚上。结论是：我班的学生“活”而不“实”——上课，思维很活跃，但是浮躁；考试，“活题”不错，“死题”失分太多。(所谓“活题”是指应用方面的，如作文、造句以及理解性的题目；所谓“死题”是指默字、默课文、解词等项目）两位领导根据“病症”，给我开了一剂“药方”：要严而实，即对写字、背诵等要下大力气，抓严、抓实。这个“药方”含蓄地批评了我教学上的不足。

领导的“诊断”是对的，“药方”是对症的。自己的教学确实抓得不实，对学生的要求确实不严。比如有一回默字，全班没有一个全对的，我生气了，便把所有写错的字写在黑板上，每个字写得足有两本书那么大，要求大家认真抄写五遍，并说：“这些字明天还要默写！”这一下子，学生重视了，都瞪大眼睛仔仔细细地看，规规矩矩地写。可是，第二天因为我忙别的事了，没兑现。打雷了，却没下雨。还有背诵课文，平时没一个个落实，到复习期间再突击则为时已晚。

“教学不能有丝毫松懈，不能粗枝大叶。”向来关心我的刘校长说，“严师出高徒。你是明师——聪明的明——但不是严师。如果再加上一个‘严’字，定会成为名师——有名的名。当然，我说的‘严’不是‘厉害’，‘严’是‘责任心’和‘付出’的代名词。”

刘校长的一番教诲，使我幡然省悟。是啊，明而不严，有什么用呢？浮在上面不就给“南郭先生”以可乘之机了吗？而且，这样做，还会不断地滋生出新的“南郭先生”呀！

这时，我不由得想起了在师范学校教我音乐的陆老师。

三

经常回头看看，加上别人的提醒，加上不断地学习，再加上不断地思索，自己逐渐变得聪明了。

一天下午放学后，我把三个朗读有困难的学生留在教室里进行辅导，恰巧被路过教室门口的刘校长发现了。他轻轻地走了进来，坐在一旁看。其时，三位学生刚听完我的范读，各自正在认真地练习，等练得差不多了，我请他们三人一个一个地读给我听。其中一个学生很懂事地说：“于老师，刘校长是不是找您有事？我们三个人一起读给您听听，行吧？”我笑了，说：“刘校长没有什么事，他是专门来听你们读书的。他和我一样，不喜欢听齐读，也喜欢听一个人读。”刘校长笑眯眯地点点头。于是，三个人分别把课文读了一遍。

“合格！”我把书一合说，“只要工夫深，铁棒磨成针。看起来只要多读，把课文读好并不难。过几天我再检查的时候，你们争取得优秀。”

刘校长也说他们三人读得不错。

学生们高兴地向我们道了声“再见”，走了。刘校长说：“这样一个一个地过‘筛子’，‘南郭先生’就无处藏身了，就混不下去了。”

“正是!”我说，“经常一个一个地检查，经常督促、辅导、鼓励，‘南郭先生’不但待不住，而且会销声匿迹。”

说到这里，我从备课本里抽出一张纸条，递给刘校长看。我指着上面写的几个学生的名字说：“前天教了一个寓言故事《金银盾》，书上要求背诵。可是这几位学生今天还背不下来，明天我再检查。刚才放学时，我已经向他们打过招呼了。”

刘校长笑呵呵地说：“好！这就叫‘实’！这就叫‘严’！”然后，他掏出大烟斗，吧嗒吧嗒地抽起烟来。他边抽边夸我有心计。

四

童士林一进办公室，我便说：“知道我请你来是干什么的吗？——不知道？一看作文你就晓得了。”

他急忙打开作文簿。翻到最后一篇时，顿时呆住了，喃喃地说：“怎么写了半截就交了呢？不对呀，记得我写完了呀……”

我有个习惯，每次班长把作文簿交上来，我都先粗略地翻看一遍，凡字迹潦草的，对不起，打回去重抄；凡是文章写得差的，把作者找来，加以指点后，重写。不能滥竽充数。童士林是从别的班转来的，不知我的底细，第一篇作文就因字迹不工整被我退了回去；第二篇，积习未改，又责其重抄。这一次，字倒是写得整洁些了，但是“一波未平，一波又起”——没写完！如果他是和我开玩笑的话，我想，这个玩笑该够国际水平的了。

“于老师，”他继续喃喃地说，“我不是故意的，我觉得做完了……”

从他的话和表情里找不到一点和我开玩笑的意思，更没有一丝试探我是否能“一严到底”的用意——他才上四年级，还不至于有这个心眼。我点点头，对他的话表示相信。他走了，下午便把作文本交给了我。他交作文时的表情，真可以用“战战兢兢，如临深渊，如履薄冰”来形容。直看到我脸上露出了满意的微笑，他才松了一口气。

那时，对我来说，“说是说、做是做”已经成为历史，而且，较之刚毕业时的我，已经聪明得多，有办法得多。我发现童士林第二次作文的字写得仍然不认真时，我把班长和小组长请到办公室，对他二人说：“你二人把童士林给我请来。你们到了教室大声喊：‘童士林，于老师请你到办公室去一趟！’一定要大声喊，还要说：‘于老师脸色铁青，看样子很生气。’他要问什么事，就说‘不知道’。”不一会儿，士林来了，诚惶诚恐地站在我面前。我把作文本往他跟前一摊，说：“这是你写的字吗？”

只两次，他再也不敢马马虎虎了。

我让班长、组长大声说，第一想给士林一点心理上的压力，叫他知道，我是不允许草草了事的；第二想在全班学生面前立起一块无形的、上书一个大大的“严”字的牌子，告诉他们，凡应做到的，必须做到；凡应做好的，必须做好，否则老师是不答应的。这也是立规矩的一种办法。

一切好习惯的养成都有一个过程，而且对某些学生来讲，一开始多少带有强制的意思。等他们尝到了甜头，才会产生一种内驱力，随着实践次数的增多和得到更多甜头的刺激，才会慢慢变成一种自觉的行为，即我们说的习惯。使童士林这样的学生不再是“南郭先生”，改掉他做事毛糙的习惯，开始就要紧盯不放。“盯”有两层意思：一是一点马虎之处都不放过；二是有一点点进步都予以肯定，给予鼓励，而且尽量让全班学生知道，一起分享他成功的喜悦。直到他尝到成功的喜悦多了，产生了内驱力，养成习惯为止。但是，这个过程的长短是因人而异的。应该说，士林的转变是快的。

五

有些“南郭先生”的“混”的思想根深蒂固，想革除掉，必须假以时日，付出更多的心机。

一年，我接了个四年级班，前任班主任对我说，小东是拖拉作业的大王。拖拉作业的学生，几乎班班有，还有居然敢把没做完的作业夹在其他同学本子里交给老师的，这都不足为怪。拖拉作业的原因却不一样，有懒惰的，有贪玩的，有手脚动作慢的，有学习有困难的，也有对学习无兴趣、失去信心的，等等。我详细询问了前任老师和几位学生，得知小东拖拉作业主要是因为贪玩、偷懒造成的，于是心里有了底。

接班的头几天，我来了个“欲擒故纵”——根本不查家庭作业，把“权力”统统下放给小组长。几天之后，小东的组长向我报告了：“于老师，小东天天不做家庭作业，一问他要，他就嬉皮笑脸地说：‘对不起，忘带了。’我说他脸皮厚，他头一晃说：‘过奖过奖，不厚不厚。’于老师，您得管管他！”

我对她说：“你要随时把小东的变化告诉我。不过，以后不许说他脸皮厚了。”

一天，小组长又对我说：“于老师，小东今天一来到学校便补家庭作业，不过，全是抄别人的。”

我说：“抄总比不做强，这是个进步。你回去表扬表扬他。一定要表扬哟！”

原来，那天一大早，我对班长说：“等小东来了，你悄悄地对他说：‘听说于老师要查你的家庭作业。’看他有什么反应。”没想到他听了之后，感到紧张，而且赶忙去抄！这就说明他还是爱面子，有自尊心的，我很高兴。但是，我没动声色，那天根本没有去查他的作业。又过了三两天，我来了个“突然袭击”——叫他把家庭作业拿来给我看。他惊愕了，嗫嚅着，不肯打开书包。

“没做?”

“没做。”

一声简单、坦率的回答之后，眼帘垂了下来，脸也红了。看来，他的脸皮并不像小组长说得那么厚。

“今天原谅你。明天我还要来检查，不光检查你一个人的，包括其他同学的。”

回到办公室，我和教数学的侯老师商定，从今天起，适当减少作业量，尽量多布置一些选择性的题目，让他和别的不愿做家庭作业的学生感到，做家庭作业并不费事。

这样的“单兵教练”一直坚持了近两个月，表扬和批评并施，温和与严厉共用，才使他拖拉作业、作业潦草的积习得以纠正。后来，我请他每天为我收家庭作业，当班长的助手。这样一来，他的作业做得更工整、更及时了。

有则外国谚语说：“人是习惯的奴隶。”让每个学生养成良好的学习习惯多么重要啊！而让学生改掉一个坏习惯又是多么难啊！

我们这样做，也许会得到某些国外同行的讥笑。据说，有些国家的学生上课可以随便离开教室，美其名曰：“尊重学生。”强迫学习不好，训斥乃至体罚学生更不对，但放任自流亦不可取。孔子有云：“过犹不及。”

六

“过筛子”也罢，盯也罢，不管怎么说，我们采取的一切措施，不是置“南郭先生”于死地，也不是像齐缗王那样，把“南郭先生”吓跑，而是为了教育“南郭先生”，为了不再产生“南郭先生”，是让每个学生都懂得，不能混日子，要尽力去做应该做的每件事。

我教一年级

一

教一年级不易，当一名优秀的一年级教师更不易。

有人说，教一年级难就难在“大人要说小孩话”。

所谓“要说小孩话”，就是要说浅显的话，形象的话。开口“关于这个问题”，闭口“如此而已”，离开了具体的形象，儿童就会感到茫然——听不懂。

教一年级的孩子何止要说形象的话？道道多着呢！

二

也许男老师的形象思维特别差，所以教一年级的不多，百里都难挑一。我教书 23 年后的 1985 年，朱校长终于给了我一次教一年级的机会。因为她想搞一个“作文早起步”的实验，斟酌来斟酌去，觉得我在作文教学上有两下子，于是决定由我教这个班。若不是我在作文教学有两下子，这一生恐怕是不会教一年级的了。

谁知第一节课便出了纰漏。

开始，我按惯例先来了个自我介绍，接着提出了几点要求：“小朋友，上课的时候要坐好，发言要举手，谁要有事、有问题请报告。”

可是小朋友有事偏偏不报告。他们只安稳了几分钟，便各自忙活起来，有摆弄东西的，有小声讲话的，有互相碰撞的。但我毕竟有维持课堂纪律的经验了，时而提醒，时而鼓励，时而严肃，课上得挺顺利。上到大约 30 分钟的时候，终于有一个小男孩举手“报告”了，我很高兴，说：“请站起来讲。”小男孩说：“老师，她尿裤子了。”“报告”的同时，用手指了指他的同位。我收敛了笑容，赶紧走过去。一看，果不其然——裤子湿湿的。

直到现在，我也找不出恰当的词语来形容当时的心情。

一位教一年级的同事说：“‘有事报告’这句话一年级的小朋友理解起来太困难。应该说：‘谁要上厕所解小便，解大便，谁要是东西掉到地上去了，谁要是听不懂老师讲的话，谁要是问老师什么事，请把手举起来，告诉老师。’对一年级的小朋友讲话越具体越好。”

我找到了尿裤子的小朋友的家长，表示歉意。

家长问孩子：“老师说了，上课有事请报告，你要上厕所，怎么不报告呀？”孩子忽闪着大眼睛问：“怎么‘报告’？”

什么都不必问了，什么也不必说了。我不停地反问自己：你怎么忘了儿童的思维主要依赖于事物的具体表象以及对表象的联想而进行的呢？你不是成了纸上谈兵的赵括了吗？

三

另一位教一年级的同事知道了这件事后告诉我：“教一年级，要眼观六路，耳听八方，善于察言观色。政治家要明察秋毫，当一年级的老师更得明察秋毫哩！”

她向我讲了这么件事：

一次上课，她看见一位小女孩神色不安，身子不停地动，于是轻轻地走到她跟前，低声问：“想上厕所吗？”小女孩点点头。她让她去了。可好长时间不见回来。她从衣兜里掏出一张卫生纸，悄悄地对坐在前排的一位女同学说：“到厕所去，把卫生纸送给上厕所的那位小朋友。”她断定：那位女孩子是解大便，而且没带卫生纸。送纸的小朋友到厕所一看，那位小朋友果然是解大便，而且正为没带卫生纸而发愁着急……

我敬佩不已！心里直想喊："教一年级的老师万岁！"

从此，我上课时不再"目中无人"，不再只是"大体"地看人，像演员似的，眼睛虽然平视观众，其实谁也没看。我逐渐练就了高难度的分配注意的基本功——眼睛看着学生表情，嘴里讲着教学内容，心里谋划着教学环节……多"官"齐下，齐头并进，再也没出什么纰漏。

四

1990年，我第二次教一年级时，更成熟了。

这是一节说话课，内容是训练学生怎样做自我介绍。

小朋友明确了自我介绍的内容之后，我提了两条要求。我说："小朋友到讲台前面向全班同学自我介绍的时候，第一要大胆。怎样做算大胆呢？身子站直，眼睛向前看。两眼看天花板或者地面，腰弯着，都是胆小的表现。"说完，我做了个翻着眼珠看天花板和耷拉着眼皮看地面的动作。小朋友会心地笑了。然后我又把身子挺直，双眸凝视前方，从正面做了什么叫大胆的动作。小朋友心领神会。

"第二，"我接着说，"说话口齿要清楚，声音要大一点儿，让坐在后面的同学也能听得见。"说完，我又从正反两个方面做了演示。就这样，在具体的表述和演示中，小朋友明白了什么叫大胆，什么叫口齿清楚。

训练在轻松愉快中卓有成效地进行着。

一个小女孩走到讲台前，眼睛望着讲桌说："我叫祁寒，今年六岁……"

小朋友立刻评价说，她胆子小，口齿不清。

我连忙说："这是第一次，再来。"于是，又让她说了一遍。

一个小男孩走到讲台前，眼睛看着同学，说："我叫张雷，今年六岁半，家住在骆驼山。"

小朋友立刻评价说，他胆子大，口齿清楚，坐后排都能听见……

五

对高年级的学生来说，用“一边……一边……”造句，太容易了。但对一年级的学生来说，还真有一定的难度。请看一年级小朋友造的两个句子：

“爸爸一边买菜，一边和别人说话。”

“我一边吃饭，一边看书。”

第一句话中的“别人”如果指的是卖菜的人，这时说的话也是买菜这件事的一部分；如果“别人”指的是别的买菜的人，那么这个句子于情理上就说不过去了。第二个句子虽然通，但又有悖于事理。我告诉小朋友，如果用“一边……一边……”写人的活动，那么这活动必须是能同时进行的，不能矛盾，不能不符合情理，于是我举了个例子：

“爸爸一边走路，一边思考问题。”

然后，我又说了这样一个句子，请大家评论评论合适不合适：

“我一边唱歌，一边喝水。”

小朋友说：“不合适！唱歌的时候就不能喝水，喝水的时候就不能唱歌。”

“这个句子怎么改呢？”

一个小朋友说：“我一边唱歌，一边跳舞。”

另一个小朋友说：“我一边弹琴，一边唱歌。”

就这样，示范加讲解，使小朋友学会了用“一边……一边……”造句。

孩子们看完了海豚表演，我要求他们用“先总后分”的段式说一说“海豚做算术”。

孩子们瞪大了双眼，明白无误地告诉我：不会。

“不会不要紧，”我说，“老师先说给你们听听。”

于是，我用“海豚做算术真有趣”开头，说了下面的一段话：

海豚做算术真有趣。一位叔叔拿出一块小黑板，上面写着“3+5=?”，海豚看了看，张开嘴连叫了8声。观众立刻为它鼓掌。接着又做了几道题，连“7+8”这样大的数它都加对了。

说完，我告诉小朋友，第一句就是总起句，是先总的说说海豚做算术题怎么样。然后请大家也以“海豚做算术真有趣”开头说说试试。

一示范，小朋友茅塞顿开，争先恐后地举起了小手。

示范就是指导，对于一年级的孩子来说，还要加一个“最”字——示范是最好的指导；示范，是教师主导作用的一个重要方面。讲十遍“应该怎么做”，不如做一遍给孩子们看。

也许有人会说，这样一来，孩子们说的话不就千篇一律了吗？

没关系。植物的种子破土而出的时候，不也是“千篇一律”吗？——每棵都是两个稚嫩的瓣儿。可长着长着，就不一样了，就千姿百态了。学习是从模仿开始的，模仿是儿童的天性。古人说：“大匠诲人必以规矩。”令人担心的倒不是千篇一律，而是老师的示范是否合乎规矩。一年级起步的时候，什么都要规矩。朗读要规矩，说话要规矩，写字更要规矩。说老实话，教每一个字我都不敢马虎，都是认认真真地揣摩，反反复复地临帖，直到写得像书上的范字为止。不然，怎么会称其为“范”？如果不是教一年级，我的说话、写字基本功不会像今天这样扎实。教一年级的过程，对我来讲，是个重新认识、重新学习的过程。如果朱校长不给我教一年级的机会，我将是个不合格或者说不完全的小学教师。反之，不教中高年级，也会是个不完全的小学教师。

六

生活中，人们经常要问别人点什么，也常要回答别人随时向你提出的问题。因此，要教孩子学一点问的本领，要能有礼貌地、清楚地回答别人提出的而自己又知道的问题。

于是，我设计了“大象问路”的说话课。

我说："小朋友，徐州火车站的出站口走出了一头大象。它从南方的大森林乘火车来到徐州，准备到鼓楼小学找朱校长。可是它不知该怎么走。它应该怎么问？如果问到你，你应该怎么说？大家想一想，讨论讨论。"

讨论完毕，我从提包里取出一个大象头饰："谁愿意戴上它扮演大象？"

小朋友立刻兴奋起来，争着当。于是，我指定一个人当大象，其余的人当出站的"旅客"。我宣布："我也是旅客中的一员，也可以问我。"

"大象"大概出于礼貌吧，居然向我走来，彬彬有礼地问："老伯伯，请问到鼓楼小学怎么走？"

"什么？到'轱辘'小学？"既然"大象"把我当成"老伯"，我索性装着耳朵聋，故意将"鼓楼"说成"轱辘"。

学生哧哧地笑。

"我想到鼓楼小学。""大象"一字一顿地大声说。

"对不起，我是外地来的，不知道鼓楼小学在哪里。"我连忙把这个"球"踢给了学生。否则，学生练什么？

就这样，在游戏中，训练了小朋友的问的本领和回答问题的本领。

不要低估了头饰的作用。儿童的世界是童话的世界，在他们眼里，小鸟鸣叫是在唱歌，花儿怒放是在冲着他笑，树枝摆动是在向他招手。一戴上大象头饰，无论在扮演者本人的眼里，还是在其他小朋友的眼里，他就是一头大象。有经验的教低年级的老师都很注意头饰的运用。它会增加趣味性，使学习变得轻松，提高学习效率。

童心不泯才能教好一年级。面部表情能够表达出孩子们的天真、稚气、活泼、顽皮，是教好一年级的不可缺少的前提条件。要揣摩儿童心理。每次备课时我都这样想：假如我是一个六七岁的孩子……

把自己教成孩子

如果说，我在教学中取得了一点成功，原因之一是我有一颗童心。用学生的话来说，我是他们的“大朋友”；用思维科学家张光鉴教授的话来说，就是“于永正和学生相似”；用苏霍姆林斯基的话来说，就是我“始终不忘记自己也曾是孩子”。

教了四十多年的书，最终，把自己教成了孩子。

我老伴也这样认为。她说：“别看你离 70 岁不远了，但面孔还是小孩的面孔，一脸孩子气。——我说的是你的表情，不是那张皱巴巴的脸皮。”

这话我信，虽然不中听。在学生面前，我的面孔就更不是成人的了，多数情况下，是被笑占据着的。有人说，我脸上的皱纹不是岁月用刀刻上去的，是“笑”留下来的，是笑的“定格”。也许吧。

我所崇敬的、喜欢的老师给我留下的都是难忘的微笑。几十年过去了，一闭上眼睛，他们的笑容还会清晰地出现在脑际：张敬斋老师、孙秀英老师、李晓旭老师、赵维仁老师、梁敬儒老师、王明泉老师、郭宁兆老师……笑，我是从我的老师那儿传承下来的。我希望我的学生也能从我的微笑中感受到温暖和亲切，获得信心和勇气，就像我从我的老师的微笑中感受和获得的一样。我相信我的学生也能从我的微笑中获得我所获得的一切，而且我的微笑会使师生之间的距离更近，关系更融洽，因为我的表情中除了微笑之外，还多了一份——用老伴的话来说——孩子气。

当我和学生一起分角色朗读《老山羊和狼》（我读狼说的话，学生读老山羊的话）时；当我和小学生一起表演《哥哥与弟弟》（我扮哥哥，学生扮弟弟）时；当我和学生一起表演用“黄鼠狼给鸡拜年——没安好心”的歇后语编的故事（我演老母鸡，学生演黄鼠狼）时；当我和学生一起投入大自然的怀抱，一起扑蝶，一起卧在峄山之巅享受着和暖的阳光时；当我和学生一起做游戏，一样的天真，一样的稚气时，安能辨我是老者?

至今，我还孩子般的好奇。什么新鲜的事物都能吸引住我的目光，绊住我的脚。看到一种奇怪的植物，一只不认识的小鸟，便痴痴地看，比小时候还专注。逛西双版纳热带植物园，有的同伴半天便出去了，而我却痴而忘返。当得知那种长得有点像芭蕉似的“大树”就是语文课本里说的“旅行家树”时，竟高兴得扑了上去，抚摸着它，围着它转圈儿，细细打量了之后，抱着它，合影留念。以后再讲《旅行家树》这一课时，便多了一份资源，多了一份情感。我的好奇心比童年时有增无减，但此时的好奇与幼时有很大的不同。现在，书读得多了，知识丰富了，认知能力强了，有了“消化生活的胃”，因此，对周围的事物认知、感受便与小时候大不相同，获得的东西自然比小时候多得多。我“消化”了众多的花草树木、鸟虫兽鱼、名胜古迹、田园风光，就会为学生提供丰富的精神营养。热爱自然，可能就从认识一种花草开始；热爱生活，可能就从一次垂钓开始；热爱祖国，可能就从游览一座名山开始。

至今，我还孩子般的贪玩。散步，操琴，唱戏，打羽毛球，游山玩水……

——所以，课间、课外活动时和学生一起玩，即使自己不会——比如踢毽子——也参与。虽然我一次踢毽子的最高纪录才四个，但学生并不因为我笨手笨脚而讥笑我，不屑与我玩。

——所以，我布置的家庭作业极少，有时甚至不布置。学生高兴，我也高兴。他们能有空儿玩，我则可以免受改作业之苦。

——所以，我星期天经常带学生去爬山。没有别的目的，就是图个气喘吁吁，就是图个到山顶上呼吸新鲜空气，就是图个心情舒畅。当然还会随机搞些其他活动，例如讲故事、捉昆虫、采集树叶做标本。

——所以，我经常带学生钓鱼、钓虾、游泳、划船……我们垂钓是真正的“小儿垂钓”，没有张志和“斜风细雨不须归”那样高的意趣，更没有柳宗元“独钓寒江雪”那么深的意旨，我们只是图个乐儿罢了。我主张学生学习游泳。据说，韩国教育法规定：小学生必须学会游泳。太有远见了。会游泳，人生就多了一份乐趣，多了一种锻炼身体的技能和途径，同时也获得了一种自救的本领。——虽然极少有人能用得上。

——所以，我主张学生应当有爱好，尤其应当学会一种（几种更好）乐器。我要求学生人人会一种乐器，并把器乐引进音乐课堂。只会唱，而不会演奏乐器，那是不完整的音乐教育。不企望学生在这方面成名成家，只是会，只是玩。当然，以后真有成名成家者，不更好吗？人生不会一种器乐，不懂音乐（或者戏曲），就失去了一种养分，一种色彩。没有爱好，玩，就失去了高雅；人的精神家园，就会变得单调，乃至于乏味。我希望学生有广泛的爱好。

小学生应该在玩中长大。玩，是万万少不得的。我是在玩中长大，又是在玩中变得年少的。

至今，我还保留着孩提时代的兴趣。小时候特别喜欢红缨枪，买不起，便自己做。在木头刻的枪头子上，贴上锡纸（即香烟盒里的锡纸），把苘麻染成红色做红缨。一枪在手，觉得自己仿佛就是赵子龙，舞着，叫着。把红泥做的手枪别在腰带上，觉得自己就是小战士——至少是小游击队员吧。现在，我对枪、炮、坦克、军舰、飞机依然有浓厚的兴趣。虽然还是用孩子般的眼光去看，却是用大人的心去思。关心的是国家的发展，祖国的强盛。终于有一天，我们歼－7战斗机也变成了三角翼；终于有一天，我们的歼－11也能和美国的F16相媲美了；终于有一天，我们的战士也挎上了现代化的冲锋枪了，我便孩子般地振奋。

于是，我的学生也关心起军事，关心起祖国的未来，关心起世界的未来。他们和我一样，对飞机、坦克、大炮、导弹、军舰、潜艇产生了浓厚的兴趣。于是，他们便饶有兴味地去做我布置的下列作业：

中国人民解放军海军有哪三大舰队？中国海军最现代化的军舰和

潜艇是什么？中国人民解放军海军水兵服的衣领和袖口上为什么有四条白道，比外国水兵多了一条白道？请你为中国海军设计一艘现代化的军舰（用图画表示）。

上网浏览一下各国的先进战斗机（包括我国），记下各种战机的名字。我国超7战机何时研制成功？它有哪些主要性能？它的研制成功有何意义？

什么叫“隐形飞机”？美国的隐形飞机叫什么？真的很“隐形”吗？我国着手研制了吗？

……

最终把自己教成了孩子的根本标志是童心未泯。我经常说“要蹲下来看学生”。“蹲下来”，就和学生相似了。苏霍姆林斯基说：“只有那些始终不忘记自己也曾是一个孩子的人，才能成为真正的老师。”“不忘记自己也曾是孩子”，就容易理解孩子。教育需要理解，理解是爱的别名。

我为什么对后进生更亲近，和考试成绩不好的人一起难过？因为他们更需要老师的理解和体贴；因为我读小学时一次考试没考好，张老师的一句“别难过”的安慰话，至今还温暖着我的心。我为什么从来不批评迟到的学生？因为我认为迟到了而敢进教室是一种了不起的勇气，这种勇气只应当赞许，而不应当批评。我读小学四年级时迟到了一次，而我竟不敢进学校的大门，索性选择了逃学！为什么我对上课偷看课外书的学生十分宽容？因为我上学的时候也做过这样的事！直到读初中了，上课还偷看过课外书！工作了，有一天，偶然看到了胡适写的一篇关于读书的文章，文章中说：“那些上课偷看课外书的人，往往有出息。”从此，我对上课偷看课外书的人不但睁一只眼闭一只眼，而且有些另眼相看了。为什么我对偷吃别人黄瓜的学生不予以责备，事过多日之后，才对着该生的耳朵小声说“偷来的黄瓜好吃吗?”，并一笑了之？因为我小时候也干过这样的傻事！什么是小孩？这就是小孩！要理解小孩。为什么我每每听到学生打来“××同学骂你了”的“小报告”，我总是笑问“骂从何来”，而从不动肝火？因为我上学时也有类似的行为。这时，我便诚恳地找骂我的学生谈话，有时甚至于到学生家里了解原因。古代的齐威王都有“能谤议于市朝，闻寡人之耳者，受下赏”的度量，我们当老师的更没有必要去维护这种不必要维护的尊严。

后退一步天地宽。“后退”的前提是理解，是仁爱。教育，需要理解，需要“后退”。

因为童心未泯，所以我备课时，常常觉得自己就是小学生。怎样导入能吸引学生？怎么处理能有趣味性？怎样朗读能激发学生的想象、能让学生感受？怎样讲学生愿意听，而且能听得明白？设计什么样的作业既有利于学生的发展，又让学生乐于去做？——备课时，我常常觉得自己是两个人——一个是“老师的我”，一个是“学生的我”。“老师的我”的任何一种想法和做法，都会遭到“学生的我”的质疑，获得了“学生的我”的同意之后，才能写在备课本上，才能实施。不但备课，就是上课、处理学生的问题、安排学生活动时，“学生的我”也常常站出来，给我提个醒，告诉我应该怎样做，不应该怎样做。多年来，我一直按“学生的我”的要求来要求自己，锤炼自己，规范自己，字在进步着，朗读水平在提高着，文学修养和思想修养在提升着。

“文革”期间，天下大乱。但我的班竟能按部就班地上课！这使我的同事很惊讶。更令他们惊讶的是，我教的一个班都读初中二年级了，一个星期天，他们回到了大马路小学，要求我带他们爬山！好吧，还是原班长王克利整队，还按当年做操的队形集合吧！于是，全班迈着整齐的步伐来到了云龙山下，一鼓作气爬到了山顶！活动完毕，回家的路上，依然步伐整齐，纪律井然！要知道，这是发生在20世纪70年代初期的事呀！那年代，我们国家还处于动荡时期，学生根本无心学习呀！

有的同事说，于永正带的班之所以这样优秀，靠的是个人魅力。话说大了。确切地说，靠的是我的一颗童心。

因为童心未泯，所以也常常思考童年的遗憾。童年最大的遗憾是古诗文背得太少太少。如果我小时候能打下较深厚的古典文学底子，那该多好哇！长大了，想学又晚了，已经错过了背诵最佳期、学习语言的最佳期。

不能再让我的学生有这样的遗憾，再错过这个学习语言的最佳期。于是我便不遗余力地教他们背古诗词，学点古文，教他们“三百千”。我一定要在学生身上圆我童年的梦，为他们打好人生的底色。

一眨眼，四十多年的教学生涯过去了。

岁月的刻刀能在我的脸上刻上深深的、密密的皱纹，却刻不到我的心上。

童心不泯

一

巴金爱繁星。他说，“在星的怀抱中”，就仿佛觉得“自己是一个小孩子”。我爱学生。在他们之中，我就会溶于其间，完全变成一个小学生。

二

秋天，又高又蓝的天幕下，睢宁县大余乡到处是金的色彩。

稻田连着稻田，间或有一块玉米或棉花地。行走间，忽然出现了一块芋头地。

“好大的叶子！”我惊叹着。好奇心驱使我走进地里。

“于老师，这荷叶比起微山湖里的荷叶小多了。”一个跟着我走进芋头地里的学生说。

我笑了。显然他把芋头当成荷花了。我不由得想起在师范学校读书时，一位城里的女同学也把芋头误认为荷花的事。

陪同我们参观的大余小学的朱以勋老师说：“同学们，这不是荷花，是芋头。芋头也叫芋艿，咱们徐州人叫它毛芋头。——吃过毛芋头吗？对，芋头的营养很丰富。我们这里，几乎家家都种一点。这块地的芋头是我家的。”

“朱老师，”我说，“我是胶东人，小时候，母亲是用乳汁和芋头把我一口一口地喂大的，所以我对芋头有一种特殊的感情。我一眼就看出您的芋头不同一般。第一，叶子又大又绿，叶柄又粗又壮；第二，您的芋头是种在垅上的，好像借鉴了种红薯的办法。”

“好眼力！一下子就看出了我的芋头与众不同。”

“什么好眼力？六百度的近视镜一摘，不光月朦胧，鸟朦胧，什么都朦胧了！说正经的，您能不能介绍一下您的种植芋头之道？”

朱老师眉飞色舞，侃侃而谈：“这种芋头嘛，是很有学问的。芋头，属于南星科，喜水……”

“既然喜水，为什么还把它种在地垄上？”

“咱们要的是长在地下的芋头，而不是它的叶子。水多了，芋头不好吃；所以，到了长芋头的时候，就得培土。看起来像种在垅上，实际上不是。还有，施肥也很有讲究。芋头这东西，最喜家禽粪，尤其是鸡粪，一施上去，疯长……”

“为什么家禽粪能促进芋头的生长？它的成分是什么？”我打破砂锅问到底。

谁知他竟不再回答，而是说起我来了：“老于，你发现了我的芋头与众不同之处，我也发现了你非同常人的地方。你像小学生一样，心里装满了问号，眼里充满了好奇。我终于明白了，你之所以成功，是因为有一颗好奇心。”

说完，双手握着我的手。从力度上，我感到了他的真诚与实在。

这，我承认。

没有孩子般的好奇，就不会有任何发现；就不会有什么爱好；更不会有什么执着的追求。好奇，尽管不意味着成功，但，它是一切成功的起点。因为，正如亚里士多德所说：“思维是从惊奇开始的。”

三

一年一度的菊花展览又开始了。

学生们都三三两两地向前走去了，可我还在第三展区踯躅。我发现这个展区的每株菊花都插有一个写着菊花的名字的小牌牌。看看花的名字，再看看菊花的姿态和色彩；看看菊花的姿态和色彩，再看看花的名字，不由地赞叹起名者的睿智和非凡的想象力。“玉佛座”、“千手观音”、“金狮怒吼”、“钢花飞溅”、“满天星”……每个名字不就是一首隽永的诗吗？

我把早已进入第四、第五展区的学生们喊了回来，请他们把花和花名对照起来观察，看看能不能有新的发现。

经过片刻的静寂之后，展室里立刻发出了欣喜的议论声。

孩子们的心是好奇的，但缺少一份专注与思索。我既有儿童的好奇，又有成人的深沉和细心，所以我发现了孩子们不易发现的东西。我把观察所得告诉了学生，于是学生们又多了一份惊喜，得到了一份收获。

我不禁想起罗丹说的一句名言：“对于我们的眼睛来说，缺少的不是美，而是发现。”

至于怎样才能发现，罗丹没说。我以为，最少要具备两点：一要具有孩子的好奇心，二要有思考的习惯和能力。“才华的高低，取决于思索的能力”，这话千真万确。

四

又是一个秋高气爽的季节。市郊的一个山脚下，炊烟袅袅。我带领学生们正在这里野餐。

津津有味地饱餐一顿之后，几个学生和我一起在山坡上散步。忽然一只大蚂蚱从我脚下飞起。我瞅准了它落的地点，急步追去。这家伙机灵得很，还没等我走近它，噌地又飞起。于是又追，几个学生也来围歼。

我发出命令：“你们别追！你们的任务是搜索、跟踪目标。请立即把你们的‘雷达’——眼睛——打开！”

学生们立刻站立不动，睁大了眼睛，充当起“雷达”的角色。

“落在那儿！”蚂蚱一起飞，“雷达”们便跟踪上了；一落下，便立刻准确无误地指示出所在方位。

开始，这只蚂蚱凭借着它的体力还能飞远。渐渐的体力不支，终于被我“生擒”。“雷达”们一齐围上来，祝贺“战斗”的胜利。

我总结了刚才的“战斗”经验：“我们刚才采用的是‘疲劳战’的战术，逮住了这只骁勇剽悍的大蚂蚱。对于那些反应迟钝的家伙，还可以偷袭、智取。”

欢乐的笑声在山谷回荡。

接着，一场逮蚂蚱的“大战”在山坡上展开。参战的不光有男同学，也有女同学。

战果辉煌。不足一小时，每个人的手中都有了一串蚂蚱。——意外的收获。

现在，蚂蚱成了人们餐桌上的一道佳肴，可是那时人们的嘴还没“刁”到这个程度。要不，当时，它岂不为我们的野餐增加一道美味?

那时，我完全是一个孩子，忘记了自己是一个老师。学生们之所以玩得如此开心，也正是因为在他们眼里，我是他们中间的一员，确切地说，是他们的“王”——真正的“孩子王”。

“逮蚂蚱”成了孩子们津津乐道的话题，一连几天都谈它。我理解孩子。小时我就喜欢逮蚂蚱，把逮到的蚂蚱，用一根草穿成一串，带回家喂鸡。因此，作文课上，我索性让他们写下来，题目就叫《逮蚂蚱》。

学生们仿佛回到了那值得留恋的山坡上，刷刷刷，写下了他们想表达的话。

五

课间，冯韵哭丧着脸儿向我报告：“于老师，涂凡打人!”

站在冯韵后面的涂凡没有申辩，可见冯韵说的属实。

冯韵继续说：“涂凡做作业时，我不小心碰了他一下，他就朝我背上狠狠地打了一拳。我说了一声‘对不起’，他还打。”

我严肃起来。脸涨得红红的涂凡对冯韵说：“都是我不好，请你不要和我一般见识。刚才我打了你两下，现在请你打我四下吧！”说完，转过身去，将背部给了冯韵。

冯韵把手抬了起来，可扑哧一声笑了，又把手收了回来，道：“谁稀罕打你！”然后转过脸对我说：“于老师，涂凡可坏了！天天把废纸放在我的位洞里，说让我‘学雷锋’……”

“从今天开始，你把废纸放在我位洞里行不？我替你收拾。”涂凡说，语气很真诚。

“谁像你似的！难道我不知道把废纸放到纸篓里？”

马上要上下一节课了，我请涂凡帮我擦黑板，请冯韵帮我发作文簿。可是，我转身的时候，不小心踩了涂凡的脚，我觉得踩得很重，连忙问踩得怎么样，涂凡却说不疼。我很过意不去，心疼地说：“不是不疼，而是你不说疼。”说到这里，我忽然童心萌动，学着他刚才的模样，一本正经地说：“对不起，请你踩我两下吧！”说完，将一只脚伸到他跟前。

正在发簿本的冯韵又扑哧一声笑了：“于老师，您怎么跟涂凡一个样儿？”

和孩子们一样，有什么不好？

六

坐了不到半小时的火车，便来到大湖车站。这儿离要去参观的阎窝村还有一大段距离，我们只好步行。乡村道路，坎坷不平。走在班级最前面的许建设没走几步就累了。我蹲下身子，以命令的口吻对他说：“上来，我背你走！”他不敢违抗，只好乖乖地趴在我的背上。

我的行动感动了几位大个儿男生，吕东平、魏家福、王克利等人都争着要背许建设。就这样，大家像照顾小弟弟一样，轮流把他背到了目的地。

不知什么原因，许建设光吃饭不长个儿，上五年级了，还不如他上二年级的妹妹高。教数学的李老师为此还闹了个小误会。他接班上第一节课时，请许建设回答问题。他答得不错。但是李老师批评他没有礼貌——回答问题没站起来。

同位连忙站起来说："李老师，许建设是站着回答你的问题的，他现在还没坐下呢。"

教数学的老师逻辑推理能力都很强，李老师顿时明白了，赶紧说："对不起，请坐下。"

谁知坐下的许建设比站着还高些。为什么？因为板凳比他的腿还长点。

一天，许建设见我给一位老师理发，笑眯眯地央求我也给他剃剃头。

我说："我不会剃分头，只会剃平头。"

他说："剃光头更好，凉快。"停了一会儿他又说，"省得头发长压得我不长个儿。"

我给他剃了，但没剃光，脑门上留了一个刘海。圆圆的脸蛋，留个刘海，再加上他笑眯眯的表情，更像个娃娃了。他回到教室，人人开怀大笑。

我说："现在，许建设就缺少一件红兜兜了。我要是在商店碰到了，一定给他买一件戴上。"

大家笑得更欢了。

许建设也很高兴，他还专门到照相馆拍了一张照片呢。

尽管他和同学是同龄人，但在同学们眼里，他就是一位小弟弟。从此以后，大家更关心他了。谁要让他去打水，别说班长，就连组长也不会答应。

他在公安局工作的父亲见了我就笑，说从我给他儿子剃的头，看出了老师的一片童心、一片爱意。

他的母亲修正说："我看，于老师比我们还疼爱建设！"

许建设毕业了，他送给我一张照片——就是留着刘海的那张照片。照片的背面上工工整整地写着"于老师留念。学生：许建设"。

我的确一直念着他——念着他的个头儿，担心他长不高。

若干年后，一个偶然的机会，我在街上碰见了他。那时他已经参加工作了。还是圆圆的脸，表情还是笑眯眯的，但是个儿长高了。

我握住他的手，心里的一块石头落了地——他终于像个大人了。

七

一个小男孩在前面走。背上的书包像个驼峰，随着步伐的轻快节奏，也跟着一颠一颠的。我悄悄地追上去，伸出右手，轻轻地在他的右肩上一拍。他猛地向右一回头，却什么也没发现。原来，我在拍他右肩的同时，迅速地闪到了他的左侧。他又机灵地向左一转身，发现是我，笑了。但他并没有忘记问我“早上好”。不过，声音里明显地少了往日师生之间的那种隔膜。

有人对我的举动不以为然，认为孩子气太重。其实，孩子气并不坏，它的别名叫“童心”。

不错，当老师的要有爱心。学生不能没有爱的呵护，正如婴儿不能没有母亲，河堤不能没有树木的呵护一样。爱心的别名叫“责任”和“奉献”。

但是，老师还应当有一颗童心。有了童心，才能使自己变得年轻，变得活泼，使教学充满了童趣；有了童心，才能走近孩子，理解孩子，体谅孩子；有了童心，才能想孩子之所想；有了童心，才能和孩子打成一片，成为他们中的一员，才能和他们一起唱，一起跳，一起哭，一起笑；有了童心，才能保持孩子般的好奇和探究精神。

我之所以不大责备为了拾足球而翻越墙头的孩子，不大批评因看足球赛转播而没完成家庭作业的学生——反而说那天我压根儿不该布置作业；我之所以带学生去钓鱼摸虾，带学生去农村劳动，下工厂参观，到军营里爬坦克、摸大炮，挎着冲锋枪照相；我之所以要努力把课上得有趣，千方百计地创设学生喜闻乐见的语言交际情景，进行说、写训练……是因为我有一颗童心。这也是为了重温我童年的梦，圆我童年的梦。童年，我多么渴望有一支红缨枪，哪怕是木头的；童年，我多么想钻进坦克里，看看里边是什么样的；童年，我多么想每个教我的老师都能像张敬斋老师那样和蔼、会画画、会拉琴、会书法……

因此，从我当老师的那一天起，我便对自己说：

愿童心不泯。

学会和家长相处

一

“现在的老师真厉害！训家长就跟训小孩一样！”路旁，一位妇女对一位过路人说，同时手里领着一个孩子。过路人大概是她的熟人。“天这么晚了，孩子还没回来。我到学校一看，原来老师留下补作业了。”

“补作业好，老师负责任。”

“可是老师把我好一顿奚落，什么‘孩子又懒又滑，家长也得管管’啦，什么‘你的孩子没治’啦，什么‘干脆领回家，别上’啦！咳，孩子一无是处，家长也一无是处了！现在，孩子一出错，老师就请家长到学校去，难道孩子不好好学，老师就没有责任？”

这位家长越说越恼，居然失去了理智，接着脱口说出了几句脏话，站在她身边的孩子一副心安理得的样子。

当家长当着孩子的面一个劲儿地数落老师的时候，那便意味着教育的失败。可以断言，这位老师的话，对于这个孩子来说，将很难再有什么教育作用，哪怕句句说得对。

类似情况，屡见不鲜。

二

要学会和家长相处。

动辄请家长到学校来的做法不足取，更不可以告状者的身份和家长谈话。一个“请”字，就把家长推向了老师的对立面；“告状”等于宣布老师无能。解决问题的最好办法是老师到学生家里走走。老师一跨进学生家门槛，问题就解决了一半儿。

小利的随便是出了名儿的。有时课堂上实在憋不住，便写纸条儿和同学说话。“传书递柬”的人常常因为胆怯、动作笨拙而被老师发觉。一追根寻底，挨训的自然是小利。

一天晚上，我叩开了他家的门。他的父母是普通工人。可以明显地感觉出家长们对老师有一种特殊的情感，尤其是老师出现在学生家里的时候。

“小利这孩子在学校又犯错误了？唉，这孩子让您操心了！”一落座，家长诚惶诚恐地说。

我笑了：“非得孩子有问题，老师才和家长联系？难道没有事，就不兴老师来坐坐？”

一句话，把家长说乐了。小利闻声从里间走出来，喊了一声“于老师”，便规规矩矩地站着，像犯错误站在办公室里一样。我把他拉在我身旁坐下。

“小利这孩子脑瓜很灵，开学以来进步很快。数学老师说，上课比以前守纪律了，作业错得很少，语文就更不要说了。”我从提包里取出他的作文本并翻开，“你们看，一连两篇作文都是优秀。”

家长认真地看着，连声说：“这都是老师教得好。”

说着，小利的父亲双手端起茶杯，请我喝茶。这时，老师无论谈什么，家长都会听，学生都会接受的。

我话锋一转，很中肯地指出了小利的问题，最后以“教不严，师之惰”作结。送到大门口了，家长还一个劲儿地说：“老师您那么忙还来家访，孩子不好好学，真对不起您！”

如果要使学生相信你是对的，并让他们按你的意见办，仅仅提要求是不行的，首先要使他们服你。当家长和学生认为老师是可亲可敬的时候，老师的话才会在学生身上起到教育作用。

三

也有脾气暴、火气大的家长。

这样的家长有个特点，即一进办公室的门（有的一进校门）就亮开嗓门嚷嚷，什么“老师怎么怎么的”、“学校怎么怎么的”，大有“口诛笔伐”之势。

一天上午，我就接待了这么一位家长。我搬把椅子请他坐下之后，他还嚷嚷个没完，口口声声要找校长。我说：“我是教导主任，有话请跟我说吧！”

原来，今天上午他的孩子因没完成家庭作业被老师“勒令”回家了。

“主任，幸亏我今天上午休息。如果家长不在家，孩子到外面跑，耽误课事小，出了事怎么办?”话说完了，这位家长的气也小了许多。做老师的，应该让家长把话讲完，“火气”得到宣泄，才会进而熄灭。

我说：“这件事您应该反映。正如您说的，如果孩子出事谁负责？学校有明确规定：任何人不得以任何理由擅自停学生的课。学校一定认真处理您反映的问题。”

我敬他一杯茶，他递我一支烟。感情从外表到内里开始沟通。

“我也知道孩子不好，做家长的也有责任。”他抽了一口烟说。

我趁机严肃地指出了孩子不做作业的错误，并请家长督促孩子完成家庭作业。

这位家长说：“虽说老师撵学生回家违反了学校的规定，说到底还是为了学生好。当老师也不易！”

这是我没想到的。我紧紧地握住家长的手，说了一句当时流行的话：“理解万岁！”

接着，我坦诚地指出，家庭是孩子的第一课堂，父母是孩子的第一位老师，父母的言行对孩子的影响很大。“孔子家儿”之所以“不知骂”，“曾子家儿”之所以“不知怒”，是因为受到了良好的家庭教育和影响。我的话暗含了对他刚才近乎鲁莽的言行的批评。

家长频频点头。

先肯定对方正确的一面、好的一面，再指出其不对的一面、欠缺的一面；老师确有不合适之处，则先做检讨，尔后指出学生的不足，这样才谈得拢。

四

的确，不一定非得学生出了问题才和家长联系。

一天傍晚，我从教育局开会回来，路过李志安家门口。见门开着，决定进去坐坐。他母亲正在做饭。

“我开会恰好路过这里，顺便看看您。”我说。

她停下手中的活，连忙让座。

这是两间低矮的平房，中间没有什么间隔，通着的。家里陈设极其简单：两张床，一张桌子，两把椅子，一个发黑的柜子，此外还有一个面案，两把小凳子。

“您上着班，还得照顾两个孩子，真不容易。”

她讲述了丈夫去世后生活的艰辛和两个孩子在家的表现。讲到孩子，脸上露出了欣喜的、充满希望的神色。正说着，志安回来了。

“现在正是困难时期。孩子大了，工作了，您就会好的。”我转脸对志安说，“你和哥哥一定要争气。”

“哥哥还好，在中学还是个班干部。志安不行，不知大人的辛苦。不好好学不说，有时还和别人攀比。家里每月都靠政府救济，能和别人比吃比穿吗？”

我这才明白，学校包电影，志安为什么有时不看。从此，每次包电影，我都为他垫钱。仅仅八分钱，就使志安的母亲感激涕零，逢人就说“于老师好”。后来，我还多次去过李志安的家。他逐渐发生了变化。他不再那么放纵不羁，不再把老师的批评当耳旁风。上课时，他努力约束自己。我则尽量地给他面子，发现他不专心听讲，不认真做作业，便走到他跟前（他坐在前排），点一点桌子，或抚摸一下他的脑袋。我把他的细微的变化告诉了他的母亲。我说："志安现在知道脸红了。'无羞耻之心，非人也'，知道羞就意味着进步。"直到现在，她还念念不忘，逢年过节，让她儿子来看我。

和家长相处，也要处"心"。多份了解，多份感情交流，多份体谅与关心，就多份教育的希望与成功。

五

家访时，有的家长常常把自己的孩子的短处数落一顿，弄得孩子很难为情。

一天，我到祖庆涛家去，他妈妈正在看他写家庭作业。

"怎么，还要妈妈看着?"我问祖庆涛。

"于老师，这孩子可不自觉了，看着都写不好。"接着，把祖庆涛的许多短处都抖搂出来，连晚上有时不洗脚的事都说出来了。祖庆涛一会儿皱眉，一会儿撇嘴。

我连忙说："祖庆涛并不是像你说得这么不好。他在学校里学习是很用功的，也比较懂事。"

说完，我把庆涛拉到我的身边。他偎依在我的胳膊上，好像我是他的母亲似的。每逢遇到这种情况，我便站出来替学生解脱。既然家长当着孩子和老师的面把什么都说了，而且学生也接受了，我不能再做"落井下石"的事了，反而要站在学生一面，保护他的自尊心。

六

一位家长为孩子的事到我家来了。一看我买了些地板砖之类的东西，问："于老师，您是不是想装修房间？我在水泥厂工作，水泥我包了。"

我婉言谢绝。每逢家长提出要为我做点什么的时候，我参加工作不久时，刘校长讲的一段话便在耳边响起：

“利用家长为自己做事是当老师的大忌。尽管学校三令五申不准利用家长，但这话对个别老师犹如东风吹马耳。殊不知，当你在家长那里得到了点好处时，教师的人格却掉了价，教育也就变了味，失去了意义。当然，有些家长出于对老师的关心，确实想为老师做点事，但我们只能说声‘谢谢’。”

经常为学生的学习生活注入“兴奋剂”

一

那是我读小学四年级的时候。一天，张敬斋老师对我们说：“‘五一’节，咱们全乡三到六年级的学生要举行庆祝游行。我们学校的游行路线是徐家夼——梁家夼——大梁庄——赤山。”

大家兴奋得不得了。那时，朝鲜战争还没有结束，张老师自编自排了一出活报剧。一个人演杜鲁门（当时美国总统），一个人演李承晚（当时韩国总统）。杜鲁门开头几句台词至今我还记得：“我叫杜鲁门，是个大凶神，一心想把中国占，一心想把世界吞……”李承晚台词的开头是：“我叫李承晚，南朝鲜，我来坐江山。我的江山不大稳，认了个干爹杜鲁门……”因为看两位同学排练得多了，当时几乎人人都把台词背下来了。我是锣鼓队的，专管打大钹，梁贵善打小钹，梁延生打锣，梁延举打鼓，梁延香打小锣。由于受环境的影响，胶东半岛的农村孩子会打锣鼓的不少。别说打秧歌锣鼓点，就连京戏里的什么“急急风”啦、“四击头”啦、“凤点头”啦，都会。

那几天，学校像过节似的，人人都处在兴奋状态。一想到“五一”节的庆祝游行，就有说不出的激动和喜悦，似乎干什么都有劲儿。

当然，个别同学也有忘乎所以的时候。不过，只要张老师点一句：“你还想不想参加游行？”他们便会冷静下来；如果是上课，大家会立刻坐得端端正正的。记得一天课间，于成家一边说着“我叫杜鲁门，是个大凶神”，一边把梁延兆的一只胳膊拧了起来，恰巧被张老师看到了，张老师说："于成家，'五一'游行你别参加了！"

于成家呆呆地站着，眼泪簌簌地流下来。他喃喃地说："老师，原谅我吧！"

"'大凶神'怎么能参加我们的游行？"

"我再不当'大凶神'了。"于成家可怜巴巴地说，"刚才，我是跟延兆闹着玩的，没使劲拧，不信你问问他。"

张老师拂袖而去。成家急了，急忙追上去央求。他追到张老师前面，一扭头见张老师笑了，高兴得两只拳头一挥，蹦了一个高儿。那动作，和足球运动员踢进球的动作十分相似。

还有一次，张老师问我们："咱们莱阳梨全国闻名，可是你们知道吗，莱阳梨的顶端为什么凹得那么深？"

一下子把我们问住了。我们从小吃梨，可从来没想到这个问题呀！张老师接着说："过几天，我带你们到梨园去看看，一问果农你们就明白了。"

这个问题的答案张老师肯定知道，但他秘而不宣。他是有意叫我们犯嘀咕，叫我们去想，叫我们去盼。在那些等待的日子里，我们除了有老师将为我们开启一扇知识之窗的激动，还有一份像进了腊月门盼过年似的喜悦。

长大了，我考入了师范学校。在师范学校我读了马卡连柯的许多著作。"人类生活中真正的刺激剂是未来的快乐"这句名言深深地印在了我的脑子里。读了它，我立刻想到上面的两件事。我把这句话抄在了我的日记簿上。我在心里说，等我走上教育工作岗位，一定经常为学生带来"未来的快乐"，哪怕是一次丰盛的野餐。

二

"下个星期六，我们去爬峄山。"一天上午，我向全班学生宣布。学生们欢呼雀跃。

“且慢!”我说，“你们知道峄山在哪儿？那儿有什么好玩的?”

有少数人听说过峄山的，也知道在哪儿。至于有什么好玩的，却无人知晓，因为他们中谁都没去过。

我说：“孔子曾登过峄山。他登上峄山后，惊叹地说：‘登峄山而小鲁。’可见峄山之高。你们想去吗?”

“想去!”

“那好，你们做准备吧。先问问去过的人，或查查有关资料，例如《中国名胜大词典》啦，看峄山有什么好玩的，然后，你们同学之间交流交流。”

第二天，就有人绘声绘色地向我描述通过询问以及查资料了解到的峄山。有一位学生说：“于老师，多巧吧！我昨天下午放学到我爸爸的办公室去，顺便翻阅《人民日报》，正好上面有一篇介绍峄山的文章。”接着眉飞色舞地讲述了峄山的“三奇”——石奇、洞奇、泉奇。

大家越讲，登峄山的愿望越迫切。

有人反对把搞活动的事提前告诉学生，认为学生知道了上课会不安心听讲。其实不然。在去峄山前的一个多星期里，每个学生的脸上都浮现着兴奋和喜悦。房柯的脸就像一朵绽开的花，连不苟言笑的陈萌嘴角的笑意也没消失过。学生上课特别精神，特别专心，学习效率普遍高。课间，大家玩得也特别开心，比以往更友好。这种情绪也带到了家里。家长告诉我，学生回到家里，挂在嘴边上的，除了峄山还是峄山，几乎没有别的话题。天天看日历，算计着离爬峄山的日子还有几天。

“爬峄山”无疑是一支注入了学生生活里的“兴奋剂”。从峄山回来，这个“兴奋剂”的药力还没有消失，再加上登峄山的所见所闻又着实地刺激了一下学生本来就兴奋的神经，所以学生从峄山回来后，又兴奋了好几天。

活动本身，使学生的生活得到了充实；活动前的期待，也是一种充实。这是一种精神上的充实。它的意义往往超出了活动的本身。

我们搞的“军营一日”的活动，使学生彻底地领略了这种期盼所特有的感情体验。本来这次活动定于6月5日举行。学生好容易把日历翻到了6月4日后，部队突然打来电话，说有紧急任务，活动日期推迟。推迟到哪一天，不好说。别说学生，连我也着急了。3日下午，发迷彩服的时候，学生是何等兴奋！有人回家便穿了起来，对着镜子照了又照。可是，5日去不成了，学生的脸都拉长了。我安慰说："只是时间推迟，并没有取消嘛，耐心等待就是了。"

有希望就好。希望，就是"未来的快乐"的代名词。

从此，每天早晨学生见到我的第一句话就是："于老师，我们什么时候到部队去呀?"

时间终于定下来了——6月12日！学生们又一次兴奋起来，天天掰着手指头算着，盼着12日的到来。

能说盼不是一种幸福、一种快乐吗?

只要你让学生去，你说什么他都听，什么矛盾都好解决。盼，不也是一种"化解剂"吗?

"军营一日"活动将永远留在学生的记忆里，去军营前的十几天的难熬的等待，也将留在他们的记忆里。我相信，他们什么时候想起，都会充满对童年的无限眷恋。老师们夸我儿童心理学学得好，我说，不，是我心里有一本写自己童年的心理学。

三

比赛也是一种"兴奋剂"。

1995年元旦即将到来。"元旦作文大奖赛"在元旦前的三个星期便拉开了帷幕。第一篇作文的题目是《老山羊走后》——续写童话故事《老山羊和狼》，比赛要求是"看谁写得长"。第二篇作文题目是《说说我的胆儿》，比赛要求是看谁写得真实、具体。第三篇作文题目是《找××》——"××"指一种东西，比一比，谁写找一种东西时"急得很"，急得脸红，急得跺脚，甚至急得发脾气。

1996年“元旦作文大奖赛”的三个题目分别是《于老师》《杨老师》（班主任）《徐老师》（数学老师）。每篇作文要求写出老师的一个特点，看谁写得像。

三篇作文总分排前10名的为一等奖，二三等奖的人数是尽量多，尽可能让更多的人欢天喜地。奖品通通是书。

1995年元旦，我到新华书店买书，一次花去300多元。卖书的人以为我是给学校买的，问我发票的抬头写什么学校。我说：“我是个人买的，抬头就不要写了。”

“您怎么买这么多儿童书籍？您是研究儿童文学的？”

“不，我是给孩子买的。”

“您有多少孩子？”

“不多，48个。”

同来的徐善俊老师笑了，他解释说：“他是给学生买的。”

服务员感动了，她把我买的书捆扎得有角有棱的，既结实又美观。

我说：“谢谢！”

她也说：“谢谢！”

“您谢我买的书多？”

“不，谢谢您对学生的关心！”

一本书不过几元钱，最贵的，像精装本《儿童古文观止》，也不过十几元钱，但学生都努力去获得，并为能得到一本有我题词的书感到自豪。有时候，没有奖品，只有一张奖状，但他们仍然努力去得到。徐晴在一篇作文里这样写道：

> 于老师经常举行一些作文竞赛，激发我们的兴趣，使我们爱作文。我们都能轻而易举地从于老师那里得到一本书，或者得到一个很高的，却又不值钱的称号，像什么“小作家”啦、“作文大王”啦，等等。这些称号不是口头上说的，而是写在奖状上的。我们虽然知道不值钱，但总是努力去得到，绞尽脑汁地去写于老师布置的作文。得到了，我

们甜甜地笑，于老师也甜甜地笑……

比赛不也是一种“兴奋剂”吗？

它像在平静的水面上抛下去一粒石子，使水面顿时泛起涟漪，有了生机。

比赛是竞争，竞争本身也是一种动力。

“文武之道，一张一弛。”比赛不能滥，弦绷得太紧是会断的。

四

有些比赛说我巧立名目也不过分，但不像西方国家“有闲阶级”所搞的什么“抽烟比赛”、“接吻比赛”。据说一对男女创造了接吻30多个小时而没有累趴下的记录，据说这个记录还上了“吉尼斯世界大全”。那样的比赛是断然不能、也不允许进入学校的。

有一次，学期快结束的时候，我把作文簿发给学生，开展了一次“找漏洞”比赛。找谁的漏洞？找老师的漏洞，找老师批改作文的漏洞——看看哪些错别字没改出来，哪些病句没改出来。请别人看自己的作文找出来的，或别人请你看作文找出来的，都算自己的，都把它记下来。这场比赛好生厉害！学生恨不得拿放大镜看自己的作文。请别人检查自己的作文的人多，主动检查别人的作文的人也不少。

这些比赛的奖品是很不起眼的，要么是簿本、刨刀之类，要么是铅笔、圆珠笔之类。

我付出的微乎其微，学生获得的却很大很大。

发奖品时，我说：“谢谢大家找出了那么多由于我的疏忽而出现的漏洞！我希望今后再举行这类比赛时，获奖的人越来越少。”

学生很懂事。他们说：“我们要像这次比赛一样，写完作文认真检查，少给老师添麻烦。”

五

如果说，“找漏洞比赛”是巧立名目，那么“大搜捕行动”则是很刺激的比赛。

一天，我突然宣布：“据可靠情报，敌人约两个连有200多名空降兵，降落在云龙山的丛林里。上级命令我们，立即开赴云龙山，围歼空降的敌人！这些敌人，有的躲在树枝上，有的藏在草丛里，还有的潜伏在石缝里。”

学生们知道，这些所谓的“敌人”，是一道道数学题。这些数学题，按难易程度，分别标上“连长”、“副连长”、“排长”、“副排长”以及“班长”、“副班长”、“士兵”。（“连长”、“副连长”都是比较难做的题，“士兵”都是难度一般的题）谁搜索到了，并把这道题做对了，就是“消灭”了一个“敌人”，最后“论功行赏”。如果找到一个“大官儿”，对付不了，可以请别人帮忙，这个功劳则记在两个人的身上。

当数学老师宣布“战斗”结果，嘉奖“歼敌能手”时，树林里一片欢腾。学生仿佛真的成了军人，他们仿佛真的打了一个漂亮的歼灭战。

山林为之欢呼，鸟儿为之歌唱。

许多游人也走过来停住脚步，站在队伍后面，莫名其妙地听老师讲话。

“谁也说不准哪块云彩会下雨”

一

在我的故乡胶东半岛有这么一条谚语：“谁也说不准哪块云彩会下雨。”

我第一次听到它，是我读师范一年级的那年冬天。讲这话的是一位非常健谈的长辈。在故乡温暖的炕头上，他讲了许多事例，说明本事多了，说不定什么时候就能派上用场。其中有这么一个真实的故事：

抗日战争时期，一位地下工作者不幸被盘踞在万第镇的大土匪、大汉奸赵保元的手下逮捕了。春节在即，他知道敌人要处决他，晚上引吭高歌，先唱了一段《女起解》，又唱了一段《男起解》，字正腔圆。

正在喝酒的赵保元听到了，问：“谁唱的京戏？”

手下人报告：“是个共产党。”

“共产党？——叫他过来！”

那位地下工作者被带到赵保元跟前。

“刚才是你唱的《女起解》？”

“是的。”

“你是干什么的？”

“我是个庄稼人。你手下的人说我是共产党。”

“哪个村的？”

“溪聚。”

“溪聚？听说你们村的戏演得不错。”

“承蒙长官夸奖，我们剧团曾经到万第镇演出过。我是唱青衣的。”

赵保元喜欢京戏，也能唱几句。他吩咐手下找来一帮人，有唱的，有操琴的，闹了大半宿。临了，赵保元对手下说：“把溪聚的这个人给放了。”

唱京戏，救了他一条命。

法国的莫里哀说：“能发人深省者，莫过于格言。”

中国的王朝闻说：“警句出现的是时候，是地方，它会像一次‘爆炸’，给人强烈的刺激，造成深刻的印象。”

我深深地记住了“谁也说不准哪块云彩会下雨”这句凝聚着故乡人民智慧、经验的名言。它给了我啃书本的韧劲，萌动了我什么都想学的心。站在图书馆的书架前，我觉得自己渺小；站在一件精美的艺术品前，我觉得自己粗俗；站在能工巧匠前，我觉得自己笨拙……总之，一切知识我都想采撷，所有比自己有本事的人都是我心目中的老师和赶超的对象。

我所有的星期天、节假日，都以书为伴。不论到哪儿去，带的第一件东西就是书。

看书之余，习京胡，唱京戏，练书法，弹月琴，研丹青，弄诗文……学什么，我都很投入，用心去悟，尽力朝着悟出的感觉靠拢。我能在人声嘈杂的环境中写文章；能不用校音器定准演唱者所要求的胡琴调门，此招被戏友们称为“一绝”。

我努力学习“十八般武艺”，是故乡谚语的启迪。

真说不准它们中的哪块“云”能“下雨”。

艺多不压人，即使用不上也无妨。

二

岂有用不上之理。

一年春天，我应邀到山东枣庄市的一所煤矿职工子弟小学上课、讲学。

教导主任要我上《在仙台》。主人点的“戏”不好“唱”，而且点的确实是重头戏。大家知道，鲁迅的文章难懂更难教。

既然主人点了，没有什么可说的，上！

文章难懂的地方多，是事实；但是这个班的学生也的确非同一般，善思善问：

> 鲁迅是怎样出国的？是坐飞机吗？
>
> 鲁迅怎么一个人到了仙台？
>
> 东京、仙台在日本的什么地方？
>
> 鲁迅学的是医学，怎么没当大夫？

霎时间，沉淀在大脑深处的有关历史、地理、文学史知识，汇聚成一块“云”，飘出来下雨了——我在黑板上迅速勾勒出一幅中国、日本地图，标出鲁迅乘轮船出国，先到东京后至仙台的路线图，画画讲讲，讲讲画画，学生的注意力全被吸引住了。讲的过程中，我能清楚地听到坐在教室后边听课的老师发出的啧啧赞叹声。

画地图的本领我是跟小学教地理的徐国芳老师学的。他教地理的方法很独特——画地图，边画边讲。地图画完了，课也就讲得差不多了，于是再要求我们画。教一个省画一个省（我们那时的地理书是按省编的，一个省一课），画完了省，画全国。到了中学、师范，我还保持了学地理画地图的习惯，由中国画到世界去了。世界各国的地图都装在我的脑袋里。

三

1984年3月底，徐州市鼓楼区语文教学研讨会在民主路小学礼堂举行。会上，我执教《燕子》一课。

一位女生用银铃般的声音朗读着课文的第一节：

> 一身乌黑发亮的羽毛，一对轻盈俊俏的翅膀，加上那剪刀似的尾巴，凑成了那活泼可爱的小燕子。

几乎在朗读完的同时，我便在黑板上勾勒出了一只展翅飞翔的燕子，抽象的文字立刻变成了形象的图画。“轻盈俊俏”、“剪刀似的”、“活泼可爱”的意思都在其中，根本不需要老师饶舌。

学生的眼神由惊叹到佩服到愉悦，很快经历了一次对老师、对学习语文的认识上、感情上的体验。这种体验的落脚点是对老师的钦佩和对学习语文的兴趣。

课文最后有这样一个精妙的比喻句：“几只燕子倦了，落在几根电线上，多么像正待演奏的曲谱啊！”

我问学生：“请想象一下，这会是一首什么曲谱呢？”

“《小燕子》！”回答几乎是异口同声。

“那么，就让我们一起唱这支歌吧！”

说完，我用钢琴伴奏，学生合唱。——这首歌孩子们在幼儿园就学过。

琴声伴着歌声，在小礼堂内回荡：

小燕子，穿花衣，
年年春天来这里。
我问燕子你为啥来，
燕子说，这里的春天最美丽。
……

歌声升华了课文的主题，歌声把学生带到了一个美妙的境界。

在低年级段的语文教学中，我经常和小朋友一起即兴表演课文中的某一个情节，以帮助他们理解课文内容，激发学习语文的兴趣。我的表演常常博得孩子们的掌声和笑声。下面是我和一位小朋友在《狐假虎威》里表演的一段对话。狐狸由学生扮演，老虎由我扮演。

师：（凶狠地抓住狐狸）我看你往哪里逃！

生：（眼珠子骨碌一转，扯着嗓子）你敢吃我？

师：为什么不敢？

生：（神气地）老天爷派我来管理你们百兽，你吃了我，就是违抗了老天爷的命令。我看你有多大的胆子！

师：不对呀！我既没犯什么错误，又没到退休的年龄，老天爷怎么不让我当大王了呢？你说的话，我不相信！

生：（眨了眨眼）不信，我带你到百兽前走走，让你看看我的威风！

表演到这里，班里笑声一片。我趁势对全班同学说：“好，那我们就跟着狐狸到森林深处走一走。请读一读7、8、9三节。”这个表演既形象地展示了上文（1~6节）的内容，又巧妙地过渡到下文（7、8、9节），收到了很好的教学效果。

胸中的“云”储存多了，教学中真是左右逢源：

教《翠鸟》《草》《壁虎》等，我边讲边画，直观性的原则在我的教学里得到了较充分的体现。

在作文教学中，我一会儿扮奶奶，一会儿演哥哥，将学生带到创设的言语交际情境之中，进行了有效的表达训练。

作文指导前，我坚持写“下水文”，在学生时代练出来的写作能力，在教学中发挥了重要作用，收到了良好的教学效果……

我获得了教学成功的果，赢得了千万个学生的心，原因之一是我胸中积攒了许多“云”。

四

“文化大革命”时，学校搞的是“开门办学”：学工、学农、学军。我们班搞“学医”——采集中草药。我抽暇学针灸。买书，买针，拜师，三下五去二，居然捣鼓会了。当然，也付出了代价——为了寻找感觉，我把全身能够找得着的穴位都扎了一遍。我这个人就这样，不学便罢，一学就全身心地投入。

一年春天，我带领学生到体育场观看市小学生春季田径运动会。全班学生正在声嘶力竭地为我校运动员加油，突然发现一位男生捂着肚子“嗷嗷”直叫唤。全班的视线不约而同地由运动员身上移到了这位学生身上。

“哪儿不舒服？”我问。

“胃疼。”他答。头上冒出了汗珠。

“以前疼过吗？”

“疼过，医生说是胃痉挛。”

“都怎么治的？”

“服阿托品。”

无怪乎人们说“久病成良医”，一个12岁的孩子用的全是专门术语。

“你怕不怕扎针？阿托品这儿不好找。”

“不怕。”

我从提包里取出银针两枚，一枚二寸五的，一枚一寸的，用药棉球消毒完毕，交叉取穴：左腕取内关，右腿取足三里，快速进针，较强刺激。

“什么感觉？”

“又酸又麻。”他咬牙说。

“胃怎么样？”我行了一会儿针问。

“不疼了。”

手到病除。

他是个普通工人的儿子。他告诉我，他爸爸这两天正在家里闹牙疼，没上班。

从体育场回来，我顺路来到他家。他父亲说话口齿不清，原来牙里咬着花椒。邻居对他说，咬花椒可以止疼。

“针灸过吗？”

“昨晚，对门王大夫扎了两针，没大见效。”

他一说地方，我就知道王大夫取的是合谷、下关二穴。征得了他的同意，我在他的脚趾缝里取内庭穴。只一针，疼痛止住。

“怪！于老师，您说这脚指头离牙多远！怎么能管得着呢？”

他大惑不解，我也说不清楚。反正医书上写着：内庭，主治胃疼，牙疼。我告辞。他一送再送。眼里噙着的是感激，手里握着的是嘱托。

没想到，我一针扎好了学生的胃，也扎好了这个桀骜不驯的学生的心。是不是他良心发现，觉得再像过去那样，便对我不住，还是他父亲对他有什么特别的训示？

不得而知。

翻遍教育心理学也没找到答案。

没想到针灸这块“云”，在这儿凝聚成了“雨”。

第二辑

教育的两个名字

什么是教育呢？教育虽然很复杂，但我从我的老师那本“书”里读出了四个字：“影响”和“激励”；而从我从教的四十多年中也能概括出这四个字：“影响”和“激励”。我就暂且给教育起两个别名吧：“影响”和“激励”。

教育的两个名字

江苏省徐州市教育局局长强国先生长期从事政策研究工作，没做过教师，但他任局长以后，思路清晰，成绩显著。“是不是应了‘旁观者清’这句话?”他呵呵一笑，说：“于老师，凡是上过学并做过家长的人，对教育都不陌生。如果回过头来稍加思索——想想你的上学经历；想想你喜欢的老师，你从老师身上得到了什么；再想想你不喜欢的老师，做一名教师最不应该怎么样……那么，你就会成为半个教育家。”

强国先生的话让我回想了从小学到中学再到师范学校，我从老师身上得到了什么。如果说我从课本上得到的是知识和道理，那么我从老师身上得到的则是善良、热情、责任感和学习的兴趣与梦想。

按这个思路再往深里想，什么是教育呢？教育虽然很复杂，但我从我的老师那本“书”里读出了四个字：“影响”和“激励”；而从我从教的四十多年中也能概括出这四个字：“影响”和“激励”。我就暂且给教育起两个别名吧：“影响”和“激励”。

一、“影响”——它是教育的第一个名字

汉代的班固说：“教育何谓也？教者，效也，上为之，下效之。”宋代的李邦献说：“教子弟无他术，使耳所闻者善言，目所见者善行。”这些都是在说教育的“影响”作用。

美国有所布朗克斯中学，该校竟有两名学生后来获得诺贝尔奖。原来

这所学校的不少教师就是成就卓越的科学家。所以有人据此说："如果有一位常识渊博、才华超群的语文老师活跃于讲台，那么台下的学生中有望日后有名家问世；如果没有优秀、聪颖的数学教师作指导，学生即使有数学禀赋，也不能被催化为才能。"这句话在说，同样饱满、健全的种子，落在湿润、温暖、肥沃的土壤里和落在沙漠中的结果是完全不同的。

布朗克斯中学的例子告诉我们，老师的素质对于学生来说太重要了。

大德无形，大化无痕。"影响"在小学阶段尤为显著。

在美国有人做了这样一个有趣的实验：把小学生分成4组，每组配一个实验员，待实验员与学生建立了良好的关系并得到了学生的信任之后，分别要求4组学生为孤儿院的孩子捐款。第一组实验员宣传人要有爱心，要慷慨捐款，同时自己也捐款；第二组实验员宣传不去救济孤儿，把钱留给自己；第三组实验员宣传人应当慷慨助人，自己却不捐款；第四组实验员宣传不必捐款，自己却捐款。实验结果是：第一组学生全部捐了款，第二组无一人捐款，第三组少数人捐了款，第四组大多数学生学着实验员捐了款。实验说明：说教对学生影响是微小的，教育不是"叫育"，而实际的榜样却对少年儿童的行为产生巨大的影响。这个实验还告诉我们：老师（包括家长）的言行一致时，教育效果最大。所以教育家说："只有人格才能影响人格的发展和形成，只有性格才能铸造性格。"榜样的影响作用确实是巨大的，深远的。

我的所有爱好，我的性格、品格，都受到了张敬斋老师的影响。这些影响因为我对老师的崇敬而愈加深刻、久远，甚至今天连我写字的字体中还有张老师的影子，幼学如漆！

同样，我也在对我的学生施加着影响。北京大学研究生、现供职于中国民航总局的魏亚军，在给同学丛晓东的一封信中说："我之所以选择了文科，完全是受于老师的影响。"

徐晴在读大学三年级时写的一篇作文里有这样一段话："我原来是那样胆怯，是于老师使我变成了现在的我，一个充满自信的人。一句话，是于老师塑造了我的人格。父母常说，我像于老师。有一次，我与爸爸讨论一个问题，把他说得哑口无言。他半开玩笑半生气地说：‘都是于老师把你宠坏了。’我说：‘小时候你不也很宠我吗？宠得我大气也不敢喘。’是的，如果没有于老师的微笑，没有那小学阶段学习生活的和谐氛围，我不会成为现在的我。”——“微笑”、“宠”、“和谐”这些词语背后的东西就是“影响”。

学生的话对我既是巨大的鼓舞，又让我感到不安。我进一步认识到了老师这本“书”的分量。当我们在学生面前打开语文及其他课本的同时，也就打开了自己这本“书”——一本有内容却是无字的书。

于是我更加努力地、不断地把自己塑造成一个好人，把正直、善良、宽容、谦让、诚信、耐心、责任感……不断地充实到自己这本“书”中。是好人，才能是好老师。

于是我更加努力地把自己塑造成一个有知识的人，一个爱好广泛的人，努力把“琴棋书画”充实到自己这本书里，使自己成为多才多艺的人。老师的爱好越多，特长越多，对学生的影响、启迪就越大、越广——谁也说不定哪块云彩会下雨。正如杜殿坤教授所说，一个文化高、修养高的人，怎么教都能教好。

我从进入师范学校大门起，就努力向张老师看齐。徐晴在读大学三年级写的那篇作文里还有这样一段话：“相处的日子多了，我才发现于老师绘画、写字、弹琴样样都行，而且他的京剧唱得特棒。他总能将他的才能恰如其分地运用到课堂上来，令我们觉得上他的课趣味无穷。”

我不断努力地修改着和充实着“我”这本书的内容，而且“装帧”也很考究。我在学生面前从不邋遢、懈怠，总是精神饱满，笑容可掬，不摆架子。我要让学生一见面就喜欢我，以我的热情唤起学生的求知求进的欲望。我要像张老师那样做个“会笑的教师”。

掀开“封面”——“我”这本书里有爱和尊重。后进生考试不及格而偷偷流泪时，我会悄悄地为他拭去泪水；犯错误的学生来到我的办公室，我总会为他搬把椅子放在我的侧面让其坐下——我从不把椅子放在我的对面，因为对面像是在受审、像是搞对立嘛。留级生来到我班，上课我会鼓励他，下课会和他一起玩，于是他很快有了伙伴，很快融入了新的集体……

“我”这本书里有耐心和责任感。对学习困难的学生，我有的是等待和耐心，必要时，我会到他家里去送书，他不想读也不好意思不读——过几天我会问书中的故事的，我会看他的摘抄本的。“从长计议，”我对家长说，“他更要多读书，等他朗读得很流畅，语言比较丰富了，他会追上来的。只要尽力了，即使还不尽如人意，也不要紧，十个指头有长短嘛。”

“我”这本书里还要有知识，以备学生查阅。学生的兴趣领域会是千奇百怪的，“于教师，您相信 UFO 吗?”“于教师，我们的苏－27 战斗机能和美国的 F－16 战斗机比吗?”“‘暴虎冯河’中的‘冯’为什么读‘píng’?”……这些我都要及时地给予回答。“于老师，”一个叫冯羽商的学生故意考我似的问，“我的名字有意思吗?”“给你起名字的人应该懂得音乐。”“对！我妈妈是音乐老师，你怎么知道的?”“宫商角徵羽，这是古代的五音……”

“我”这本书里有古今中外的故事，还要有笑话，用时还要随时能讲出来。“书”中还有我和学生之间的故事，我和学生共同书写，我感动着学生，学生也感动着我。

“我”这本书里还有顽皮和天真。我和学生一起在游泳池里打水仗，一起卧在群山之巅，仰望蓝天白云，浮想联翩……

“我”这本书里也难免会有错误和不足。年轻的时候体罚过学生，经常大发雷霆，说过一些不尊重学生的话。但我改了，犯了错误我会当众向学生认错、道歉。于是错误变成了教育资源，学生又从中读懂了什么叫正确地对待自己，什么叫坦诚……

老师的确是一本书，一本天天展现在学生面前、学生天天在读的书。这本书的人文性对学生的影响，不知要比语文课本中的人文性大多少倍！

几十年来我一直不间断地书写、修改“我”这本书，使它的内容不断充实，不断完善，不断更新，让它对学生有更大、更多、更好的影响。

二、“激励”——它是教育的第二个名字

清代的颜元说：“数子十过，不如奖子一长。”这就是激励。

上小学的时候，张敬斋老师给我颁发的一张他亲自画的奖状，还有他在我的作业簿上画的一条条波浪线，对幼小的我是多么大的激励呀！读初中一年级时，李晓旭老师在我的作文上写的“此文有老舍风格，可试投《中国青年报》”竟让我做起了作家梦！从此便如饥似渴地读书，搜肠刮肚地写稿。理想虽未实现，但为理想奋斗的人生是充实的，收获是丰厚的！为此养成的读书、写作、观察、思考的习惯是无价的！

至于别人的例子更是不胜枚举，每个成功者、进步者，每个优秀教师教的每个学生都有这样感人的故事。作家黎汝清说：“我之所以决心当作家，最终成为作家，就是因为上小学时，有一篇作文上了墙报。”安徽凤阳一中有个叫邵军的学生，表现很差，是个被老师放弃的学生，升入高三，新班主任吴华兵老师找他促膝谈心，说：“让我们从心开始。”说完，把“心”字写了出来。邵军十分感动，在吴老师的鼓励和帮助下，他发奋学习，一年以后，成了大学本科生！这不能不说是一个奇迹！这个奇迹产生的动力叫“激励”——由老师的爱心，激活了邵军的潜力。从这个角度上说，教育也可以叫“激活”。

要激励每个学生。虽然学生不可能都像邵军那样变得令人惊诧。我在《教育，有时候很简单》一文中说：“同样褒奖的话，对张三可能起大作用，对李四的作用可能微乎其微（一点作用没有也是不可能的）。但是，激励、期待的话只要对一个人能起作用，我们就不放弃所有的人。人人都有长处，对他的长处就要多说夸奖的话、鼓励的话，就要赏识它、放大它。”放大优点“能激活学生的潜能，激发他们的兴趣”。而无数事实都证明，根据兴趣学习的人都有可能成为天才。因此第斯多惠才会说：“教学艺术的本质不在于传授的本领，而是在于激励、唤醒、鼓舞。”

激励是有学问的。

激励要有针对性。要看准学生的闪光点之所在，即他到底有什么特长，

把他的闪光点激活。有个学生叫李明，数学经常考不及格，为此他觉得抬不起头来。但他喜欢画画儿。一次，在他正为数学没考好而沮丧时，我说了一句："李明李明，画画最行！"从此，他乐此不疲。后来通过刻苦自学，成为一名优秀的画师。祖庆涛是位留级生。在我们所有任课老师的帮助和鼓励下，他变成了开朗、遵纪、有礼、勤奋的学生，但他读到初中二年级就辍学了。我对他母亲说："他人品好、身体好，又有基本的文化知识，这样合格的公民，社会能没有他的安身之地？"后来他成了一名优秀的谁都信得过的保安员，每次同学聚会，他都是发起者。彭晓明记忆力、理解力惊人，一篇《赤壁赋》，读几遍便能背下来。我对他说："我很喜欢你，你有很好的天赋，又好学，将来会成为一个学者。"后来他考取了清华大学，毕业后留校了。

针对学生特长给予的激励，有时真能为学生"定终身"。这种具有远见性的激励，往往能使学生有追求，有志向，并最终取得成果。像祖庆涛那样，成为一个合格的公民，也是一种成果，为什么非要让小指长得和拇指一样粗？那不仅不可能，而且对"小指"来说，是一种极大的折磨。有人指出，教育的悲剧恰恰就在于我们千方百计地企图把上帝赐予我们的千万个天赋不一、个性迥异的学生造就成一个人，我们要尊重差异。孔子在两千多年前提出因材施教的思想是多么伟大！但时至今日，又有多少人去实施了呢？

表扬、激励的语言要有实指性，用词要恰当，实事求是，不能空泛。大而空的表扬，甚至像朦胧诗似的评价没有多大作用。"你真棒"之类的话可以使用，但最好说出"棒"在哪里。"你真棒！你的字有柳体的味道。""你居然能正确地使用分号，思维多清晰啊！""你不但回答正确，而且语言干净，几乎没有一个多余的字，也不需要再添一个字。"这样的语言，学生能听懂，知道好在哪里，而且对其他同学也有启示作用。

激励要着眼于育人。"虽然朱雷的发言是反驳李挺的，但李挺一直在平静地听，有君子之风。""虽然这次刘卓薇落选了，有人还对她说是老师偏向另外的同学，才使她没评上'三好学生'，可是她——大家看她的表情——始终是微笑着的。她的名字改为‘刘卓微笑’更合适!”“我真感谢我们的语文科代表，每次收的作业本他都为我翻好——翻到该改的那一页，费了他的时间，却省了我的时间。”“大家看看韩玉慧改的作文，任何一个错字都逃不出她的眼睛，任何一个优点——哪怕一个词用得好——她都圈出来了，而且加了眉批。总批也写得比我好。这叫对别人负责。”我要求我班学生作文写好后，同桌先互改（用铅笔），像老师那样改，然后再交给我改。学生改得真好！每次我总要表扬几个人。而学生呢，也一次比一次改得认真。学生互改，收获的是能力，体验的是责任。

激励要真诚，动情。轻描淡写，面无表情地鼓励与肯定，会使学生不以为然，甚至不领情。什么是真诚的表扬，什么是随便说说，学生一听就知道，我从来不把小学生当成小小孩看待。

激励要及时。事情过去很久了才去赞扬，就失去了意义。即时赞美是第一阶段。突出的表现，赞美要重复，而且我总是当着全班同学的面表扬—— 一定要当众说！这样会增加被赞美的学生的荣誉感，而且会产生示范、引导的效果。

我的激励的手段很多。除了语言外，还包括为学生发放奖品（哪怕只是一本书、一支铅笔），发奖状。奖项要多，这样，奖品和奖状就不会为少数学生所包揽。让学生的作文、书法作品“上墙”也有很强的激励作用。还有一种激励叫掌声。不要低估了掌声的作用，掌声是世界通用语，它对人的激励作用也大得很，且又方便易行。把掌声送给该赞美的学生才真是举手之劳呢。

有时候，要为学生创造被赞美的机会。才艺展示啦，演课本剧啦，自编自演歇后语故事啦，写字、默字、朗读、作文比赛啦，各种体育比赛啦（如跳远、爬杆儿、跳绳、扳手腕、爬山等），读书比赛啦……只要想让学生得到夸赞，总会有办法的。

我是在老师的激励下成长的，我的学生也是在我的不断激励中成长的。当年老师讲课的内容已经印象淡漠了，但对老师所有鼓励、表扬的话却永远记在心中。

我对激励的作用深信不疑。唤醒、激励、鼓舞是教育的伟大的法宝。但是，它的背后必须站着了解、理解、真诚和热情。一句话，必须有爱来支撑。

教育很艰巨，但只要从“心”开始，伸手就能成功；教育很复杂，但只要“学高”、“身正”，谁都会成功。

当然，“影响”和“激励”不是教育的全部，教育还有别的名字。

回味教育

2003 年暑假，刚刚读完大学一年级的学生们邀我参加他们的聚会。两张大圆桌挤了将近 30 人。席间，王思维自豪地对我说："于老师，您知道咱们班 48 位同学，有多少考上大学了吗？41！其中 36 名本科生，5 名大专生！彭晓明是徐州市去年的高考状元，以几乎满分的成绩考上了清华大学！"

王思维说的"咱们班"，指的是我和杨晶带的徐州市鼓楼小学六年级（1）班，这是一所普通小学的普通班。该班 48 位学生 1990 年入学，1996 年毕业，我和杨晶带了整整六年。当时小学升初中要考试，我班有 17 人考上了重点中学——徐州市第三中学，其余的学生就近入学，徐州二中、徐州四中、徐州铁路中学都有。一转眼又是六年！没想到 2002 年高考成绩这么突出。

学生传递来的信息使我十分欣慰。

12 年的基础教育，小学六年是基础的基础。小学六年，我们给学生什么了？

一

六年来，我们让学生背诵了不少古诗文。

从一年级起，杨老师便要求背古诗，每周一首。六年下来，能背得滚瓜烂熟的，人均 130 多首，彭晓明、蔡苏、晏妮、蔡闽等能背 200 多首。到了六年级，学生还背了不少古文。彭晓明不止一次对我说："于老师，我发现越背越快。开始背《赤壁赋》得花好几天时间，现在背《出师表》时间就少得多了。”我对他说（后来也对全班学生说过）：记忆力是可以锻炼的。小学阶段是记忆力最佳期，可不要错过这个机会。正如种庄稼，是讲究季节的，错过了季节，就长不成了。

到了三年级，我请张庆老师教《三字经》，四年级我亲自教《千字文》，五年级教《百家姓》。“三百千”背下来，光识字量就很可观了。

时间哪里来？挤。少布置动笔写的作业，多布置读、背的作业。一心想干成某一件事，时间总会有的。方法也很简单，说说大意，然后背诵。关键是督促，落实。完成任务的，在统计表的名字下面加一颗星；没完成的，限期完成。表扬激励和严格要求是克服学生惰性的最好武器，是老师责任心的全面体现。当然，也要量体裁衣，因人而异，要人人去摘跳一跳才能够得着的桃子。我们从不强迫学生去够那些怎么跳也够不着的桃子。那样，有些孩子就会厌学。

在浙江广播学院读书的晏妮对我说：“有一天，一位教授给我们上古典文学课，无意中问了我们一句：‘你们谁学过《三字经》吗？’听课的同学无一举手。正当他叹息的时候，我站起来说：‘老师，我学过。’于是教授提上句，我接下句，他来我往，同学们听得目瞪口呆。背完了，教授问我：‘谁教你的？’我说：‘我的小学老师教的。’我还告诉他，我的小学老师还教我们《千字文》《百家姓》，还有好多古诗文。教授高兴地说：‘你的小学老师很有眼光。’”

不是我们有眼光，说实话，我们当初让学生背古诗文的原因只有一个：我们是中国人，我们中国的孩子应该喝母乳长大。

六年来，我们给孩子喂的首先是“母乳”。吮吸母乳长大的人，才具有可持续发展的后劲。

遗憾的是，量还是少了一些。

二

六年来，我们抓读课外书了。

学生升入二年级，我便专门召开了一次关于读书的家长会。讲完了读书的意义，便请每位家长为孩子买（或者做）一个书架，刻一枚藏书的图章——“某某藏书”。我强调说，这是“硬”任务，家长务必支持。有了梧桐树，才能引来金凤凰。有了这两样东西，学生（包括家长）去书店的次数就多了。我对家长说，买什么书，要尊重孩子的意见，一定要买名著，包括为孩子改写的古典名著以及外国文学名著；也要买科技方面的书，买工具书，如《少年儿童百科全书》和词典等，千万不要买教辅用书。另外，我也常常为学生推荐一些书目。我每次去书店的时候，总是留心适合学生读的书。

我对全班学生说，以后到你们家去，先看书架，再看藏书。一天，我到战松家里去，他的书架已被书挤满了，几本大块头的，书架放不开，只好横放在书架上面。彭晓明藏书最多，到五年级已有上百册了。我立即在全班学生面前加以表扬和宣传，说：“这才叫现代化的家庭呢！家里无书，怎么能叫现代化呢？”表扬的是一个人，引导的是全班的学生。肯定和表扬激励的是个人，引导的是全班。

我常常问学生最近在读什么书。如果学生读的书我也读过，便一起谈谈书中的某些情节和人物，这无形中也是一种启发和引导。我们定期检查读书笔记——看学生读了多少书，抄了多少词语和名言。我们不要求写心得体会，写这些东西，容易使学生产生逆反心理，对一部分学生来说是一种负担。再说，心得有了就行，为什么非得写出来呢？但如果有人写了，而且写得好，当然要不遗余力地进行宣传。这也是一种暗示。读书方法也要告诉学生。我常讲的五句话是：第一，“读书切戒在慌忙，涵泳功夫兴味长”，告诉学生，书要读慢一些，边读边想；第二，做记号（只要书是自己的）；第三，遇到生字查字典，把拼音立刻写在生字上；第四，摘抄词语和名句；第五，读到你认为精彩、生动、有趣的地方，要朗读，要记忆。对一些表达力不强、语感不好的学生，要求他们每天朗读（包括课文）的时间，不少于20分钟。朗读的意义太重大了。

归根结底，要培养学生的读书习惯，要让学生爱读书，会读书。一旦尝到了读书的甜头，多数学生是会喜欢读书的。

倡导学以致用。

谁要在说话、作文中恰当地引用了名人名言或者古诗文中的句子，我立即“放大”——多次当众表扬。我说：“这叫有学问，有文化！一句顶几十句！”有的学生在作文中引用的古文，我都不知道出处，有的字我也不认得，只好翻工具书。一次，我评讲作文时，向学生坦言：“我真的不如你们了，真是教学相长啊！”立刻就有一个学生说：“弟子不必不如师，师不必贤于弟子！”接着有人续了一句：“闻道有先后，术业有专攻，如是而已！”——这不是韩愈说的吗？我给这两位学生的不再是竖起的大拇指，而是一个拥抱。用学生的话说，是“意大利式”的拥抱。——虽然至今我也不知道何谓“意大利式”的拥抱。

导行，是更重要的“用”。导行，就是把读书明白的道理用来规范自己的行为。战松，一个敦厚的小男孩，学了《三字经》，主动为奶奶打洗脚水，倒洗脚水。他说：“奶奶，‘香九龄，能温席’，我也九岁了，也该为您做点事了。”安路得知奶奶病情好转，想吃点东西了，高兴极了，连忙为奶奶下面条（他说，他只会下面条），并为奶奶演奏手风琴独奏曲《快乐的小战士》……

这样的学生，这样的行为，能不表扬和宣传吗，能不大力倡导吗？

“一个人的精神发育史实质上就是一个人的阅读史。”朱永新先生说得多好哇！

“读书是在别人的思想帮助下，建立自己的思想，最终使自己站起来。”成尚荣先生说得多妙哇！

真的，当一个人的书读得足够多的时候，便能承载一切。

每逢“六一”和“元旦”到来之前，我都要举办“作文大奖赛”。什么“大奖”？书。那些年，我得来的稿费大都为学生买书了。学生基本上都能获奖。我买的都是中外名著，并针对每个获奖者的实际，在扉页上题写一句名言，再盖上我的印章，以示郑重。

“课程标准”上写的“提倡少做题，多读书，好读书，读好书，读整本的书”，道出了教语文，也是学语文的真谛。

实践证明，一个学生如果认认真真读了冰心的几本著作，他的作文就语言而言，虽然不会典雅，但多少会有点清丽；如果认认真真读了几本像《钢铁是怎样炼成的》一类的外国文学作品，作文中就可能出现欧化的句式。这是绝对的。

只要有营养，什么奶我们都给学生喝，包括“洋奶”。

三

我们十分重视艺术教育，尤其是音乐教育。

我们班每星期安排三节音乐课（一个下午）。音乐课上要唱歌，还要学习乐器。把器乐引进课堂，大概这是我们的创举。音乐老师黄成功既会唱，会演奏多种乐器，还能作曲。他为我们班的音乐教育付出巨大。我们要求每个学生至少会一种乐器。多数学生家长为孩子选择了手风琴，也有为孩子买钢琴的，个别经济困难的，买了电子琴。学校有架子鼓和一套铜管乐器。

音乐课上只是让学生唱歌，欣赏音乐，不是完整的音乐教育。不会演奏乐器的人，就不能真正去感受音乐。如果说没有艺术的教育是残缺的教育，那么，没有器乐的音乐教育，也是残缺的。

我们的先人两千多年前就提出了“礼、乐、射、御、书、数”的教育主张，伟大的教育家孔子继承了“六艺”的传统，并将它发扬光大。“六艺”中就有音乐。尼采说：“如果没有音乐，生活就是一个错误。”音乐有着巨大的育人功能。奥地利是世界上犯罪率最低的国家，主要因为它重视音乐教育。奥地利的教育法规定：每个年满 18 岁的公民，必须掌握两种乐器。李政道说：“科学和艺术是一个硬币的两个面。”既然如此，一个人怎么能少了艺术细胞呢？我是认准了音乐教育的，而且主张每个学生学会一种乐器。不管有多大困难，在我的教育实践中也要落实这一理念。所以我的身影常常出现在音乐课上。

全班48个人，在课堂上，是一个学习的集体；在舞台上，是一个艺术团体。全班的器乐合奏，使我激动；许家乐、耿臻的爵士鼓，使我振奋；由晏妮指挥、蔡苏钢琴伴奏的全班的大合唱，使我陶醉，落泪。学生们能演、能唱、能舞；演课本剧，更是学生的拿手好戏。四年级的时候，我们全班就可以出一台节目，演上两个小时。

我们也很重视美术教育，区少年宫的吴老师是我们的义务美术教师。在吴老师的课上，学生们看似在涂鸦，实际上是放飞想象，他们的想象力得以充分发挥和发展。不苟言笑的祁寒的一幅作品在捷克举办的世界儿童画展比赛中还获得了二等奖。

艺术教育（特别是音乐教育）使学生的气质发生了变化，情操发生了变化，观察力和审美情趣发生了变化，想象力发生了变化。这些变化是潜在的，但又是可以感受的，情感世界的变化尤其显而易见。

孔子说："兴于诗，立于礼，成于乐。"在"六艺"中，他特别看重"诗礼乐"。可惜我们没有把这一古老的理论继承好，没有演绎出更多的生动的教育故事和成果。等我认识到了，又晚了。—— 惭愧。

四

聚会时，学生最津津乐道的，莫过于小学六年来开展的各种有趣的、有意义的活动了。

孩子的成长离不开活动，离不开玩。著名少先队活动家、无锡的顾岫荫老师说："一个人亲身经历一些有意义、有情趣的活动，会在记忆里留下难以磨灭的痕迹，每一个精彩的活动留给孩子们的都是一颗珍珠。当他长大后，岁月的丝线把这些珍珠串起来，就成为人生珍贵的项链。"

如今，岁月的丝线，真的把我们小学六年来搞的许多活动串起来了，成为了挂在学生脖子下面的闪闪发光的项链。回忆起来，人人如数家珍。

童年不能没有快乐，正如花儿不能没有阳光一样。少年儿童心中的快乐，往往就是一次野炊，一次爬山，一次旅游，一次垂钓，一次参观，一次演出，一次拔河，一次写字比赛或朗读比赛，甚至就是老师的一个微笑，一句赞扬，一个字得到的红圈儿。有快乐相伴的成长，才是健康的。

感谢我的小学老师，他们给了我一个幸福、快乐的童年；感谢他们带领我们搞了那么多有趣的活动，玩得那么舒畅，无拘无束；感谢他们留给了我那么多美好的回忆，否则，我不会游泳，不会爬树，不会拉胡琴，不会唱戏，不会打锣鼓，不会知道什么叫“急急风”、“四击头”、“凤点头”，也不会绘画，不会痴迷书法，更不会对大自然如此情有独钟……可以说，如果没有这些美好的经历，我的精神家园定会荒芜，情感世界定会冷漠，甚至“相当地冷漠”。

我之所以喜欢带领学生搞活动，是因为我没忘记自己曾经是一个小学生。只有没忘记自己曾经是小学生的老师，才能理解学生，知道学生喜欢什么，需要什么，才能和学生心贴心，才能成为一个学生喜欢的老师。

我小时候喜欢坦克、飞机，对部队充满着向往。所以——

我一定会带我的学生去参观飞机和坦克，钻进去，边看边听解放军叔叔讲故事和有关军事知识；一定到军营去，观看战士四百米障碍训练，看射击训练，看战士的宿舍。战士的宿舍是一道非常耀眼的风景线！它会告诉我们什么叫干净、整洁，什么叫整齐划一，什么叫军事化，会让学生感受在其他地方感受不到的东西。

我小时候，喜欢游泳、划船。所以——

我一定带学生去游泳、划船。师生荡舟青年湖时的欢声笑语，乘快艇飞速行驶在云龙湖上溅起的翡翠般的浪花和刺激，在游泳池里男女生打水仗的场面和机智，至今留在我们的记忆中，它也将永远存在每个学生的心中。

我小时候，喜欢钓鱼、摸虾。所以——

我经常带学生去钓鱼、钓虾。当学生带着钓上来的一条鱼，站在照相机的镜头前面，听快门“咔嚓”一声响时，该是一种什么感觉啊！当看到“呆虾”死死咬住钓钩上的一块肉不松口，直到成了学生手中的“猎物”还不醒悟时，那该是一种什么感受啊！当我们分组带着钓来的鱼虾去慰问村里的“五保”老人和军属的时候，学生心中又会激起怎样的情感波澜啊！

我小时候喜欢爬山、做游戏。所以——

爬山、做游戏成了我们必搞的活动之一。如之前所说，当学生们向山林冲去，把从树上、草丛中、石缝里搜索出来的“敌人”（一道道数学题和语文题，按难易程度，标上“军长”、“师长”、“团长”、“营长”以及“士兵”等），“消灭”了（即做出了），到“司令员”（老师）那里去请功领奖时，该是一种什么心情啊！

我喜欢花鸟虫鱼。所以——

凡举办什么花展，我必带学生去看；动物园也是常去的地方之一。徐州人爱菊，喜欢办菊展。我们常常带学生去几个地方看菊展。菊花给我们带来的更多的是精神上的享受与启迪。

我喜欢春天、秋天和冬天，所以——

带领学生春游、秋游是断然少不了的；春天看到的是花，秋天看到的是果，春华秋实，也算是首尾呼应吧。

冬天一下雪，赏雪、吟诵描写雪的诗是少不了的，和学生一起堆雪人、打雪仗更是免不了的。我是把玩雪当成课来上的。真的，雪是多么好的教材啊！

我从小喜欢历史。所以——

名胜古迹、博物馆也是我们必去参观的地方。那里有滋养学生成长的丰富营养。

一次，我带学生到农村去，有人竟把芋艿（芋头）叶当成荷叶！于是我便和一所农村小学联系，和他们的一个同年级的班结为“友谊班”，同性别的学生结为朋友，我们定期到农村去感受农村，农村的学生也定期到我们城里来感受城市。我们在菜地里除过草，捉过虫；在庄稼地里拾过棉花，收过玉米。我们和农村的学生一起赤足跑步，一起钓鱼，晚上一起在田野里捉迷藏……一次次的经历和感受，一次次地丰富着他们的人生。

玩，要玩出品位来，玩出文化来，玩出能力和智慧来。

“军营一日”活动，虽然是我事先联系好了的，但我只字不提，只是谈了要到部队去活动一天的想法，然后让学生自己写介绍信，自己去联系。

根据部队的安排和要求，制订活动计划，提出注意事项。听了学生的汇报，我只补充了两点。第一，每人书写一幅卫边戍国的诗词，联欢结束时，赠送给解放军叔叔。我们班人人写一手好字，这也是展示自己的机会。第二，届时，统一着装，都穿少年军校的迷彩服，一律穿白球鞋。我说："还有一项活动内容暂时不说，到时候给大家一个惊喜。"——我故意卖关子。这个"关子"就是看完解放军射击以后，每人挎冲锋枪照相留念。可以想象出孩子们知道后该是怎样的兴奋和得意啊！

"钓鱼活动"的第一步，是请懂钓鱼的张老师上了一节"怎样钓鱼"课，这算是个"专题讲座"。然后学生准备工具——钓竿、鱼饵等，我则准备奖状和照相机。每钓上一条鱼的人，拿着钓竿（鱼不要从钩上取下来）照相，并随即颁发一张写有"钓鱼能手"的奖状。垂钓了整整一个下午，最后把钓来的鱼分成若干份，分组慰问刘湾村的"五保户"和军属。去之前要求大家想好该说的话。整个活动，有知识，有能力，有过程，有方法，也有情感、态度、价值观，是真正的"三维一体"啊，是真正的"综合实践活动"啊！——要知道，这是1995年的一次活动啊！

徐州戏马台是当年项羽操练兵马的地方。去游览之前，我先请学生们搜集一下巨鹿大战、鸿门宴、霸王别姬等历史故事。参观的时候，我请张庆老师解释那里的一些著名的楹联，并要求学生记下来，背下来。这样的玩，不就有文化品位了吗？

我喜欢动脑子，想学生之所想，不怕麻烦，也不怕累，只要认准了，对学生有好处，就去做。在思考、设计活动的时候，在和学生在一起的时候，我常觉得自己就是一个孩子，甚至有时会忘乎所以。

聚会的时候，学生们告诉我，上小学时有三张照片最珍贵，一是钓鱼的照片，二是挎冲锋枪的照片，三是和小学六年来所有同桌的合影。谈到最后一张合影，稍微补充几句。那是毕业前夕，我请每个学生邀请小学六年来所有的同桌（当然有男有女）在一起合影，上面写着"我的小学同桌"六个字。当时我说："这张照片，只有当你们有了我这一把年纪的时候，才能读懂它，才能理解我的用意。好好保存它。"

照片留下来的是过去的美好。这样的美好多了，就会有美好的人生。

许许多多的活动，留在学生的记忆里，更多的东西则融入学生们的身心中去了，融入他们的精神世界和情感世界中去了。

活动是育人的，育人离不开活动，无论是少年还是青年，甚至老年。

五

我们很重视作文教学。六年来，所有的作文课都是由我上的。

第一，作文起步早，一、二年级开始写话。说是写话，其实好多学生一年级的写话就具备了文章的雏形。到了二年级，多数学生的写话，其实就是作文了，只不过短小一些罢了。

第二，每周一篇。作文要有一定的量，每周一篇比较合适。每个学期作文不少于14篇。量增加了，批改就要相应做些改变。一篇改得稍微细一些，一篇只批不改——除了用符号标出写得精彩的句、段，还用符号标出写错的字、有毛病的句子；批语很少，多数是提出的修改意见，然后让学生改。如果有时间，我尽量改得细一些，特别是两头的学生，我看得比较仔细。孩子们很喜欢看我改过的作文。六年中，我坚持同桌间互改，即作文写好了之后，同位间用铅笔互改，要求也像老师那样改——勾出错别字和病句，画出优美的句、段，也要眉批、总批。凡是发现的错别字、病句，请对方立即改正。互改是一种责任，是一种能力的锻炼，也是一种互相学习的机会。凡是学生改过的作文，错别字大大地减少了，我改的时候就省时间了。

第三，实行高分政策。把闪光点放大，特别是学困生，哪怕错别字减少了，有一个词运用得恰当，便加以放大——郑重其事地讲，反复地讲，并为之加分。标点运用得正确的，加分；谁正确地使用了分号、破折号，更要加分，并在评讲时大加赞扬。因为一个标点的背后，反映的是思维的缜密、条理和清晰。为了一个词、一个标点，最多我加过20分。我说："这叫一字千金。王安石的'春风又绿江南岸'之所以成为千古名句，不就是因一个‘绿’字吗?”实行高分政策的目的，就是要让每个学生都尝到成功的喜悦，把每个学生的兴趣都激发起来。学生的成功，往往不是一篇，而是一个词，一句话，一个开头，甚至是一个标点。这样的成功人人都有。

第四，尽量把课上得有意思，做到形式多样、体裁多样。把生活搬进课堂，把课堂融入大自然和社会之中。

我常常想，我们的孩子并不比外国的孩子笨。学了《海底世界》我出了两道与海洋有关的题。一道是：我国有哪四大海？我国的海岸线有多长？我国最大的岛屿叫什么？祖国最南端的礁岛叫什么？——请查找有关资料或询问别人，然后写一篇短文。另一道是：中国人民解放军海军有哪三大舰队？人民海军最现代化的舰艇是什么？外国水兵服的领和袖上有三条白道，中国人民解放军海军的水兵服有四条，为什么？请查找有关资料，或询问别人，写篇短文。并请你为人民海军设计一艘现代化的军舰（用图画表示，即画出来)。这样的作文都体现了“自主、合作、探究”的新理念。事实证明，我们的孩子很优秀。有一位男生这样写道：“以前我真没注意海军叔叔的水兵服的衣领和袖口与外国水兵服有什么差别。这次我认真看了看爸爸当海军的照片，果然领子和袖口上有四条白道。爸爸告诉我：1955年，我国水兵服由三条白道，变为四条白道。因为我国有四大海：渤海、黄海、东海和南海，中国人民解放军海军要保卫祖国的四大领海。海军战士身上多了一条白道，就多了一份责任啊!”

看到有人把没吃完的面包扔进了垃圾箱，我设计了“爱惜粮食”的说、写课；在报纸上看到有人打鸟的报道，我设计了“保护鸟类”的说、写课。这种课型都是现实的言语交际，有说，也有写。要想劝说成功，把文章写得有说服力，就必须知道粮食的作用、鸟类对人类有什么好处，这就要求学生得学会咨询或查阅资料。这些课，已经不是传统意义上的说话课和作文课了。

从总体上说，真的没有笨学生，只有笨老师——不动脑筋的老师。我总是不断地思考：怎样教，才不至于把孩子教死，而把孩子教活，教出悟性来，教出灵性来，教出能力来，教出智慧来，教出真人来？只要思考，就会有办法。行之有效的办法是学习、实践加思考的产物。

我们老师也并不笨，因为我们也会思考嘛！

第五，适当举行作文比赛，一般一个学期举行一次，比赛不以一篇作文成绩定名次，一般连作三篇，以三篇的总分定等第。题目尽量活泼，让学生喜欢。如《××的眼睛》，“××”可以是任何一个人，也可以写想象中的什么人，必须写三篇；再如《猜猜看》，一篇要求写一位老师，一篇要求写一位同学，一篇要求写一处景物，然后在小组里说，如果写得逼真，被两个人认可了，就可以获奖。什么比赛！巧立名目，让学生积极参与，喜欢作文而已！

我们班有不少人的作文在报刊上发表。很多学生的作文写得有思想，也有文采。全班没有一个人不喜欢上作文课，不喜欢写作文的。尽管到了六年级有人作文水平还是一般，但他们喜欢，也尽力了。

作文，训练的是表达能力，是思维能力，也是审美能力。作文能营造出一片完全属于自己的天地。

我常对学生说：“写吧，写出你的喜怒哀乐。你若写出了你的‘喜’和‘乐’，会觉得天空更开阔、更明朗；你若写出你的‘怒’和‘哀’，它们就会远离你，使你变得平静。”我不知他们当时理解了没有，有没有这种感觉。但我相信，他们以后如果还经常写的话，一定会有。

六

在语文教学中，我和杨晶非常重视写字教学，给学生上写字课，指导学生写字。那时徐州市鼓楼区教研室印发了小学生习字册，每个年级习字册的字都是课文中的生字，用楷书印刷，让学生描红、仿影、临摹。到了六年级，还为每人购买了杨为国的回宫格字帖，让学生描摹。每天 20 分钟，雷打不动。字练好了，生字也巩固了，一举两得。我们总结了一句话，叫“识写结合，描仿入体”。“描仿临”是写字的规律，不可违背。近几十年来，学生的书写能力大倒退，根源就在于写字教学没遵循写字规律去做。

写字的意义十分重大，学写字就是学做人。郭沫若说："培养中小学生写好字，不一定要人人成为书法家，总要把字写得合乎规格，比较端正，干净，容易认。这样养成习惯有好处，能够使人细心，容易集中意志，善于体贴人。草草了事，粗枝大叶，独行专断，是容易误事的。练习写字可以逐渐免除这些毛病。"

受小学老师的影响，我从小就喜欢书法。我当了老师，对自己有个要求：板书力求工整，使其成为学生心目中的"字帖"。我教学生写楷书的同时，还让他们了解一下隶书、行书和草书，引领他们欣赏各种名家的碑帖，让学生初步感受魏碑的古拙质朴，欧体的劲险刻厉，颜体的端庄雄伟，柳体的骨力遒健。引领学生进入书法殿堂，他们的精神家园就会比别人多了一份明媚和绚丽。

字是人的第二张脸，我们给了学生第二张美丽的脸庞。我班学生写的字是我引以为豪的一个重要方面。

俗话说："字无百日功。"何况我们练了六年呢？

写字是小学生的基本功之一，我们没有任何理由把它交给中学老师去做。

七

六年来，我们还给学生什么了？如果说还有的话，那就是我们给了学生应有的尊重与关爱。我们约定，要以自己的言行告诉学生什么叫"尊重"，什么叫"爱心"，什么叫"和谐"。虽然我们还没做到爱每一位学生，但我们做到了尊重每一位学生。

什么叫教育？汉代的班固是这样下定义的："教者，效也，上为之，下效之。"所以我对杨晶说："我们自己就是一本书啊！咱们一定要善待每一个学生，尊重每一位学生，让学生从我们身上读懂尊重和关爱。"我说的"尊重"，有两层意思。第一，尊重学生的人格，犯了错误要批评，甚至严厉批评，但不能伤害学生的自尊心，不挖苦，不讽刺，不另眼相看，更不请家长到学校来。第二，尊重差别。差别是客观存在、先天就有的，更不要说后天了。有人即使很努力，他的写作可能还是很平庸，他的数学可能还是很糟糕。不能完全用文化学习成绩来衡量、判断一个人的优劣，更何况学生离成年还早着呢。苏霍姆林斯基说："如果学生有了一门喜爱的学科，那么你没有必要为他没有在所有学科上取得'五分'而不安。应该使人更为担忧的，倒是门门优秀却没有一门喜爱的学科的学生。多年的经验使我相信，这种学生是不懂得脑力劳动的快乐的平庸之辈。"我和杨晶都牢牢记住了这段话，努力发现每个学生的闪光点，培养他们的不同兴趣，我对成绩不好的学生倍加呵护。任何一个考试失败的学生，我们都能为他找到摆脱沮丧的理由。我们深知学困生的大脑更需要良好的情感滋养。

我和杨晶还有一条约定：对学生一视同仁，不偏向，这是建立良好师生关系，创建优秀班集体的重要条件。学校教育的最高境界是"和谐"。

六（1）班的 48 位学生离开小学 10 年了，但每当我们聚在一起的时候，还是和 10 年前一样和谐。不同的是，学生们多了一份成熟。但成熟中还是透着一种 10 前的孩子气。

学生们说："在小学里能遇到于老师和杨老师这样的老师，我们感到无比幸运和骄傲。"我和杨晶则说："看到你们这么有出息，这么懂事，非常欣慰！"

望着一个个可爱的学生，我心潮涌动。我在心里说："来生，我还要当老师！"

但是，我的信仰告诉我，人没有来生。

有吗?!

结语：徐州市鼓楼小学这个六（1）班是我从教几十年来带的最后一个班。学生毕业时，我已经 56 岁，垂垂老矣！这六年，我是带着思考教书的。这里面渗透了我的教育观、学生观和语文观。尽管思考还欠成熟，还有很多遗憾。写此文的目的，就是为了引起老师们的思考，希望每位老师都带着思考走进教育——为了下一代，为了我们亲爱的祖国。

实践和思考是成功的双翼。

愿每一位教育工作者都像现代物理学奠基人卢瑟福一样——崇拜思考！

“教不严，师之惰”

一

20 世纪 70 年代初，教学秩序还不正常，有些班级还上不了课，可我带的班却秩序井然。这使到我们学校来检查工作的市教育局的杨科长——我中学时代的老师大为惊讶。

“于永正，你当老师了？教体育？”杨老师边说边向我走来，一双具有穿透力的眼睛望着我。十多年没见面了，老师还记得我的名字。

当时，我正领着全班学生在操场上训练立正、齐步走，才使杨老师误以为我是教体育的。我对老师说，我是教语文的，当班主任，现在上的是体育活动课。

杨老师饶有兴趣地看了我们的操练，然后用洪亮的声音对全班学生说：“同学们，你们精神饱满，动作到位，很好！学立正、齐步走，就是学做人。连齐步走都走不好，何以为人？”说完，转身对一起来检查工作的人说：“于永正是我的学生。”

“我说他的劲头和作风怎么这么像您！”同来的一位领导说。

杨老师哈哈大笑，笑声依然那么爽朗。

二

杨老师的一句话，把我带回了中学时代。“学立正、齐步走，就是学做人。”杨老师教我们时，第一句话就是这么说的。

升入中学的第一天，学校举行开学典礼，由杨老师整队。一声“立正”令下，我们班后面有三个人还没找到位置，乱跑乱撞。

台上传来了杨老师那洪钟般的声音：“初一（7）班后面怎么还有三个人乱跑？如果不是听力有问题的话，请你们到台上来！”

三个大个儿以乞求的目光望着班主任李老师。李老师平静地说了一个字：“去。”

望着三个同学的背影，我们个个咋舌。整个校园静极了，连四周的杨树叶儿也一动不动。

杨老师严肃地说：“学立正、齐步走，就是学做人。连立正、齐步走都随随便便，何以为人？”

从此，我们认识了杨老师。

杨老师的“严”是出了名的。不然，徐州市第七中学何以成为全国体育先进校？田径、体操何以在各级比赛中夺魁？

我们上二年级时，杨老师提升为教导主任。一个星期六的晚上，我独自一人在教室里读书。杨老师（我们习惯称他为杨老师）走了进来，翻了翻我读的书，看了看我的读书笔记，说：“凡是能自觉地、执着地去研究一种学问或一种事物的，必有作为，而且可能成大器。可惜这样的人太少太少。多数人是被动学习的。有人说我严，还有人说我厉害，不严能行？‘教不严，师之惰’。——我听说同学们都怕我，是不是？你怕不怕？”

“我不怕。”

“自觉、认真的人不应该怕。不自觉、不认真的，倒应该让他们有点怕头。没有一点怕头，还谈什么教育？你说对不对？”

说完，杨老师拍着我的肩，爽朗地笑了起来。声音和目光一样，也具有一种穿透力。

三

刚开始工作那阵儿，我却“严”不起来。作文没写好，重写一遍还可以；倘若第二遍还没写好，就不想让学生写第三遍了——心太软。

我想起了杨老师的话，对自己说，不能心软；我想起了读师范时的一件事，对自己说，不能心软。

那是读师范二年级时，一天，教音乐的陆老师布置了一项作业：把《八月桂花遍地开》这首曲子弹熟，而且要用和弦伴奏。那时候，我正研读马卡连柯的《塔上旗》，没认真练习。音乐课上正好点我到前面弹这首曲子，结果没弹好。老师责令我：第一，写一份检查；第二，必须在一个星期内练会。我只好暂时放下《塔上旗》，拿起密密麻麻地标着指法的琴谱，用了整整一个星期天，把这首曲子弹熟了。当陆老师给我打了一个满分时，对老师的怨恨，立刻变为感激。

经验和教训使我的心逐渐硬了起来。有一回，银龙的家庭作业写得很潦草，我毫不客气地把他叫到办公室，看着他重做。一次，一篇课文他两天都没背出来。我问他念了吗，他说念了，但记不住。下午放学，我便将他留下来，结果，不到10分钟便背出来了。

“你的记性不错嘛。”我说。

“于老师，我不是记不住，是没念。”他实话实说。

“所以，我才把你留下。”我也实话实说。

四

我上作文课时，教室后面常常坐着听课的老师。不少老师还抄我班学生的作文。令他们赞叹的不只是多数人的作文写得好，而是规矩——字规规矩矩地写，都入楷书之体；标点规规矩矩地点，很少有漏点或错点的；还有行款以及修改的符号，也都是规规矩矩的，打眼一看，赏心悦目。

老师们问我是怎么教的，怎么训练的。

我把战松的作文找了出来，掀开第一篇作文说："你们看，他的字一律向左歪。我虽然多次指出，但改进不大。于是，我要求他每天仿影50个字，临帖50个字，每个星期交给我检查一次。"

我把作文翻到最后两篇："你们看，这两篇的字变样了吧？"

老师们说："变了，现在的字端正、秀丽。"

我说："俗话说，'字无百日功'。从开学到现在，战松练了不过三个多月。但是话得说回来，练字必须遵循'描红、仿影、临帖'这一规律，否则练一万天也无济于事。"

我又找出了刘希隆的作文，翻到第一页说："希隆的作文有个大毛病，无论写什么都是三大自然段。不会分节分段的原因很多，有思维方面的，有习惯方面的，也有读书不入目方面的等。怎么办？首先叫他认真读书（包括课外书），看书上是怎样分节分段的，在什么情况下分的。我以《我的伯父鲁迅先生》为例对他做了讲解。第二步（其实这两步是同时并进），叫他抄书。我从一、二年级语文课本里找出20篇短小精悍、层次清晰、文字优美的课文让他抄，要求一律用稿纸按格式抄，分节分段，抄上标点，不得马虎。从开学到现在，抄了不到20篇课文，就知道分节分段了。"

说完，我把刘希隆的作文翻到最后一篇写自己的"胆子"的文章。近500字的文章共分了8个自然节，层次清楚，语气连贯，和第一篇大不一样了。

老师们说："看来，一是要严格要求，不到位不罢休；二是要讲究方法，按正确的方法去训练才会取得好的效果。"

我点点头，说："要严而有方。"

"但是，"我接着说，"有人字写不好，作文写不好，书读不好，不是水平问题，而是态度问题。在这种情况下，老师的语言和面部表情应当明白无误地向他传递出这样的信息：这样做是绝对不允许的，是不能容忍的！——你们看一看这本作文。"

我从一摞作文簿中找出张维维的作文本，翻到最后一篇说："这篇文章是她第二次写的。第一次，只写了两三百字，而且字迹还潦草，我对她只说了两个字：重做。你们看，第二次写得多好。"

一位老师说："我们班有个学生，是个拖拉作业的大王，谁拿他都没有办法。"我说："这种人似乎每班都有。有的人是贪玩，有的人是精力不集中，但有的人似乎是天生的慢性子。我班的彭亮亮便是这样的学生。怎么办？不能勉为其难呀，只能给他少布置一些书面作业。谁知，后来他居然改掉了拖拉作业的毛病。"老师们说："这告诉我们，得对症下药。"

我说："对的，这就叫科学。关键是'病'要诊断得准，'药'要使用得对症，才起作用。假药可不行哟！加大作业量，搞机械重复，消耗的是学生的体力，不是开发他们的智力。"

老师们笑了。

五

俗话说，打铁还得自身硬。医生只有具备高尚的医德和高明的医术，才能手到病除；老师必须具有良好的师德、扎实的教学基本功，并懂得教育教学的规律，才能严而有方，取得好的教学成果。不懂而教，是不称职；懂而不教，是失职；教而不严，是渎职。

"明"师出高徒。老师得是个明白人。1995 年 4 月 8 日，我应江苏省教委之邀，出席在南京召开的江苏省小学语文教改成果汇报会，并上了一节课。我执教的是《马背上的小红军》。老师们对我一丝不苟的板书给予了较高的评价。不错，为了写好板书的那些字，我是认真地做了准备的。一天，儿子看到他订阅的一张报纸上写满了"马背"、"口吻"、"牛膝骨"之类的字词，问："爸爸，怎么写了这么多'马背'？您是不是着魔了？"

是啊，不着魔，老师都写不好这些字，怎么给学生示之以范，指导学生写呢？指导学生朗读的课文，首先自己得读好；指导学生用词造句，首先自己得造好；指导学生要说的话，首先自己得说好；指导学生写的作文，首先自己得写好……否则，无论老师多么想教好，多么严格顶真，也严不到点子上，出不了好成绩。

“明”和“严”结合在一起，就全面了。

好的教学效果，从教师这个角度说，是“明”和“严”的产物。

艺术教育感言

一

据联合国统计，奥地利是世界上犯罪率最低的国家。专家分析，这与该国重视艺术教育有关。奥地利教育法规定：年满 18 岁的公民必须学会演奏两种以上的乐器，否则将追究家长的责任，不但罚款，还要蹲牢。专家认为，人的艺术修养高了，一般来说，情操也就变得高尚。

此话当真？当真。

席勒早就说过，最终而言，有道德的人不是国家工具造就的，只有打开艺术之泉，通过艺术之泉的浇灌，才能养育出有道德的人。

前不久，我在《读书》杂志上（2000 年第 5 期）读了田青的一篇文章。田青说："音乐，是养人的。"又说："艺术，能成就人格，成全历史。"可见，音乐能陶冶人不是一家之言。确实，我们很难把一个能纯熟地弹奏钢琴或者演奏其他乐器的人与抢劫犯联系在一起。在中国历史上，从先秦时代推崇的君子，到魏晋时代的才子和唐宋以后的文人，都无不通过艺术得到人格的力量。

二

听乐曲，是感受，是欣赏，是想象，同时也是吸纳；唱和演奏乐器，则是表达，是抒发。听、唱和演奏的过程，就是愉悦身心、净化心灵的过程，所以说“音乐，是养人的”。说它“养人”，还有一个原因，即唱和演奏乐器能健体益智。唐代诗人孟郊曾写过“达人识元气，变怒为高歌”的诗句，意思是说，“高歌”能驱散忧愁。而“乐易者”则“常长寿”。演奏乐器除了能驱忧遣愁，还能开发智力，强身健体，因为活动手指具有这种功能。有人说，知识和能力是有限的，而艺术启迪出来的想象力却是无限的。

三

两千多年前，在孔子提出的“六艺”（礼、乐、射、御、书、数）教育主张中，就有“乐”，“乐”即是音乐。那时孔子就认识到音乐的重要，是十分了不起的。音乐，作为教育的手段，有着明显的育人功能；作为“艺”，它是人的素养、人的生活不可缺少的一个组成部分。人类社会发展到今天，我们更要重视音乐教育，让每个学生喜欢音乐，爱听，爱唱，并会演奏至少一种乐器。只会唱，只喜欢欣赏，还不能算跨入音乐殿堂的门槛，一定要会演奏乐器。所以，我在鼓楼小学带实验班的时候，把器乐引进了音乐课堂，要求学生至少熟练地掌握一种乐器，让钢琴或者手风琴、小提琴、二胡、琵琶等乐器成为学生的人生伴侣，就像张敬斋老师教我拉京胡，从小学三年级起，京胡就成了我不可缺少的亲密的人生伴侣一样。

人生有琴为伴，其乐无穷，其义深远，实在是一大幸事！我的悟性和灵性，至少有一半来自音乐。衷心地感谢栽培我的敬爱的张老师！

四

没有艺术的教育，是残缺的教育。可是，时至今日，有些学校竟然可以随意停上音乐、美术课，岂不悲哉？

重视艺术（特别是音乐）教育吧！愿我们学生的人生不是一个“错误”。

让学生有点“艺术细胞”

一

我发现，有灵气的人，大都懂点艺术。

一般地说，懂艺术的人气质高雅，这更是无疑的。

我崇尚艺术；作为一个教育工作者，我推崇艺术教育。艺术教育是情感的体操。我把“没有艺术的教育是残缺的教育”作为自己的信条。

孩子们是可塑的，尽管存在天资方面的千差万别。我们应该而且能够让每一个学生有点“艺术细胞”。

二

我认为，艺术教育首推音乐教育，音乐是更直接抒发情感的艺术，音乐是养人的。“人们对音乐的爱好和需要，比对绘画更普遍，从幼年儿童到老年人都有对音乐的某种形式的爱好。”（潘菽：《教育心理学》）

现在，学校里音乐教育的主要形式是唱歌，但是另一种形式——乐器演奏，却被人们忽视了。随着人们生活水平的日益提高，许多家长倒是十分重视，有的从上幼儿园就让孩子学电子琴、手风琴、钢琴、二胡、古筝、琵琶或小提琴，虽然他们未必认识到学习乐器的重要性。

从某种意义上说，学习演奏乐器比学习唱歌更有意义。形成演奏某一种乐器的技能，从心理方面看，这种技能要求学生有一定的音乐感，听觉、视觉与运动觉的高度协调；由于演奏技能的形成，是一个长期不断练习的结果，所以还要求学生有克服困难的意志力和耐力等。歌德曾说，手是大脑的延伸。演奏乐器，活动手指，会促进大脑的发育，开发儿童的智力。

我的故乡——胶东半岛——是京剧之乡。我读小学三年级的时候，张敬斋老师便教我们拉京胡（因为那时条件艰苦，不少人的京胡是张老师帮助做的)。到小学毕业，除了“反二黄”以外，西皮、二黄所有板式的过门我都会拉，而且能伴奏《借东风》和《甘露寺》等大段唱腔。上中学，又学会了吹口琴，吹箫；上师范又学会了弹风琴；参加工作后，还学习过弹月琴。

如果说，我对教材的理解比较深，教法的设计比较新，教学的情感比较充沛，思维比较活跃，想象力比较丰富，那么，应该说，是得益于艺术对我的熏陶，尤其是音乐对我的熏陶。这样说，毫不夸张。我是首先步入了艺术的殿堂（包括音乐、绘画、书法、戏剧等)，尔后才步入了教学艺术的殿堂的。当然，仅仅是“步入”而已。

三

1990 年秋，我在鼓楼小学带了一个“素质教育实验班”，在课程上做了改革。改革之一，就是把学习演奏乐器列入正式课表，时间是每周一个下午。全班分两大组（根据志愿)，一组学习拉手风琴，一组学习弹电子琴。到小学毕业时，每人至少会演奏一种乐器，有人会两三种。在艺术教育上，和一般班不同，每周还安排了两节舞蹈课。

手把手地教；一个音符一个音符地练；一句一句地去体会。速度的快慢，节奏的变化，节拍的强弱，感情的处理，动作的协调……一点一点地去说，去示范，引导学生去感悟。五年里，音乐老师付出了艰辛的劳动。

手把手地教；一个动作一个动作地练；仔细地去体会每个舞蹈语汇的意思，讲究协调，讲究流畅，讲究自然，讲究形体的美感……不厌其烦地说，不厌其烦地示范……年复一年，舞蹈老师付出了辛勤的汗水。

当全班48位学生在大礼堂里的汇报演出博得专家、老师、家长的阵阵热烈掌声时，舞蹈老师笑了，音乐老师笑了，我也笑了。

掌声热烈的分量，和老师付出的心血分量成正比。观众不会忘了培养这些小艺术家的老师。

四

我曾听一位教芭蕾舞的老师说过，同样是跳《天鹅湖》，中国有中国独特的神韵，因为它融进了中国人的情感，从中我们可以找到或体会出中国古典诗词——如王维的诗——的韵味和意境。

这使我想起我的学生蔡苏的一件事。小学四年级结束的那年暑假，他到南京师范大学去“考级”——钢琴六级。主考的一位姓司徒的教授对他十分赏识，认为他对肖邦的曲子《小狗》理解得最好，处理得最好，当即决定：收蔡苏为徒，让蔡苏跟他学钢琴。

家长大喜过望，激动不已。可蔡苏沉思了一会儿，平静地说：“谢谢司徒老师的一片心意。不过，我要回徐州，跟于老师学作文，长大当作家。”蔡苏的钢琴弹得如此出色并非偶然。那时，我们班已经学完了《三字经》《千字文》，人均背诵古诗文100首（篇）以上。蔡苏的案头上不但有《格林童话》，有大部头的古今中外文学名著，还有他这个年龄似乎还不会或者说还不该涉及的政治书籍。一天，我到他家去，他正在啃《邓小平文选》第三卷呢。我问他能读懂吗，他说：“好书，好书！”不知在他的小小的世界里，“好”的内涵是什么。

艺术教育的基础是文学（当然从广义上讲，文学也是一种艺术）。尤其是中国古典文学，博大精深。我们学音乐，学绘画，学舞蹈，学书法，而不学古典文学，是不可思议的。

每一个炎黄子孙，从小都应该学点古诗文，无论你将来从事什么工作。

事情总不是单一的，孤立的。正如人体不光需要蛋白质，还需要脂肪、维生素一样。学音乐的同时，也得学点其他——例如前面说的古典文学，还有绘画。另外，要适当组织一些丰富知识、扩大视野的参观、访问活动，让学生接触自然，接触社会，引导学生看适合他们看的电视节目，等等。孤陋寡闻，没有广泛的爱好，开不出艺术的奇葩。

五

在教室里，48 位学生是一个优秀的学习班集体；在舞台上，48 位学生又是一个演技精湛的文艺团体；在部队，穿上迷彩服就是小战士；在农村，挽起裤角就是小农民。

艺术教育，使学生变得成熟而灵秀。学校举行广播操比赛，拿第一的是我们；全区举行的全班学生都参加的钢笔字比赛，拿第一的是我们；学校每周评比一次的卫生先进集体，拿那面流动红旗的，常常也是我们。

全校二十几个班级集合或者做广播操的时候，会明显地看出我们班学生的气质与众不同。一天做早操时，我忽然发现我们班的学生总体上身材高于其他三个兄弟班的学生。艺术能愉悦身心，是不是也能促使身体长得快？不得而知。这还有待于心理学家、生物学家去研究。

张雷是个一说话就脸红、腼腆得像个小姑娘的男孩子。但他写的作文，却妙趣横生，令人忍俊不禁。即使小草，在他的笔下也会特别有灵性。“公园里，园艺工人正在给草坪里的小草理发。边上的几棵小草，怕疼似的，使劲地把脑袋歪向一旁。它们的头发终于保留了下来，园艺工人过去了，它们又慢慢地抬起头，似乎为没剪掉长发而高兴。”这是他在《游云龙公园》这篇作文里写的话。

祁寒是个少言寡语的女孩，但她创作的儿童画——《吹》却构思新颖，意境深远，在捷克举行的国际儿童画展中获得二等奖。

学校要举行朗读比赛，老师找了一首诗，请耿臻、于婧读读试试。她们读第一遍时，泪水就从眼眶里涌了出来。

我台板下的一张师生划船的照片，谁都认为出自摄影家之手，因为无论从哪个角度说都没有什么可挑剔的。岂不知，它是我班学生蔡墀的作品，而且用的机子也不是什么高级的，只是“海鸥”。

安路一回到家就来到奶奶房间，问奶奶的病好了没有。——奶奶患感冒已经好几天了。

奶奶坐在床上，说：“好多了，想吃点东西。”

安路高兴极了，连忙到厨房里给奶奶下面条——上五年级的他，只会下面条。不一会儿，一碗热气腾腾的面条被他双手呈放在奶奶面前。

“奶奶，您吃完了，我为您拉一首曲子——《快乐的小战士》，老师才教的。”说完，他把手风琴搬到了奶奶房间……

最令我激动和难忘的是省教委负责同志和来自江苏各地的老师到我班参观时，四位学生当场作文的情景。四位学生是：晏妮、蔡苏、彭晓明、蔡闽。省教委领导给他们命的题分别是《我》《于老师》《介绍徐州》《我的爸爸》。四篇作文写得都很精彩。不过彭晓明没有照稿念，他脱了稿子，变成了口头作文。说，反而比读更精彩，博得的掌声更多。

他沉着大方地走上台子：“各位老师，你们可能到过张家港，一定会被它的整洁、美丽感到振奋。今天来的有张家港的老师吗？你们一定为张家港的发展变化感到自豪。可是当你们踏上徐州大地时，一定会发现，徐州不但有新建的高楼、新开的马路，还有张家港所没有的名胜古迹：淮海战役烈士纪念塔、戏马台、龟山汉墓……”

说到这儿，台下立刻响起一片掌声。

当由市内说到云龙山、云龙公园时，台下又响起了一片掌声。

也许掌声太热烈，竟使因演课本剧而见过世面、经受过考验的彭晓明一下子“卡了壳”！

我为他捏着一把汗。到底是“彭大将军”（这是送给他的外号）！他的眼珠微微转动了几下，终于说出了一句既不失面子又很得体的话：“请原谅，我太激动了！大家要想真正了解我们徐州，请抽空到各处走走吧！”

这时，台下不但爆发出了热烈的掌声，还爆发出了赞叹声。

我激动得流出了眼泪。

谁叫我是他的作文老师呢！谁叫我的眼泪这么多，这么不听使唤呢！

是不是身上的“艺术细胞”起的作用?

当然，这班的孩子的成熟和灵秀不只是因为他们身上有了一点“艺术细胞”，但谁也不能否认与艺术教育有关。

啊，神奇的艺术教育!

不仅是音乐，一切艺术都是养人的。

交　往

一

月光如水。古老的大运河上像笼罩着一层轻纱。大运河异常静谧。岸边草丛里的虫子们正忙着演奏，没有统一的曲谱，但很和谐。间或听到不太协调的“吱、吱”声，仿佛个别的虫子在调试琴弦，而且老是调不准似的。

我和朱玉珍校长、吕玉兰老师漫步在堤岸上。一天的活动结束了，学生都回家了，我们也难得出来放松一下。这是我们第二次到邳州运河师范学校附属小学“朋友班”来做客了。和第一次一样，我班学生吃住都在朋友——吕老师教的那个班的学生——家里。走着，说着，朱校长忽然担心起学生来了，问吕老师，附近有没有学生的家，她想去看看。吕老师说：“有，我带你们去。”

吕老师叩开了一个学生的家门。开门的正是她的学生，一个叫董圆的小女孩。后面带着我班学生陈燕。家长知道了我们的身份后，非常客气地把我们迎进屋。一落座朱校长便询问孩子们的吃住情况。家长把我们带到东边的一个房间说：“这是圆圆和陈燕住的。被子是才套的，床单也是刚换的。你们是城市里来的，讲究卫生。我们的条件差。”

吕老师说：“朋友每次来，家长都像迎接贵宾一样，把被褥拆洗一遍。有的家长还专门请厨师给孩子做饭。”

陈燕说：“今天晚上的饭就是阿姨请人做的，可好吃了！”

我把主人的家粗略地看了一下。陈设虽然不像城市里那么讲究，倒也窗明几净，让人感到舒适、温暖。

我问陈燕："还想妈妈吗？"

陈燕一歪头，赧然一笑说："不想啦！"

"上午不是还对我说想妈妈吗？俗话说，吃饱饭不想家。一定是阿姨招待得太好，是不是？"

陈燕说："阿姨比妈妈还关心我呢！"

朱校长对家长说了许多感谢的话。临走，我对陈燕说："睡觉老实点，别蹬被子。你妈说了，你睡觉不老实，她对你很不放心。"

董圆认真地对陈燕说："你在床里面睡，我在外面睡，我睡觉老实。"

我对董圆说："不过，你得当心点，别让陈燕连被带你一起蹬到床下去。"

说得大家都乐了起来。

家长说："还有我呢！请老师放心好了。"

我们又转了几家，家家都安排得停停当当，家家都像接待贵宾似的喜气洋洋。我们踏着月光走在回招待所的路上。朱校长深有感触地说："撇开我们白天参观电扇厂，瞻仰'小萝卜头'雕像等活动不说，单就到学生的朋友家里做客这件事就很有意义。人没饭吃，会患饥饿症；人没有别人的关心、爱护和体贴，也会患饥饿症，这种饥饿症叫'感情饥饿症'。"

我说："是的。我们要尽可能地让学生走出家门，走出校门，去接触社会，接触别人，同人交往，在交往中去体味人生，去感受人生。在感受别人的爱的过程中，学会爱人。"

第二天早晨，陈燕和她的朋友董圆穿着同样的服装、梳着同样的小辫、扎着同样的蝴蝶结手拉手像一对孪生姐妹出现在操场上。这时，我完全明白了昨天晚上陈燕为什么不想妈妈的原因了。

其他学生也是手挽手双双进入校门。他们都掩饰不住（也没有人去掩饰）内心的喜悦，纷纷谈论着在朋友家受到的礼遇。

爱，就是这样悄然地滋润到每个学生的心里去的。

二

友谊班每年的一次互访是“通信作文”实验发展的必然。当初（1986年春天），我和运师附小冯主任商定，我们鼓楼小学一（1）班和运师附小一（1）班结为友谊班，让性别相同的两位学生结为朋友互相通信的时候，并没考虑这么远。但是，后来，学生们不满足了。写信时说是“见字如面”，但那毕竟是一种安慰、一种想象。他们一致要求真见面。这是合理要求。于是我们两家又商定：每年互访一次。

第一次见面是在1987年的“六一”国际儿童节。那动人的情景至今历历在目。上午八点多，我们下了火车，走出邳州火车站的门口，便受到了邳州小朋友的夹道欢迎。每个学生都在瞪大眼睛寻觅自己的朋友。但是，哪一个是？我早成竹在胸，请两个班的小朋友分别站在我的左右两侧，我先请我班一个小朋友站出来，说说自己叫什么名字，然后说出他的朋友的名字，并请朋友站出来。就这样，大家很快找到了各自的通信已久却从未见面的朋友。

你就是潘军？

你就是姚远？

你就是时明珠？

你就是朱涛？

……

他们双手紧握，惊喜地对视着，说着。腼腆的孩子竟一时语塞，只好用笑来表示自己的心情。

那天安排的内容十分充实。上午，开联欢会；下午到运河大桥的南面观赏了田野风光。一望无垠的金色的麦田和一畦畦长得茂盛的蔬菜，使城里的孩子大开眼界。第二天上午，两班小朋友一起瞻仰了王杰墓，并献了花圈。我们第一次到朋友家里做客，就受到了对方家长的交口赞誉。他们说，到底是城市里的孩子，会说话，有礼貌，守规矩。其实，到朋友家里做客该怎么做，怎么说，都是我来之前再三交代好了的。我对学生说：

“到了朋友家，第一，嘴巴要甜。朋友喊爷爷，你就跟着喊爷爷，朋友喊奶奶，你就跟着喊奶奶。只有朋友喊爸爸、妈妈的人，才改口为叔叔、阿姨，千万别傻乎乎地跟着喊爸爸、妈妈。”说得小朋友们捂着嘴嘻嘻地笑。我接着说：“第二，到了朋友家要有眼色，吃饭时别先动筷子，叔叔、阿姨为你盛饭、夹菜，要说‘谢谢’，如果自己先吃完了，要和叔叔、阿姨说声‘我吃好了，请你们慢慢吃’，再放碗筷。饭后，要帮助家长收拾碗筷，抹桌子。”

不知“养成教育”最初是谁提出来的。我想，“养成养成”，必须为学生创造一个环境，一种实践的机会，不提供“养成”的条件和机会，怎么“养成”？只口头上讲，是什么也养不成的。

下面是我班学生陈萌上五年级的时候，写的《在朋友家做客》中的一个片断：

> 阿姨把一块红烧鱼夹到我碗里说：“陈萌，我知道你喜欢吃鱼。听说你要来，我前天就买了两条活鲤鱼，一直在盆里养着。快尝尝，看阿姨的手艺怎么样。”
>
> 阿姨怎么知道我喜欢吃鱼的？哦，记起来了，准是朋友上次到我家做客时，我在饭桌上暴露了这个“秘密”。我真后悔，不该让阿姨操心。
>
> 我说了声“谢谢”，把碗里的鱼块夹起来，对奶奶说：“奶奶，您多吃点，老年人吃鱼对身体有好处。”谁知，我动作太慢，还没有把鱼放下，阿姨早就把另外一块鱼夹到奶奶碗里去了，说：“陈萌，你吃，这里还有呢！”
>
> 但我没有把鱼块放到自己碗里，又给了朋友。

交往的意义，可见一斑。

三

邳州的学生来信说，听说徐州的名胜古迹——戏马台最近修葺一新，希望下次去徐州时能去看看，一饱眼福。

“看景不如听景。”我对我班学生说，“我们先写封信，向朋友介绍介绍。——不了解？我带你们先去看看，请大学问家张庆老师当导游，讲讲西楚霸王项羽的故事，讲讲戏马台的来历。等朋友来了，你们就可以当导游了。”

这次游览收获很大。学生们看得认真，听得仔细。不但了解了项羽其人，而且知道并熟记了东西配殿的雕塑、油画所表现的“鄗邯大战”、“鸿门宴”和“霸王别姬”等历史故事，理解并背下了“戏马振雄风，想披坚执锐，旗耀江东，百战疆场霸业建；别姬成永恨，惜尚勇轻谋，歌惊垓下，千秋功过后人评”、“倾杯浇别恨剧怜共洒英雄泪，刎颈壮悲歌岂为独怀儿女情”等楹联。

通过这次活动，张庆在学生的心目中忽然高大起来。他们窃窃私语：“张老师一定是个教授！不是教授，怎么才四十多岁，头发就几乎全白了？不是教授，怎么眼镜像瓶子底儿那么厚？不是教授，肚子里怎么能有这么多学问？”三年级的孩子自有三年级孩子的思维方式。

写信时，人人神采奕奕。有的学生信中写道：“望着项羽的塑像，觉得他在眨眼，觉得他的战袍在随风飘动……”他笔下的项羽简直呼之欲出了。

朋友看了这样的信，能不心动？

运河师范附属小学的朋友来徐州游览戏马台的那天，秋高气爽。金碧辉煌、庄严肃穆的戏马台，由于我们的到来，而变得更有生气了。我班学生边走边讲，邳州的学生边看边听。他们用视觉和听觉在读距今已经两千多年的一段历史。当然，他们（包括“导游”）只是大体了解，还不会也不可能完全掂量出它的分量。

在项羽塑像前，摄影师为每对朋友留下了美好的、值得永久纪念的瞬间。

回学校的路上，不少邳州的学生边走边背诵刚刚学过的戏马台上的一些著名的楹联，像是在回味这次游览所得，又像是在向自己的“导游”作汇报。

我想铭刻在他们心中的，绝不单单是戏马台的名胜古迹，也绝不单单是几个历史故事。

四

我们最后一次到运师附小做客的时间是 1989 年秋天。学生们已经上五年级了，大了。他们把久别重逢的喜悦和兴奋不再全部写在脸上，更多的是写在心里。他们交换的礼物不再是玩具之类，而是书，是写上美好祝愿话的日记本。

一位男生悄悄告诉我："郑莉哭了。"原来她的朋友上官贝贝没有来。我的心一紧，连忙向小莉解释："上官贝贝生病了，不能来了。她让我向你道歉。"

"她得的什么病?"郑莉噙着眼泪问。

"是这样，她感冒了，发烧。"我支支吾吾地说。其实，上官贝贝是患了脑瘤，已经手术了，还住在医院里。我是在向她撒谎。

我们回来的时候，郑莉的父母给上官贝贝买了不少东西，还有小莉写的一封信。贝贝的妈妈见了我和班主任孙老师以及教数学的周老师就哭。

春节，我和朱校长带一部分学生去看望上官贝贝。上官贝贝的身体恢复得不错，上身穿一件粉红色的滑雪衫，头上戴着一顶红色贝雷帽。朱校长对贝贝说："今天，我们代表全班同学来看你了，大家都很想你。"

"谢谢!"贝贝说。声音和过去一样甜美，只是音量小了一些。

我说："你看，都是哪些同学来看你了？请你点一点名。"实际上，我是想看看手术后，她的记忆力受没受影响。她一一报出了在座每个同学的名字。我十分高兴。我见她精神很好，又请她演奏一首曲子。她弹得一手好琴，电子琴、钢琴都能弹。上二年级时，她参加市里举行的电子琴比赛还获得过一等奖呢。她坐在电子琴前，弹起了优美的《百灵鸟》。听着那动人的琴声，看着她那白皙美丽的脸庞，望着她那随着曲调的变化而变化的身姿，我的眼睛模糊了，为什么不幸会降临到她身上？智慧的人类为什么至今征服不了这种顽症？

她的妈妈跑到门外面偷哭。朱校长瞥见了，连忙过去安慰。贝贝的妈妈强把眼泪咽到肚子里。等贝贝演奏完了，她微笑着为女儿整了整上衣，微笑着跟我们说话，好像什么事也没发生。

这就是母亲！

开学了，上官贝贝又回到了同学的中间。和以往不同的是，她的鼻梁上架上了一副金属边眼镜。她和郑莉中断三个多月的通信又恢复了。

1990 年的“六一”儿童节，邳州的朋友应邀来鼓楼小学做客。郑莉终于见到了上官贝贝。她们抱在一起，泪落在彼此的肩上。整整一天，她们手拉手，形影不离。学生们知道，这是他们最后一次聚会了，再过一个月整，他们就小学毕业，各奔东西了。所以，这次相聚比往日多了一份凝重，多了一份留恋。这一天的下午，我们没安排集体活动，而是由我们的学生带领朋友玩，怎么个玩法，由自己决定。这样会使他们更开心。孩子们大了，应该多一份宽松。

晚上，我们两班在学校的大教室举行联欢会。大教室里彩灯闪烁，“庆‘六一’联欢会”几个大字格外醒目。教室里洋溢着热烈的节日气氛。

学生们演出的节目赢得了阵阵掌声，学生们的讲话深深地打动了每个人的心。我保留了几位学生的发言稿。

魏荣同学的发言稿中有这样一个片断：

> 亲爱的老师们，亲爱的朋友们，今天的相聚意味着分离，分离又意味着我们将踏上一个新的人生里程的起点。过去的一切，将变成一朵美丽的花，一幅温馨的画，一个彩色气球，永远留在我们童年的记忆里。……人离开了，但是我们的友谊长存！……

下面是陈萌同学发言稿中的片断：

> ……我们的小学生活即将画上一个句号。让我们记住一起度过的日日夜夜，让我们一起回首看看我们走过的路：那尽是苍松翠柏的云

龙山留下了我们串串脚印；那一起去峄山的车厢里，留下了我们的欢声笑语；那静静的大运河畔留下了我们童话般的故事；那安静的教室里，留下了我们琅琅的读书声……愿我们的友谊像云龙山上的松柏一样万古长青！像大运河水一样源远流长！……

每个发言的同学都泪如泉涌。

泪，是感情催开的花朵。

联欢会最后的一个节目是大合唱《歌声与微笑》。朋友们手拉手，在时国模老师的手风琴伴奏下，动情地唱起来："请把我的歌带回你的家，请把你的微笑留下……"

泪花伴着歌声飞扬，心绪随着曲调起伏。一切艺术都是情感的释放，歌声与泪花则是表达情感的最佳组合。为什么人们高兴时笑，激动时喊，悲恸时哭？就是因为"笑"、"喊"、"哭"属于"歌"，是最原始的歌。

第二天，邳州的朋友回去了。从此，上官贝贝再也没有回学校。她的病复发了，又重新住进了医院。

7 月 4 日，学生告别了母校。离校前，他们向邳州的朋友写信，向朋友致以良好的祝愿，祝他们升入理想的中学，祝他们一切顺利。郑莉为没有收到上官贝贝的信而焦虑。她写信给我，询问上官贝贝的情况。我没敢实说，只说她又住院了，但病情已稳定。其实，贝贝已经不行了。

1990 年 9 月，已经升入中学的郑莉再次给我写信，询问贝贝是否病愈升入中学，读着小莉的信，我仿佛看到了她那双焦虑的、含着泪水的眼睛在一眨不眨地望着我，我不能不如实说了，不能再瞒她了，于是我拿起笔写下了这样的话："上官贝贝已经走了。带着亲人的爱，带着老师的爱，带着同学的爱，还有你——郑莉的爱走了……"

但这封信没发出，我不愿意伤郑莉的心。我决定先把这事告诉吕老师，请吕老师过一段时间，等时间老人的手把郑莉记忆中的贝贝抹得模糊了，再告诉她。

五

友谊班五年的交往，在我的教学生涯中留下了很多值得回味的东西。我非常注意从生活中提炼陶冶学生情感的营养。我重视开展诸如参观、访问等活动，但更重视引导学生结交朋友，让他们在交往中去直接感受人与人之间的情爱，去培养他们的良好情感，让他们在交往中学会与人交往。

时光流逝了，但情却永远留在每个人的心中。

以情育人，理在其中。

童年，应当是一首诗

一

我们的脚下是一片辣椒地。白色的小花缀满了枝头；刚长出的小铃铛似的青椒怕羞似的躲藏在茂密的叶子下面。不拨开叶子，很难发现它们。

生长在城市里的四年级的学生们，没有一个人认得眼前这一片绿色的、开着小白花的植物叫什么。有个人拨开叶子，发现叶子下面的小辣椒时，才惊喜地叫起来："这是辣椒！"

"对！"我说，"辣椒营养丰富，是我们一日三餐不可缺少的蔬菜。今天，我们的任务就是拔辣椒地里的草。草，对辣椒的生长构成了严重威胁，不但与辣椒争养料，还争阳光，必须连根拔除！"

学生们被我鼓动得"群情激愤"，呼啦啦一字儿排开，一人包一垅，由地这边向地那边推进。

孩子们眼疾手快，且易蹲易起，所以效率极高，不一会儿工夫，"大兵团"便推进到地当中了。孩子们的双手瞬间便完成了由学生到农民的转变。李震的手不慎被草拉破，却一声不吭，继续拔。发现他手淌血的同学反倒叫了起来。

"叫什么？有啥大惊小怪的？"李震若无其事。

如果关在学校里，如果不是一个集体，如果不是参加这样的劳动，这样的闪光点怎么会出现呢？别人又怎么能感受到？

当来到卷心菜地，准备捉叶子上的青虫时，好多女孩子望而却步。有个男孩子把一只大青虫故意拿到女孩子鼻子下晃，惹得她们尖叫起来。

在这“关键”时刻，老师得“率马以骥”。我把青虫捏在手里，放在手心里，让女学生看。片刻，胆大的张若琛捏虫子了，张宁宁也捉到了一只……当胆儿最小的耿臻终于敢下手时，我郑重宣布：“捉害虫战斗现在开始！看谁捉得最多，最后由组长统计战果。”

就这样，一场消灭青虫战斗的序幕拉开了。

孩子们的童年应当是一首诗，是一首充满了情趣的诗，无论现在还是将来，品评起来都是有味道的诗。

二

京杭大运河畔。

一轮明月挂在深蓝色的天空。清幽的月光洒在河面上，和水融在了一起。

一群小学生站在河堤上欣赏大运河的夜景。欢笑声把平静的河面激起一层层涟漪。草丛中的青蛙像要和孩子们比赛似的，叫得更欢、更响了。

观赏夜景的不是别人，是我的学生和他们的邳州市运河师范附属小学的朋友们。从一年级起，我们两班就互相通信——那时我搞了个“通信作文”实验。到了二年级，他们要求见面。于是从二年级下学期开始，每年我们互访一次。学生们吃、住都在各自的朋友家里。这是我们第三次到邳州了。邳州的朋友建议晚上到大运河畔观光。

大运河之夜异常宁静。朋友指着远处的一片灯火告诉我们，那是码头；对岸那茫茫的一片是稻田。我班的“文豪”夏乐天脱口吟道：“明月别枝惊鹊，清风半夜鸣蝉。稻花香里说丰年，听取蛙声一片……”

凉风习习，吹得人们都醉了。小朋友们的说笑声渐弱，他们依偎着，望着天，看着水，和天上的星星一起，眨着幻想的眼睛。

“咱们在运河里洗洗脸，怎么样？”临回去前我提议。

河边又热闹起来，河面上又泛起了层层涟漪。

我边洗边说：“同学们，谁家的脸盆有这么大？谁家的水有这么清凉？”

学生们说：“对呀！谁家的脸盆有这么长，北头连着北京，南头连着杭州？”

如今，学生们长大了。每当他们相聚在一起的时候，这邳州之行，这美丽的大运河之夜，总是他们津津乐道的话题。

孩子们的童年应当是一首诗，一首充满着浪漫情调的诗，一首留有遐想空间的诗。

三

当学生们看到解放军叔叔宿舍里牙缸把儿、牙刷摆的方向都是一致的时候，当看到床上的被子叠得像刀切的豆腐块儿似的，当看到挂在衣架上的军服的袖子统统插进衣兜里，是那么干净、那么整齐的时候，个个瞠目结舌。

军营处处是叹号。

进入部队养鸡场，一股“鸡味”扑鼻而来，不少学生掩鼻。可当他们发现养鸡的解放军叔叔的床铺就在鸡舍隔壁，掩鼻的手不由得放了下来。

百米障碍训练场上，战士们龙腾虎跃，翻木墙，过短桥，拱栅栏，越陷阱，激起了学生们的阵阵掌声和赞叹声。

射击场上，“哒哒哒”的机枪声和“叭叭”的自动步枪射击声，让学生们屏息凝神；射击后的捡弹壳，又使他们欣喜若狂，流露出了他们特有的天真和烂漫，流露出了孩子气。

当孩子们身着迷彩服，手持冲锋枪留影时，人人脸上露出了少有的兴奋、自豪与庄严。这个“叹号”，将伴随着每个人到永远。

学生们和解放军叔叔联欢，将“军营一日”活动推向了高潮。学生们将自己书写的有关戍边卫国的古典诗词赠给解放军叔叔的一幕，最为激动人心。

我提前 10 天告诉了学生我们将去军营活动的消息，为的是让他们激动。

这10天，课上得特别好，作业做得也特别认真。从军营回来，一连几天谈论的话题都是“军营一日”活动的内容，尽管谁都知道，谁都目睹过，谁都经历过。

更让人忘不了的是我20世纪70年代带学生搞的一次“急行军”活动。那是深秋的一天，我说：“敌人的空降兵降落在凤凰山一带密林里。我部奉命，必须在20分钟内赶到凤凰山下，围歼敌人！”

一切按计划进行。一路上，有传口令，有绕过“雷区”，还有“过草地”。正行进间，突然班长大喊一声：“卧倒！敌机来了！”

全班50多名学生呼啦一下，全趴在路旁，大气不喘。我身为指挥员，自然也得趴下。谁知，我卧倒的同时，一位老大娘也跟着趴下了，挎着的篮子也扔了，里面的东西全滚了出来。——幸亏里面没有鸡蛋。

她惊恐地问：“怎么啦?”

学生们想笑，可又不敢，因为“敌机来了”。

我只好破例，爬起来，将大娘扶起，说：“大娘，您别害怕，没什么，我们是搞军事演习的。”

童年应当是一首诗。这首诗是隽永的、多彩的，让人难忘的。

四

元旦，是一个充满希望和憧憬的节日，是一个传递友谊、表达祝愿的节日。每逢这一天，我总会收到学生们的很多贺卡。每张卡上写着一句祝福的话，字是稚嫩的，情是炙热的。

我给学生送点什么？于是巧立名目，每年元旦举行一次作文比赛，然后发奖。奖什么？书。我爱书，也希望我的学生爱书。奖由我评，一个人说了算，反正得让所谓差生也能获奖，哪怕是鼓励奖。低年级多是童话书，先把他们领进安徒生、张天翼、叶圣陶、郑渊洁营造的童话世界。到了高年级，奖的则是古今中外文学名著，领着学生们由童话世界步入大人们的天地。

我在每本书的扉页上写上一句祝愿的话。学生们祝我“笑口常开”，“青春常在”，我自然也得祝他们“天天向上”。不过，写得最多的是“啃书吧”之类的话，也有写着“当心，别笑破肚皮”的话的。因为有些童话的确有趣，而它未来的小主人（受书的学生）又过于内向。

学生们喜欢我在赠书上的题词，更喜欢我在作文上的批语。

我把改作文视为和学生进行感情交流的一条渠道。学生每本作文的首页上，我都针对每个人的特点写上一句名人名言。写批语虽然字数不多，却都颇费斟酌，也很动情。如女孩子的字写得好，就在旁边批上：“字和人一样美。”如果是男孩，则批上：“字和你一样，有阳刚之气。”学生们写妈妈、爸爸的文章不少，有的催人泪下。我就批上：“谁读了都为之感动。别辜负了妈妈的一片心，做让妈妈放心的孩子。”凡是写到我的，我总是批上：“如果你当了老师，肯定比我更关心学生。”有些写得棒的作文，我便批上：“我想，巴金童年时代写的作文也不过如此！”当年我上中学时，老师曾为我批过“有老舍风格”的话，我为什么不能批上“比过巴金”的话呢？“差生”有一点进步，我就写上：“进步真快，令老师刮目相看！”“我真不敢相信是你写的！”……

一天，我到剧场看京戏，碰到了一位学生的奶奶。她拉着我的手说：“于老师，孙子的每篇作文我都看过。看了您的批语，我都很激动！”

有人批改作文是“鸡蛋里挑骨头”，挑剔得很。我则不然，我是“骨头里找肉”，哪怕只找到一丁点肉丝丝，我立刻把它说成排骨。

爱是相互的。

童年应当是一首诗，一首充满切切的情、浓浓的意的诗。它是师生（首先是老师）用爱心和尊重共同谱写成的。

五

又一个六年转眼过去了，学生即将毕业。离校的前夕，我请每个学生把六年来和自己同过桌的名单开出来。

每人开了一溜儿。多的十几个，少的也有七八个。学生们莫名其妙地望着我，不知我葫芦里卖的什么药。

我动情地宣布："现在，每个人把自己的同桌邀请来，照相留念。"

学生们很高兴，一个个有礼貌地请了六年来所有的同桌在校园的花坛前合影。

第二天，照片就洗好了。每个人在照片的背面，工工整整地写下了"我的小学同桌"六个字。

学生们久久地凝视着照片。

有人眼睛湿润了。

但是，这张照片的意义，只有他们长大了之后，当他们也有了我这样一把岁数之后，才会真正读懂。

童年应当是一首诗。

这首美丽的诗是由老师构思，师生一起创作而成的。

绰号的故事

一

“大胖，二胖，请你们过来一下。”

一天上作文课，我对坐在后面的两位学生说。有的学生想笑，一看我脸上一点开玩笑的意思也没有，便中途收敛住了。李晓春用手捂住嘴，把已经冲出唇的笑声，强行忍了回去。上五年级了，他们知道看老师的眼色行事了。大部分学生的目光都投向被我称为“大胖”、“二胖”的身上。他们知道大胖指的是李震、二胖指的是彭晓明。我班还有个三胖，叫夏志成。他们不是按姓氏笔画多少排先后的，而是按体重，所以他们仨也不争执。

李震笑眯眯地走到讲台前。他这个人什么都很看得开，即使挨批评也是笑眯眯的。彭晓明则不同，他满脸狐疑，走得很慢。

“你们二位，谁的力气大?”

“当然我的力气大!”大胖李震大言不惭。

“大胖当真比你力气大?”我问二胖彭晓明。

“吹牛。”二胖说。他说话向来简洁、沉稳。

于是我请他们比试比试。比试什么？“斗鸡”！即每个人抱起一只脚，另一条腿蹦着向对方冲，谁能用扳起来的膝盖将对方顶倒在地，或用膝盖把对方扳起的一条腿“砸”下去，“压”下去，或者从下面给“掀”上去，谁就获得胜利。这是徐州地区的一项古老的游戏。

大胖、二胖剑拔弩张，各扳起一条腿，并不答话，向对方发起猛冲。

二人大战十几个回合不分胜负。我让二人休息片刻再战，二人不肯，于是又战。战过七八个回合时，二胖终于敌不过大胖的“拐子腿”而败北。我从提包里把事先准备好的一枚“金牌”（从包装盒上剪下来的）取出来挂在李震胸前，把一枚“银牌”（也是从包装盒上剪下来的）戴在彭晓明脖子上。全班学生报以热烈的掌声。

直到我在黑板上写出“斗鸡”二字，学生才如梦方醒——原来这场比赛不是白看的，要写作文！

从此，大胖又有了个“大力士”的绰号。遇到重一点的活儿——比如说搬桌子等，只要我喊一声：“大力士何在?”李震便马上笑嘻嘻地跑过来，二话不说，抬起来就走。

二

起外号不是中国人的专利。我虽然没到外国去过，但从外国的文艺作品中可以看出，外国人也爱给别人起外号。我研究了一些外号，发现外号基本上分两大类，一类是褒义的，一类是贬义的。但无论褒贬，都反映了某个人的或在生理上的，或在品格上的，或在技艺等方面的特点。在京戏里，曹操和孙权背地里都称刘备为“大耳贼”，因为据说刘备“两耳垂肩”。《水浒传》里的时迁外号叫“鼓上蚤”，因为他有一身非凡的轻功，偷鸡摸狗拔蒜苗，做起来既干净又利落。宋江因为好仗义疏财，经常接济有困难的人，所以人们送给他一个“及时雨”的雅号。

几乎所有教过我的老师都严禁同学之间起外号，只有张敬斋老师不忌讳。我们班有好几个男生都有他起的外号。我们班有个叫梁振生的同学，因为长我们几岁（20 世纪 50 年代初，上高小的有十二三岁的，也有十五六岁的），人又老成，说话的声音粗，张老师便叫他“老头儿”。张老师说：“你年龄大，又是班长，喊你老头儿，当之无愧。”其实不解释，梁振生也认。他叫我们往东，我们不敢往西，在班里，他就是个“头儿”。可是，日子一长，女同学也有喊他“老头儿”的。梁振生笑着说：“你们女生谁再喊我‘老头儿’，我就喊她‘老婆儿’。”把喊他“老头儿”的女同学羞了个大红脸。

张老师也给我起了个外号，叫“小鲇鱼”。一天晚上，我和梁延生拿着胡琴找张老师教“西皮原板”。梁延生基础好，很快便学会了。我便缠着张老师，让他一句一句地教我谱子（那时全是口授），一直到我背下来，才拉倒。张老师笑着说：“我看你不是‘干钩于’，而是一条小鲇鱼。你呀，真有个黏糊劲儿！”他顿了顿又说，“话又说回来，没有你这个黏糊劲，又怎么能学会呢？”从此，“小鲇鱼”这个外号就喊开了。课间张老师几乎没喊过我的大名。小学毕业时，我拉胡琴的水平超过了延生。张老师几次在同学面前夸奖说：“‘小鲇鱼’的手音好，你们要想超过他，也得有那么个黏糊劲儿。”

有些外号不是老师有意起的。在师范学校读书时，有位女同学叫郑广云。有一次测验跳远，她三次都差一点跳到沙坑外面去。——不是跳到沙坑前方的“外面”，而是跳到左侧的“外面”。张老师量完最后一次的长度说：“远是挺远的，就是老歪，不然成绩会更好。”

打那儿以后，全班同学都喊郑广云“老歪”。开始，她不接受，谁一喊，她脸就红。后来默认了。她学习成绩好，是化学科代表，谁要问：“老歪，这题怎么做？”她便会走过去讲解。班主任赵维仁老师对同学们喊郑广云“老歪”大惑不解。经我们一解释，他笑了。有一次我们到农村帮助夏收，一向不准同学喊外号的赵老师也喊郑广云“老歪”。不但同学们乐了，连不苟言笑的郑广云也乐了。紧张的劳动立刻变得轻松，师生关系也显得融洽。

如今，我们老同学见面，任你是什么“官儿”，什么“头儿”，还和孩提时一样，一律直呼其名。有外号者，直呼外号。有个别同学的真名一时记不起了，但外号不忘！一呼外号，便立刻找回了昔日的感觉，回到了学生时代。没想到，喊外号的感觉竟是这么好！

起外号，是不是也是一种文化现象？外号（不包括侮辱人格的外号）是不是也是人生中的一种调味剂？

三

也许是受张老师的影响，也许由于性格的关系，我喜欢给学生起外号。

耿臻长得很像著名京剧表演艺术家、《红灯记》里的李铁梅的扮演者刘长瑜。她性格活泼，谈吐幽默，我有时不叫她耿臻，而叫她“铁梅”。

她在一篇作文里写了这么一个事：

一个星期四的上午第一节课，期中语文考试成绩公布了，我才考了89.5分，太差了！我鼻子一酸，不听话的眼泪便“扑簌扑簌”地落下来。尽管张瑶多次写“别哭信”，也无济于事。

第二节上作文课时，我的眼泪还未流干。于老师发现了，惊讶地说：“哟，我们的小李铁梅怎么哭了？瞧，眼皮红红的，这下，表演时可不用化妆啰！嗯，为剧团节省开支，应该表扬！”——因为于老师总说我长得像演李铁梅的刘长瑜，所以经常喊我“铁梅”。

我听了很想笑，可是眼泪偏偏要出来见见世面，直往外钻。

于老师见一招不灵，又使一招。只听他很兴奋地说：“铁梅，使劲哭。对，就这样。”然后对大家说：“告诉大家一个好消息，咱们徐州马上就要有一个小西湖了，它的创造者是耿臻！”

我再也忍不住了，破涕为笑。

于老师又很沮丧地说：“唉，小西湖建不成了。”说着，他收敛了笑容，走到我跟前，郑重地说：“铁梅，失败乃成功之母！”

我挺直了腰杆，觉得自己真的是铁梅！

这件事如果不是通过“外号”来处理，不但要费更多的口舌，而且效果也不会这样好。可是，我给她起这个外号的时候，并没料到今天会在这儿用它来做她的思想工作。

胡文涛长着一双机灵的眼睛。上课时，只要老师不注意他，他的手脚便忙活起来，常常闹得四邻“鸡犬不宁”。一天，我正上课，发现他把一只手伸到了同桌的位洞里。我放下书，喊了一声：“胡文涛！”

他乖乖地站起来，老老实实交代了错误——他是想去拿同桌位洞里的一本课外读物的。

“你是不是想回花果山?”我问。

学生们乐了。上二年级的时候，我就因为他上课好动，而且会翻跟斗、拿倒立，再加上他姓胡，便给他起了个外号——“孙猴子”。学生们都清楚，我所说的“回花果山”是“驱逐出境，不准上课”的代名词。有一回，就是因为他上课不守纪律，而“勒令”他回“花果山”——叫他到办公室去。

“不愿意？那就坐下好好听讲。”我见他说了实话，且又不愿意回“花果山”，便原谅了他。

这样的事——利用外号涉及的内容批评人——常有。他的同桌张宁宁在一篇作文中记了这么一件事：

> 六年级上学期，我和“孙猴儿”胡文涛同桌。一天，写作文时，胡文涛又开始耍起了“金箍棒”——铅笔。他把铅笔在桌子上竖起来，倒下，再竖起来。一会儿，他又把铅笔顶在手指肚上，像玩杂技一样，不让铅笔倒下。不过，这次演“砸”了，铅笔“啪啦”一声掉到了地下。这声音被于老师听见了，说：“孙悟空大闹凌霄宝殿了，连我这个‘玉皇大帝’对他也奈何不得了。宁宁，你一定要让他‘宁’静，不然教室要倒塌了。”
>
> 我想，于老师真幽默，我怎么能克制住这个孙猴子呢?
>
> “宁宁，我说的话你一定要记住呀！你当他的克星绝对没问题。你嘛，两个‘宁’字，以静克动，能不胜他?”这时，我瞥了胡文涛一眼，他正一本正经地埋头写作文呢！

胡文涛写得一手好字。到了六年级，字越发写得老成。一天，我把他的作文扬起来，对全班同学说：“看，胡文涛不但文章写得简洁，而且字写得漂亮，有骨有肉。看来，我们的‘大圣’文武双全。”

胡文涛得意地朝张宁宁一笑。

6 月的一天，我带学生到解放军驻徐某部参观。看完射击表演后，我对胡文涛说：“孙大圣，何不趁此机会，也来一手?”同学们一起喊：“孙悟空，来一手!”他紧了紧腰带，先在草地上来了两个前滚翻，接着侧手翻。好大圣，车轮似的在草地上转了起来。一个，两个，三个……同学们不约而同地为他查数。好家伙，一连翻了二十几个！张明、丁翊、万信鹏等人不服，也跟着翻，但都没比过胡文涛。

我笑笑说：“孙悟空是漂洋过海，历尽艰辛，到西牛贺洲灵台方寸山斜月三星洞跟菩提祖师学的本领，能七十二变，一蹦十万八千里，等闲之辈怎能与他相比?”胡文涛眉毛一扬，脸儿一红，走开了。

不能把孩子管“死”，不要对孩子的好动看不顺眼，动辄斥责。

每当我因学生调皮乃至恶作剧而要动肝火的时候，便问自己：“你这么大的时候又当如何?”这样一问，常常便会有另一种心态出现。这种心态就是理解、宽容。心态变了，处理方法自然也变了，或委婉劝告，或调侃两句，一笑了之。“笑”的作用往往比“训斥”的作用大，而且效果好，也不伤老师的身体。

四

在我所喊学生的外号中，属于贬义的只有王昊的外号“耗子”。这是上二年级的时候，同学给他起的，因“昊”与耗子的“耗”同音而得名。为此，王昊多次埋怨他爸爸不该给他起这个名字。但是，当初他爸爸为给他起这名字，费劲还真不小，《新华字典》足足翻了两三天。他爸爸解释说：“儿子，昊是广大无边的意思。爸爸给你起这个名字，就是希望你努力学习，将来成为一个有学问、有本领的人。”

但是事与愿违，王昊文化成绩平平。可是人很机灵，反应快。上三年级的时候，我设计了两节“动物王国扳手腕决赛”的说写课。上课时，需要三个人饰小白兔运动员，三个人饰猴子运动员，一个人饰大象裁判员。六名运动员好选，裁判员难定，因为这个角色必须眼明、嘴快。有人推荐班长刘亚宇，但他过于老成稳重，我没同意。又有人推荐王昊，但好几个“运动员”对他持有疑义。“可以试试。”我说。一天下午放学后，我把7名学生留下来排练。我递给王昊一只哨子——当裁判需要哨子，又对扮演猴子运动员的曹闯耳语一番。曹闯心领神会，精神抖擞地和扮兔子运动员的孙勇拉好扳手腕的架势。

王昊一吹哨子，说：“动物王国扳手腕决赛现在开始！”

“运动员”们一听，还真像这么回事！连声说：“耗子还行！”

第一局曹闯赢了；第二局孙勇胜了；第三局，曹闯见久战不胜孙勇，便把胳膊肘微微抬了起来，一下子把孙勇扳倒了。只听王昊一声哨响，说：“猴子犯规！重新比赛！”曹闯不服，欲申辩，王昊并不说话，一只手在衣兜里摸呀摸呀，最后摸出一张小纸片，对曹闯一亮！噢，黄牌警告！曹闯伸了伸舌头，只好乖乖地重新比赛。

我十分高兴，对其他几个“运动员”说：“这就是‘耗子’的本事！我告诉你们，曹闯犯规是我事先安排好的，目的是想看看王昊能不能发现，会不会处理。”

在场的人对王昊佩服得五体投地。就这样，王昊当上了裁判员。我对王昊说：“大象头饰别戴了，我再给你画个老鼠头饰吧！”

王昊不同意，说耗子名声不好。我说：“鼠是12生肖之首，怎么不好？你不就是有夜里出来偷油喝的毛病吗？”

这两节课上得很成功。学生观看比赛时，先以“动物王国电视台播音员”的身份，当解说员；比赛完毕，又以“动物王国体育报记者”的身份，写了一篇报道；最后又以“动物王国广播电台记者”的身份写了一则“简明新闻”，“一举”而“三得”。

从那以后，王昊不但不拒绝别人喊他“耗子”，而且以别人喊他“耗子”为荣。

我喜欢请他做点事，他也很有眼色。如果请他发作文簿，他比别人快；如果请他到办公室拿点什么东西，他比别人麻利。这时候，这样的表扬他最得意：“你真不愧为耗子呀！”

中国历史上有个“误点成蝇”的故事，说的是三国时候画家曹不兴的事。一天，曹不兴为孙权画屏风，误将点墨滴在白绢上，大家为之着急，曹略作思考，提笔将这点墨濡成一只苍蝇。大家眼睛一亮，觉得这只苍蝇非但不多余，而且与整幅画中的人物、庭院协调一致。屏风呈给孙权看时，孙权误以为是一只真苍蝇落在画上，用口呵之，不去，伸指弹之，亦不去，方知受骗。

我喊学生“耗子”，从理论上是断然讲不通的，尽管申明“鼠乃12生肖之首”，也不能自圆其说。但事实上不是的。我想，三国时的大画家曹不兴能变丑为美，将“误点”濡成一只苍蝇，老师为何不能有此本领？老师心中藏着对学生的爱，即使喊学生一声狗儿呀，蛋儿呀也无妨，这和父母呼孩子的乳名没有什么两样。说真的，当年张老师叫我“小鲇鱼”时，真比听爸妈喊我小名还感到亲昵。那是老师对我的极大的宠爱。

第三辑

蹲下来看学生

要成为孩子中的一员，我们必须蹲下。蹲下来，见了学生流鼻涕，便不会斥之为“不讲卫生”；见了学生只穿了一天就脏了的衣服，便不会斥之为“邋遢”；见了男孩子把毛毛虫放在女孩子的衣服里，就不会斥之为“顽劣”。

——他们是孩子。我们的确应该蹲下来看学生。

蹲下来看学生

一

最近，听到这样一句话："老师要蹲下来看学生。"我十分佩服说这句话的人，佩服他对教育、教学感悟得竟如此之深。是的，在老师眼里，学生之所以"小"，是因为老师站着看他们。老师是大人，个子高，一站起来，学生当然就显得渺小，看他们做什么事都幼稚可笑，甚至于看不顺眼，以至于横加指责。

我们常说，老师要走近学生。什么叫"走近"？走近学生（确切说是"走进"），即了解学生，和他们打成一片，成为他们中的一员。要成为孩子中的一员，我们必须蹲下。蹲下来，见了学生流鼻涕，便不会斥之为"不讲卫生"；见了学生只穿了一天就脏了的衣服，便不会斥之为"邋遢"；见了男孩子把毛毛虫放在女孩子的衣服里，就不会斥之为"顽劣"。

——他们是孩子。我们的确应该蹲下来看学生。

二

有一次，我听一位教师教《乌鸦喝水》。读到"乌鸦把一个个石子衔起来，放进瓶子里，瓶子里的水慢慢地升高了"时，老师问"慢慢"可以换个什么词。有换"渐渐"的，有换"一点一点"的，也有换"逐渐"的，老师高兴地予以肯定。忽然有个小朋友说："还可以换'慢腾腾'——瓶子里的水慢腾腾地升高了。”老师微微一笑，说：“不行啊，‘慢腾腾’用在这里不合适。”

老师说得对吗？对的。因为在大人看来，这样说是断然不行的。但是，如果我们蹲下来，用孩子的眼光看呢？在孩子眼里，什么都是有生命的，有感情的，不要说他们对着玩具喃喃自语司空见惯，对着茶杯、茶壶之类的东西说个没完的又少吗？孩子说“瓶子里的水慢腾腾地升高了”，我看完全在情理之中。

2000 年 4 月初，我应邀到上海师资培训中心上课，上的是古诗《草》。有位小朋友在画“春风吹又生”的诗意时，把春风画成黄色的。我笑笑说：“是的，当春风裹着沙尘刮来的时候，春风是黄色的。”又一位小朋友不同意，他说春风是绿色的，于是又把黄色的风擦掉，画成绿色。我也笑笑说：“不错，在诗人的眼里，春风是绿色的。不然，王安石为什么说‘春风又绿江南岸’呢？你长大了，说不定也会成为一位诗人。”话音一落，听课的教师为我鼓掌。接着，又有一位小朋友说：“他们都不对，因为风是看不见的，画不出来的。”于是，他把绿色的风擦掉，把草叶画成一边倒。我说：“我们一看，就知道在刮风，而且风刮得比较大，草都被吹弯了腰。”听课老师又热烈地鼓掌。这次的掌声当然是给这位小朋友的。按理说，只有最后一位小朋友说得对。但对前者，我为什么不予以否定？我想，如果否定他们——哪怕态度很温和——不就把学生的想象力封杀了吗？而且，说不定还真的扼杀了一位未来的诗人呢。

蹲下来看学生，许多幼稚可笑的东西，便会觉得不幼稚，不可笑；许多“错”的东西，往往有其合理的一面。

三

在这方面，一些外国同行的做法很值得我们借鉴。

前不久，我在《新华日报》上读到一篇访日文章。文章记述了这样一件事：作者在日本参观一所幼儿园时，听了一节美术课。有一位小朋友画得乱七八糟，横一道、竖一道的，可是日本的老师居然能从中找出优点。老师举起这幅画，问全班小朋友："大家数一数，他在这幅画中用了多少颜色？"每个小朋友都瞪大了眼睛，认真地数了起来。一数，24 种。原来，这位小朋友把彩笔盒里的 24 支彩笔全用了。老师高兴地说："这位小朋友是全班颜色用得最多的一位。"这位小朋友激动得不得了。

这不就是蹲下来看学生吗？——找出一点能肯定的，总比全部否定的好。

早几年，一个外国教育参观团到南京的一所小学听课。一位老师手里拿着一个乌龟让学生观察，学生很感兴趣，坐在讲台前的一位小男孩，竟不由自主地学着乌龟爬起来，把坐在教室后面听课的外国老师们逗乐了。讲课的老师瞥见了坐在自己眼底下的脖子一伸一缩、两只手不停地做爬行动作的小男孩，向他使了个眼色。可是小男孩的注意力全被乌龟吸引去了，对老师的眼色全然不觉。直到下课，这位老师仍面有愠色。没想到评课时，外国同行对这位小男孩却倍加赞扬，说他表现得最好，上课最投入。

同样一件事，为什么我们和外国的同行有着迥然不同的看法？我认为，除了观念的不同外，还有一个重要的原因，就是看问题的角度不同——一个是蹲着的，一个是站着的。我们也应该不以对大人的要求去要求学生，不要求小孩子去做大人应该做的事。孩子毕竟是孩子。

四

不仅仅是教学。

经常看到有些家长，因孩子把玩具摆弄坏了而发脾气。爱因斯坦小时候，把一个指南针拆坏了，却未受到父亲的任何指责。他父亲认为，孩子的好奇心应当得到保护，而不是摧残。

经常看到有些学生，因好动手动脚或者互相推推搡搡，便被老师扣上"调皮"、"好斗"的大帽子。我觉得"好斗"、"顽皮"是孩子的天性，对孩子要少些限制，多些引导。

一天下午，大扫除的两个学生在操场上打斗起来。一个手操拖把进攻，另一个则一手举簸箕，一手拿着笤帚迎战。在他们心目中，那拖把一定是一件比大刀还了得的兵器，那簸箕一定是盾牌，那笤帚就是一把刀。班主任大声命令他们“停止战斗”。我连忙说：“让他们斗去。第一，他们不是真斗；第二，即使真打，大不了使双方落一身污泥。”果然，斗不多时，双方以“各得一身污点”而握手言和。他们嘻嘻哈哈地向教室走来，压根儿没发现一直注视着他们的班主任和我。他们一上楼梯，我便迎上前去，说：“二位好汉，大战十几个回合也未分胜负，是不是歇歇再战?”二人的脸唰的一下子红了，笑着跑进教室。

我对班主任说：“如果我们二人在操场上打斗，全校师生不认为我们精神失常才怪呢。”

有一次，我带学生到游泳池里游泳，几位女生向我告状，说男同学向她们身上泼水。“岂有此理！这不是明目张胆的挑衅行为吗?”我说，“难道你们没长手?”这一说不打紧，游泳池里立刻爆发了大规模的“水战”。女同学似乎更有耐性，有几个人竟绕到男生的侧翼，发起了进攻。男生终于招架不住，败下阵去。打水仗打出了智慧。

我们鼓楼区教研室王晓虹老师的上小学二年级的孩子，一天到晚鼻涕邋遢，每次孩子放学来到教研室，王老师第一句话就是：“快去擦鼻涕！脏死了!”一天，我实在看不过去了，说：“小王，不要老是这样说，他是个孩子。如果你流鼻涕，不要你擦，你也得擦。”

她儿子一听，高兴地跑到我跟前，说：“于爷爷，你知道鼻涕是什么味道吗?”王老师一听，大声问：“啊，你吃过鼻涕?!”她儿子好像没听见妈妈的话，悄声对我说：“一天，鼻涕流到我嘴里去了，我用舌头一舔，咸咸的!”

王晓虹一听哭笑不得。她儿子为什么不对她而对我说这些话？还不是因为我对他表示理解嘛。

蹲下来看学生，我们就能走进学生，体谅学生，就能和学生融为一体。

五

“文革”后期，一天上课时，一个学生向我“揭发”一位同学骂我，那位学生连忙站起来，辩解说：“造谣！我没骂。”

“骂了！”

“没骂！”

“你不诚实！”

“我就没骂！”

“揭发”的学生怒气冲冲地要把“证据”亮出来，我赶忙阻止说：“不必说了。”然后对全班学生说：“我上小学时也骂过老师。有一次，我对老师的批评不满，就给老师起了个很难听的外号。我大了，才认识到骂老师不对，一直想找老师承认错误，可不知老师现在在哪里。因为我 13 岁离开老家后，再没见过这位老师的面。”

当天晚上，我来到这位同学的家里（该生的家离学校很近）。一进门，该生就说：“于老师，我错了，我不该骂您！”“怎么，骂老师？”家长一听勃然大怒，不问青红皂白，举手就要打孩子。我急忙拉开说：“是老师说话态度不好，批评的语气重了。”接着，我把该生的优点说了很多很多，说得该生竟然哭了。家长一再说好话，说当老师如何如何辛苦，学生如何如何难教，等等。

从此以后，一家人对我非常客气。——蹲下来，才能和学生推心置腹。

我曾在一篇文章里，提到学生魏亚军和刘扬偷黄瓜一事。我得知魏亚军偷黄瓜一事后，为什么迟迟不找他谈话，而是采取“冷处理”的办法？其中有一个原因，就是因为我小时候也干过类似的事情。联想到小时候的我，心情立刻平静了。是啊，自己小时候又当如何？于是就把这件事压下了。三四天之后，我只对着他的耳朵悄悄地说了一句：“亚军，偷来的黄瓜好吃吗？”

蹲下来看学生，就会体谅学生的错误，采取学生能够接受的、效果较好的处理方式和方法。

一次，张庆老师问著名思维科学家、《相似论》的作者张光鉴教授：“以学生为本应该怎么理解？”张教授说：“很简单，就是老师要和学生相似。”

老师和学生相似，我以为就是蹲下来看学生，或者说，想一想孩提时代的自己想过些什么，做过些什么，让孩提时代的自己和学生在一起。

教育，有时候很简单

一

开学了，一位老师接了一个高中三年级的班。原班主任对这位老师说：“咱们班邵军同学表现极差，学习成绩一塌糊涂。不过，他在班里不作数，每次考试不算成绩。您就权当他是一位旁听生吧。”

这位老师陷入了沉思。这么大的一个男孩子，怎么能“不作数”呢？“不作数”意味着什么？“不作数”意味着放弃！放弃，对他本人，对他的家庭，对整个社会又意味着什么？于是他把这位同学找来，促膝谈心，语重心长地说：“让我们从‘心’开始。”说完，把“心”字写了出来。这位同学被老师的真诚所感动，他洗心革面，奋发努力，加上老师的热情帮助和鼓励，一年以后，考上了大学本科。

这不是我杜撰的美丽的故事。这位老师叫吴华兵，是安徽凤阳一中的老师。(见 2003 年第 9 期《教师博览》)

吴老师通过这件事，深有感触地说：“教育有时真的很简单，只要从‘心’开始，伸手就能成功。”

二

的确如此。

我教过一个叫李志安、一个叫李志军的学生，是兄弟俩。二人自幼丧父，家境十分贫寒，母子三人相依为命。一天，学校包场看电影，学生都站好了，可是不见二人的踪影，一问，走了。原因我自然明白。于是我连忙叫人把他们追了回来，我告诉他们电影票钱我早给垫上了。从此，学校再包场看电影或看别的什么演出，那毛儿八分的，基本上是由我出的。哥哥志军为人忠厚，学习勤奋，成绩也优秀；志安则与他哥哥相反。但我发现，志安在慢慢地变化。只要他为大家做一件好事，或者学习上有了一丝进步，我都要向他母亲报告，或写一张纸条，由志军捎给他母亲看，或亲自登门告知。

他母亲总是感激地说："谢谢于老师对两个孩子的关心、帮助。"

我说："我能做的很少，主要是他们自己的努力。"

她说："志安不好，他太让您费心了。"

我说："他在一天天进步，学习是个慢功。"

她说："志安什么时候像他哥哥那样就好了。"

我说："其实，他有好多方面都超过志军了。千万不要光看学习这一个方面。"

去了他们家几次，记不清了，我也没去记；写过几次纸条，也记不清了，我也没统计。只是觉得该写，就写了；该去，就去了。反正都是举手、抬足之劳。

后来，志安当了兵，在舟山群岛。在部队，他乐于吃苦，乐于助人，经常受到嘉奖。有一次，他荣立了三等功，把立功喜报寄给了我。

再后来，他复员到了地方，工作照样出色，深受同事们的好评。

当然，他弟兄二人也没忘记我，经常看望我。

这种从"心"开始的教育，实际上是一种传递爱心的"身教"，对学生来说，是一份感动和影响。

让我们看一个美国老师汤普森小姐的例子。

特迪·斯特拉德是汤普森班里最差的一个学生。汤普森很不喜欢他，甚至对他不屑一顾。特迪·斯特拉德读三年级时，妈妈不幸去世。读四年级时，反应仍然很迟钝，爸爸也不过问他。但他品行端正，彬彬有礼。特迪读五年级了。圣诞节那天，汤普森小姐收到了很多礼物，其中也有特迪·斯特拉德的。汤普森打开特迪的礼品包装纸，掉出一对既花里胡哨又俗不可耐的莱茵石手镯，其中的一只莱茵石不见了；另一件是一瓶廉价的香水。同学们嘲笑起来。汤普森小姐立刻装着十分高兴的样子，郑重地把手镯戴到手腕上，并洒上了香水，请同学们闻闻香不香。同学们立即“嗯嗯”、“哦哦”地表示同意。

那天放晚学，同学们都走了，特迪走到汤普森跟前，小声说：“汤普森小姐……您的味道真是像极了我的妈妈……而且她的手镯戴到您的手上真的很漂亮。我很高兴您能喜欢我的礼物。”

看着特迪·斯特拉德远去的小小背影，汤普森的眼睛湿润了，她深深地跪了下去，虔诚地向上帝忏悔，请求上帝能够原谅她……

第二天，汤普森像变了一个人似的，像奉献爱心的天使，帮助所有的孩子，特别是那些愚钝的孩子，尤其是特迪。后来，特迪赶上了大多数孩子。

再后来，汤普森从特迪的信中得知，高中毕业时，特迪的成绩全班第二，大学毕业时，全班第一。

特迪大学毕业后的第四年，汤普森又收到了特迪的一封信，说他已经成为一名医生，而且要结婚，请汤普森老师参加他的婚礼，而且请她坐在他妈妈应该坐的位置上。他说：“目前您是我唯一的家人了。我爸爸去年也已经去世了。”

我是含着眼泪读，含着眼泪记这个故事的。

教育从“心”开始，就是让教育充满爱心。当我们用饱含爱心的笔去书写“教育”两个字的时候，教育的确很简单。

三

有时候，教育比上面说的还要简单。

作家李树彬读中学时，有一次写作文，李树彬为了交差，抄了一篇交了上去。没想到下一次作文课，教语文的熊老师把它当作范文在全班读。没读几句，便有几位同学站起来指责道："老师，李树彬的作文是抄来的！"熊老师看了看窘迫至极的李树彬，又看了看趾高气扬的"告密者"，顿了顿道："孩子们，这篇文章太美了，老师无法拒绝美，所以让我们一起用心来欣赏。在此之前，我们要感谢李树彬同学，谢谢他给我们推荐了一篇这么好的文章。我相信，总有一天，李树彬也会写出同样美的文章来。我想，他不会让我失望的。"说完，又朗读起来……李树彬深受感动，发誓要把书读好，否则，对不起老师的宽容、激励和期盼。后来，李树彬成了作家。

散文家刘墉的一段经历也耐人寻味。他读高二时，有一次数学和英语都没考及格，他用狂傲的文笔，写了一篇"周记"："我是丰盛，我是美好，我是不回顾地一味向前飞。我要写诗，我要作画，我要的是什么都不在乎！像你们吗？像 XYZ（指那些用功的同学——引者注）吗？像煎干的灵魂吗？凡我将来不需要的，滚他的蛋！"

没想到，他的老师庄瑞英非但不批评，反而大加赞赏！而且建议登在校刊上！就这样，刘墉愈写愈多，愈写愈勤，一直写到今天，成为散文家。

之前提到的我的学生李明，数学成绩也不好，经常考不及格。一次，他数学没考及格，为了宽慰他，我夸了一句："李明李明，画画真行！"没想到就这一句只是为了宽慰他，不让他难过、失去信心的话，竟使他走上了画画的道路，成了一名出色的画师。

李树彬的熊老师、刘墉的庄老师，还有我，我们三个人说的话，应当说是有心的，但仅仅是一句话而已！一句有心的话成就了一个人，教育不是真的很简单吗？

四

还有许多"无心"的例子。

作家黎汝清说："我之所以从小立志当作家，后来果然也成了作家，就是因为上小学时，有一篇作文被老师看中了，被贴到了墙报上。"

就因为一篇作文上了墙报，就使黎汝清激动不已，迷上读书和写作，最终成了著名作家，这大概是他的小学老师所料想不到的。

摄影家陆沙舟家里很穷，父母都是盲人。陆沙舟读完小学后，开始逃避“不完整的双亲”和同学们的眼睛。进入青春期，陆沙舟变得更叛逆了，不但功课不好，而且常常闯祸。一天，他又闯了祸，被主修工艺美术的导师罚锯木板。陆存心捣蛋，故意锯出一个和老师规定的图形相反的木块。原以为老师会大发雷霆，没料到，导师居然夸他有才华，有创造性！一句话激起了陆沙舟对工艺美术的兴趣，一步步努力，终于进入美术职业学校，后来又成为一名专业摄影家。

著名作家刘绍棠十来岁就写出了中篇小说《运河的桨声》，令当时（20世纪50年代）读初中的我羡慕不已。刘绍棠为什么走上了创作之路呢？刘绍棠说，就是受教小学的田老师的影响。田老师每教一篇课文，都编一个小故事来讲，他听入了迷，后来就想编故事，于是就写小说。刘绍棠成名了，一天回故乡看望田老师说到此事时，田老师说：“这叫无心插柳柳成荫。”

无心插柳，柳却“成荫”，说者无心，听者有意。教育界这方面的例子还可以举出很多。

所以我常说，老师无意中的一句话可能成就一个人，无意中的一句话，也可能毁掉一个人。因此，我们当老师的，讲话要特别小心在意，尽量不说挫伤学生自尊心、自信心的话，多说赏识、激励、期待的话。老师可以对学生发脾气，甚至拍桌子。“拍桌子”告诉学生的只是发脾气的程度，而说的话，则是对他的评价，甚至“定性”，这将对学生产生不可估量的心理暗示作用。

五

这篇文章的题目中有一个词很重要，即“有时”——“教育，有时很简单”。教育本身是很复杂的，是一门科学，也是一门艺术，只是“有时”

很简单而已。同样褒奖的话，对张三可能起大作用，对李四的作用可能微乎其微（一点作用没有也是不可能的）。但是，激励、期待的话只要对一个人能起作用，我们就不放弃所有的人。人人都有长处，对他的长处就要多说夸赞的话、鼓励的话；就要赏识它、放大它。“放大优点”能激活学生的潜能，激发他们的兴趣。一旦学生能根据兴趣去学习，都会成为天才。因为无数事实证明，凡是根据兴趣学习的人都是天才。

无痕的教育

一

新转到我班的刘合金是名副其实的“合金”，硬得很。教数学的刘老师问他上课为什么随便说话，他说：“谁讲了？都是同位先惹的我嘛。”刘老师问他作业怎么又乱又脏，他说：“那是因为钢笔‘拉肚子’，写着写着就滴水，我不是故意乱画的。”刘老师的鼻子差一点被气歪，说：“你呀，是瞎子盖被——反正都是里（理）儿！”

“好事不出门，坏事传千里。”不到一个星期，全校老师都知道刘合金是个作业潦草，且又不讲理的角儿。

我决定唱一回“白脸儿”。

“听说你的钢笔闹肚子？”一天，上语文课的时候我问他，“我是修理钢笔的专家，能不能让我看看？”

他难为情地从文具盒里取出来。我一看，笔帽上的卡子没有了，笔舌头也少了一块。

我说：“原来你的钢笔是位‘残疾人’啊！我这位专家也无能为力了，我不会‘断肢再植术’。这样吧，把我的钢笔借你用。哎，我的笔可是名牌哟！笔尖和你一样，也是‘合金’的。据说，有50%的黄金呢！”

他死活不要我的钢笔。我用命令的口吻说：“你要也得要，不要也得要。借期一个学期，放寒假时还我。”

不久，他买了一支新钢笔，把我的钢笔还给了我。

不久，科任老师都说他的作业变干净了，虽然字写得还不尽如人意。

一个学期下来，他的文具盒里再也找不到“残疾”的文具，看不到脏兮兮的橡皮了。

二

一次上体育课测试“立定跳远”。胡瑞连跳两次都歪向左边。教体育的杨老师说：“你怎么老是跳歪？不歪不就过了及格线了吗？再跳一次，左脚使劲儿蹬。”

谁知这一跳，又歪向了右边！结果，还是没过及格线。学生们哈哈大笑。

“唉，真笨！”杨老师无奈地说。

“老歪！”同学也在一旁帮衬。

胡瑞胖胖的小脸涨得通红。尽管杨老师特许她可以跳第四次，可是她死活不跳了。“不及格就不及格。”她说，然后一屁股坐在沙坑边喘粗气。

站在一旁的我笑问：“胡瑞，歪的反义词是什么？”

“正啊。”

“对！你眼睛盯着正前方的横线，双脚一起用力，使劲朝横线前面跳，准能跳出‘歪’的反义词来。”

在我和同学们的鼓励下，她终于站起来跳了。这一跳，跳正了，跳及格了！胡瑞胖胖的脸上绽开了花。

教师别具“匠心”，学生就会变“灰心”为“信心”。

教师施教的别具匠心，不是迁就学生，更不是不要直截了当的批评，包括严厉的批评。这要看时机、场合（特别是学生的处境）以及老师的心境如何。其中，老师的心境最为要紧。老师没有良好的心境是较难做到的。老师的良好心境哪里来？它来自老师的善解人意，来自老师对学生的体谅，来自老师的豁达与宽容、耐心与冷静、诙谐与机智。

有一天，全国著名校外辅导员王遐方到一所小学去作报告。一进校门，见两位小朋友歪戴着帽子在打闹。王遐方不动声色，走到这两位小朋友跟前，弯下腰问："小朋友，看看王伯伯的帽子戴得正不正?"两个小朋友立刻会意，连忙把自己的帽子戴正了。王遐方慈爱地抚摸了他们一下。两个小家伙向王伯伯道了声"再见"，跑开了。

这件事提过多次，真是微不足道，但它折射出来的东西很多很多。

批评的艺术

一

“你枉为特级教师！你和孩子们谈话有时太欠考虑。你发现没有，咱儿子不唱歌？”一天，妻子认真地对我说，“本来我也没注意，和儿子闲谈时才了解到。他上一年级的一天，正兴致勃勃地唱刚学过的一首歌，你在一旁说：‘跑调了。你怎么五音不全？’从此，他再也不唱了。”

女儿曾经对我说过这样一件事：上小学时，她向我请教一道计算体积的题。为了帮助理解，我画了一幅图，但她看不懂。我批评说：“怎么空间想象能力这么差！”一直到现在，她总觉得空间想象能力不行。

无意的一句话，竟为孩子造成了这么巨大的心理障碍！使他们在学习某一学科或掌握某一技能时，形成了一堵本不应有的、不可逾越的墙。

这使我感到不安。在这以前，我对众多的学生说过多少这种“无意”的话？

二

吃一堑，长一智。

从此，我在批评学生时总是努力避免使用诸如“你算是没法治了”之类的使学生产生心理障碍的语言。

朱飞这人与他的名字一样，带有“飞”的特点。数学老师几次向我反映：每次考试，应用题很少全对，读题时目光像飞一样，读不进去，理解能力差。期中考试后，她验证似的把朱飞的试卷朝我桌上一放：“看看，六道应用题错了三道，不是理解能力差是什么?”

“理解能力差？可千万别这么对他说。”我说。

下午自习课我把朱飞请到办公室，交给他一张试卷，请他把其中的三道应用题（即他做错的三题）做一下。要求他每题至少读五遍，第一遍慢读，并要用笔尖指着读，做到“字字入目”，边读边想。读懂了上一句，再读下一句。如果读五遍仍读不懂，再读第六遍、第七遍。

卷子交上来了，两对一错。

我把期中数学试卷递给他：“看看，为什么考试时没做对?!”

“我最怕应用题，老师说我理解力有问题。”他喃喃地说。

“应用题怕动脑子的人。你不是理解力有问题，而是没用心读，没用心思考。做错的一题，你也能想出来。回家去想，给你三天时间。”

第二天他就做出来了，并一再声明，是他自己想出来的。

把斥责性的“理解力差”、“马虎粗心”一类的话变为启迪性的、期待性的语言，这是一种艺术的批评。

三

这样的师生“对抗”局面时有所见——

师：你怎么这么粗野！净说脏话！

生：谁净说脏话了？谁叫他先骂我的！

师：他骂你已经不对，你再回敬一句，岂不是错上加错！各自应当考虑自己的错误嘛！……

我曾经在报纸上看到过一篇夫妻双方切勿当着孩子的面争执的文章。文章说，为了避免争执，在向对方提出批评时，应坚持“我”的说法。例如说“我感到生气”而不说“你这么顽固”，这样可以避免相互指责。在这样做的时候，尽量说具体一些，如“你忘了洗衣服，我好恨!”而不说:

“你真健忘!”

坚持“我”的说法更适用于批评学生。

一位学生未完成家庭作业，居然逃学半天。早上，他照例背着书包上学，中午照例背着书包回家。家长却被蒙在鼓里。

“老师十分生气！不完成作业已经不对了，再逃学，不是更错？你爸爸妈妈知道了，不更气?”我严肃地对他说。不但坚持“我”的说法，连家长也“裹”进来了。

他什么也没说，眼皮垂了下来。

我继续说：“我怎么也想不明白，你会这样做。要知道，你失去的不只是一上午宝贵的时间，而是诚实。我感到痛心。希望不再出现第二次。当然，你爱面子，没完成作业怕批评。但你忘了，逃学不更让老师难以原谅?”

“老师，我绝不会再有第二次了。”他发誓。

“我相信你言而有信，不会令我和家长失望。”

逃学的事再也没有发生。

四

有经验的老师看到地上有纸屑，会不动声色地走过去捡起来。这时，凡是看到老师这一举动的学生会不由得朝自己的座位下面瞅——看看有无纸屑等脏物。这既是榜样起的作用，也是一种无声的批评。应该说，这也是一种艺术的批评。

批改作文遇到字迹潦草的，总是情不自禁地写上“希望把字写工整”的话。写这样的话的时候，我总是小心翼翼地一丝不苟地写。假如一气之下（遇到这样的作文，常常改着改着气就来了），“意到笔随”，来个龙飞凤舞，还不如不写的好。看到老师写的比他还潦草得多的字——而且是批评学生写字不好的字——学生会怎么想，怎么说?

有时，我把不认真书写的学生喊到我跟前，看一些字迹工整、字体娟秀的作文。我什么也不说，当然也不让学生评论与表态，看完就离开。

批评，有时需要电闪雷鸣，有时需要和风细雨；有时需要凝重委婉，有时也需要默默无声。有些事理说清楚了，反倒什么都没有了。

五

批评有“说服”和“看服”之分。“看服”就是让学生看正面的东西，使其受到感化。无声的批评就属于“看服”。

说服也罢，看服也罢，倘若能把握好时机，讲究点方法，效果会更佳。

张乐（化名）写了一篇十分出色的作文，我请他在班里朗读。读到精彩处，我在一旁评点，并带头为他鼓掌。在班里当众读作文，是一种很高的荣誉，不少人上了六年小学都没有得到一次这样的机会。

我端详着他的作文，爱不释手，自言自语似的说：“真是出乎意料。写出这样好的文章，谁不喜欢！唉，如果不那个，该多好!”说到这里，我装着失言的样子说：“我怎么说出这样的话来了呢？人家已经改了，还说!”

张乐的脸顿时绯红。此时，用话来窘他，效果肯定好。

我说的“那个”，其实学生们心里十分了然。张乐有个偷东西的毛病。前不久，才在同学家里偷了钱。一犯再犯，后果堪虞。

不久，有一个学生在街心花园拾到一个书包，里面除了书簿、文具之外，还有钱。从本子上得知，失主是附近学校的一名四年级的学生。我郑重地表扬这位拾包者不为钱物所动的品质，教育大家要做“喻于义”的“君子”，不做“喻于利”的“小人”。下午课外活动时间，我请张乐陪同拾包的同学一起将书包送到失主所在学校。

老师们都说我这一招高。

是的，一切尽在“不言中”。

跷起大拇指

一

一个上三年级的小朋友，在一篇作文中写了这么一句话：“月亮长胖了。”老师在这句话下面画了圈，并在旁边批了个“好”字。“好”字后面点了一个长长的叹号。

这位同学上中学后，给老师写了一封信，抒发了当时的激动心情：

“……当时我是何等的高兴啊！望着那长长的叹号，我想，它一定是您从高山顶上垂下来的一条绳索，好让我抓住它向上攀登。对，我应该登上去！从那以后，我喜欢作文了……”

就这么一个只要用一点红墨水点一下就成的叹号，竟产生了如此想象不到的巨大效力。这也许是那位批改作文的老师始料不及的。

我上中学时，我的语文老师在我的一篇作文的后面批了这样两句：“有老舍风格。此文可以试投《中国青年报》。”就为了这两句话，我把作文在怀里揣了两天。如果写上四五句，非把作文揣烂在兜里不可。我把这篇作文投寄了出去。虽然直到今天也没发表，可是，这句话却启发了我对作文的兴趣，并且激励了我一辈子。

我的这位老师从来不吝啬表扬，像春天不吝啬她的雨，不吝啬她的风。他用表扬扬起我理想的帆，并把它鼓得饱饱的，不容你松弛。

同样，我也毫不吝啬地把表扬给了我的学生。

有个小朋友叫张斌，作文成绩不好。二年级下学期开学不久，他终于吭哧出一篇文通字顺的文章，那篇作文竟没让我动一个字。激动涌上了笔端，想写几句鼓励的话。二年级的小朋友，思维靠的是形象。对！于是，话变成了一幅画——我在他的作文簿上画了一只跷起大拇指的手，并在旁边写了一个加拼音的“棒”（二年级的小朋友没学过“棒”字）字。我在班里读完他的作文后郑重宣布：下次张斌的作文还能写得这么好，全班同学为他唱一支歌。小朋友鼓掌，定了。

他来了劲儿。下课了还跪在凳子上写。就凭这个感人的姿势，能不给他得高分吗？于是，又一只跷起大拇指的手出现在他的作文簿上。我想，对二年级的孩子来说，恐怕这比什么评语都好。当全班同学动情地为他唱了一首歌时，他欲行队礼，举手到半截，发觉手里还拿着作文簿，于是急中生智，改为鞠躬，全班大笑。

从此，小朋友以作文能得到我画的一只跷起大拇指的手为荣。

几乎人人都在争这只手。特别是后进生们，对张斌连获两次殊荣颇为眼红。他都能，我们为什么不能？

大拇指激起了他们的趣，挑起了他们的争。

可别小觑这小小的跷起的大拇指。

二

一天晚上，学生战松由他的父亲领着，叩开了我家的门。手里提着礼品。

一落座，家长便一迭声说：“谢谢您，于老师！谢谢您，于老师！……”

我一时摸不着头脑。

片刻之后，我明白了——他儿子战松的作文得了我画的一只跷起大拇指的手。手的旁边还有四个字：“全班第一。”“第一”后面还有一个大叹号。如此罢了。

献茶的程序过后，小松的爸爸又补充了这么件事：

中午，他的一位当小学教师的朋友到他家，看到了小松的作文，问：“松松上几年级？”

“二年级。”

“二年级?”朋友不相信，“这样的文章四年级的学生也不一定写得出来。——谁教的?”

“于老师，特级教师于永正。”

“怪不得呢!”

听说是于老师教的，他又细心地翻看了一遍。这次不是夸孩子，而是夸老师。说老师命题好，批改得好，特别是画的那只跷起大拇指的手最有学问。又说，名不虚传，到底是特级云云。

不说，看不出来；一说，竟什么都是优点。这大概就是有人说的“名人效应”吧！我笑了。

跷起大拇指的手，能撩起学生的喜爱作文的情，我信；但，能劳家长大驾光临，让他们激动得破费，是万万没有想到的。倘若画上两只，所获岂不更多?

三

如果说画手稍有难度，而且有点费事，那么，向学生伸伸大拇指，却是真正的“举手之劳”了。

不要低估了这“举手之劳”。

有这么个故事：

甲、乙两位猎人同去打猎，各猎野兔两只。甲回到家里，妻子冷淡地说：“才打了两只。”甲心中不悦。第二天，他故意空着手回来，让妻子知道，打猎并非易事。乙妻则不然。见丈夫带来两只野兔，一拍腿，伸出大拇指：“呀！竟然打了两只!”乙心中大喜。第二天，他更加努力，打了四只。

手势是富有生命力的。心理学家认为，身体的各部分中，手的表达能力仅次于脸。是的，乙妻竖起的大拇指上有多少潜台词!

一天，我到矿山路小学上课，教的是二年级的《英雄爆破手》。“爆”是个生字，教过读音之后，在后面又添了一个“破”字，组成“爆破”一词。我问："'爆破'是什么意思？"

一个小朋友站起来，两手向外一张的同时，嘴里喊了一声"轰——"，说："这就是爆破的意思。"

儿童的思维离不开形象，对他的解释毫无疑问应打满分。

接着，我又在"爆破"后面加了一个"手"字，让大家想想，"爆破手"是什么意思。

连问了三个人，都说"就是把手爆破了"。显然，光靠形象思维解决不了这个问题了。

这时，一个小男孩举手说："'爆破'后面加上个'手'，就变成人了，这课指的是陶绍文。"

"啧啧！"所有听课老师为之赞叹。

"你叫什么名字？"我走到他跟前问。

"徐州。"

"不是问你是哪里人，是问你叫什么名字。"

坐在旁边听课的班主任告诉我："他姓徐名州，就是徐州的徐州。"

我竖起大拇指说："徐州，好样的！"

我走到讲台前，当着大家的面，又竖起了大拇指说："徐州比一休还聪明。一休遇到问题，还得闭上眼睛想半天，而徐州不假思索就回答出来了。"

那时，徐州电视台正在播放日本电视动画片《聪明的一休》，小学生对这个可爱的人物很熟悉。

徐州的两道眉毛顿时扬了起来。这一节课，他无论读，还是说，都十分出色。

课后，我对他的班主任说："徐州思维敏捷，理解力强，好好培养。"

班主任苦笑了一下，说："咳！于老师，他是俺班学习最差的学生！"

教这个班数学的老师插话："于老师，您一上课怎么后进生都聪明起来了，都活跃起来了呢？"

我笑笑，说："你们注意了我的手吗？那是竖起的大拇指起的作用。"

四

一个星期天的下午，一位朋友把孩子领到我家，请我辅导作文。

“带作文簿了吗？能不能让我看看？”

上五年级的小男孩把作文递到我手里说：“这是第二本，写得不好，没有一个星；第一本里有两个星。”

“得一颗五角星的作文是最好的，对吗？”

朋友插话：“上一次得了一颗五角星，他激动了好几天。”

我对男孩说：“这样吧，下次你把第一本作文带来给我看看，这一本我就不看了。”

我想，他的老师如果能在这个本子上画一个星也不至于使他难堪了。

接着，我和男孩闲聊起来，从家庭到学校，从同学到老师，天南海北说了一通。临走，我给他出了一道作文题：《第一次到于老师家》。我对他说，自己审题，自己写，能写多少写多少。

一个星期后，他又来了，带着第一本作文簿和他写的《第一次到于老师家》。我看了一遍，毫不犹豫地给他得了个星。我说：“这篇作文比你得星的两篇作文都好。”说完，我竖起大拇指在他眼前晃了晃。

不但是孩子，连朋友也乐了。其实，这篇作文并不比另外两篇作文好。

辅导了几次之后，小男孩再也不讨厌作文了。现在，写作文的时候不但不需要家长帮忙，相反，如果家长在一旁指点，他还不高兴，说：“我知道怎么写！”

他说的“知道”，其实是喜欢的代名词。喜欢，有兴趣，就意味着成功。

表扬和鼓励是伟大的教育法宝。因小时候做成功了某一件事受到表扬而立下志向并最终成为专家学者的，不乏其人。

教育心理学上讲，过分的表扬能滋长学生的骄傲情绪。

但，现在的问题是，迄今为止，似乎还没有一个老师把表扬用到过分的程度，多数人的大拇指竖得还太少。

纸条的魔力

一

家庭学习小组组长小云向我报告："小炳在小组里捣乱。他把一只小狗带到小组里来了，吓得女同学直叫唤。这已是第二次了。第一次——上星期三——他把一只死麻雀偷偷放在小霞的书包里，差一点把小霞的魂吓掉。"

说得真够悬的！小霞的胆儿也忒小了。

20 世纪 70 年代，每个星期三的下午老师们要"雷打不动"地学习时事、政治，学生不到校，到老师指定好的家庭学习小组里学习。

这次我决定找他个别谈谈，他对当众批评似乎有了"抗药性"。于是，我给他写了一张纸条："请你明天早晨到校后，来办公室一趟。"下午放学时，我请班长递给他。

第二天一早，他就来了，低着头，老老实实地站在我跟前。

我请他坐下，用十分平静的语气问："知道我请你来干什么吗？"

"知道。"他说，"昨天中午，我爬上了停在马路边上的一辆汽车上，三摆弄两摆弄，汽车就开动起来了……"

"后来呢？"我的心骤然一抖，差一点叫出来。

"司机看到车动了，跳上车，一下子刹住了。"

"好险！幸亏司机眼疾手快。"我提到嗓子眼的心慢慢地回到了原位。稍停一会儿，我又平静地说："还有呢？"

“还有，前天我在家庭小组里捣乱。”

没等我插话，他接着说：“于老师，我错了，我一定改……”

“我相信。”我把他的帽子正了正说，“昨天的家庭作业一定完成了，而且完成得不错。”

“完成了。”他一面回答，一面从书包里找作业本。

我接过来一看，果不其然。我点点头说：“我知道你会认识错误的，所以约你个别谈谈。”

临走的时候，他向我深深地鞠了一躬。

我本想写个纸条，让他认识认识在家庭小组犯的错儿，没想到带出了“开汽车”的惊险事！我暗自庆幸递纸条决策的英明。

否则，他怎么会说，怎么会如此诚恳地表示痛改前非，引以为戒呢？

二

从前，人们戏称教师是“三间屋的小朝廷”。时代变了，说法也变了，现在改称为“三间屋的小总理”。也的确是。作为集“党政财文”大权于一身的班主任，哪一件事不得由他处理？我想，就工作的头绪和忙碌而言，绝不亚于国务院总理。

我当了 20 年“三间屋的小总理”，虽说日理万机（这绝不是夸张），但还能应付自如，游刃有余。不过，遇到“失盗案”，就束手无策了。每每遇到这样的问题，就抱怨师范学校为什么不开设“侦破”课。

一天，小英报告：她放在文具盒里的两元钱不翼而飞了。我向同行们讨教“破案”良策。多数教师对如何处置此类问题缺乏研究，他们介绍的“相面”、“搜腰包”等办法，都不足取。尤其不能搜身，万一哪个小孩晓得一点“法”，告你“侵犯人权”，纵然是“总理”，也得承担“法律责任”！

还是得以教育为主。我对全班同学说：“也许是小英的钱丢了。我不相信咱们班会有人拿别人的东西。要知道，小偷是可耻、卑鄙的代名词。”

中午放学后，一位学生悄悄地对我说：“我看见小桐翻过小英的书包。

他上二年级时曾拿过别人的东西。”

犯有前科不足为据，翻书包倒是条线索。不过也不能就此断定钱是小桐拿的。怎么办？下午写张纸条？好，不妨一试。恰巧美术老师说他上美术课不认真画画。我在纸条上写道：“明天早上到办公室来一趟，我有事找你。”

下边是第二天早上我和小桐的一段对话。

“知道我找你有什么事吗？”

“知道。昨天上美术课我看画书，还有在小岳的脖子上涂水彩。”

“就这？——不论什么，说出来就没事了。这是办公室，不要有顾虑。我相信你是个诚实的孩子。”

“我……我拿了小英的两元钱……”

“你是个诚实的孩子。两块钱如果没花，请交给我，我来交给小英。这件事我对谁都不会说。”

晨会上，我对全班学生说：“昨天，一位一年级的小朋友拾到两元钱交给了校长，不知这两元钱是不是小英的？”

小英高兴地认领去了。

我编织的“美丽的谎言”中暗含的爱护感动了小桐。从此，再也没有发现他犯过类似的错误。

三

邹启虎是个非常机灵的孩子，学习成绩也比较好。可是，不知为什么，他忽然变得无精打采，上课常常神不守舍。学生反映，他每天下午放学也不及时回家，在火车站附近游荡。

一天下午，我递给他一张纸条，上边写道：“请你今天晚上到学校来一趟。”那时，我住校，启虎的家离学校很近。

晚上，他一进我的办公室眼泪便簌簌地落下来。

“于老师，我要有一双象牙筷子就好了。”

"什么意思?"我的心里十分纳闷。

"大人说，如果饭菜里有毒，象牙筷子能试出来。"

"难道你吃的饭菜会有问题?"

"我，又有了个……后妈。"他说到这里眼泪又涌了出来。

我明白了。事先想当然地准备好的教育、开导他的话，一句也用不上。启虎的父亲是鞋厂的工人，母亲几年前就去世了，一个哥哥在外地当兵，父子二人相依为命。

我说："这好啊！这就像个家了。后妈也不都像人们说的那么坏。只要你尊重她，听她的话，她也会关心你的。"

第二天晚上，我便到启虎家去了。我把他一家三口都夸了一遍，说家里有女的才像个家，又说："你们都认识'安'字，宝盖头代表房子，代表家，家里有女的才能安！"直说得三人都笑了，我才告辞。

从此，只要启虎有点进步，我便及时告诉他的父母，或口头，或写个小纸条。

启虎渐渐地又恢复了以前的活泼与天真。

一天，我在他的作文本里，夹了这样一张纸条："我真为你的进步而高兴!"

我不口头说，因为"口说无凭"；我不口头说，因为说留不下痕迹；我不口头说，因为说没有写下来有品头。说不定，这张纸条他能保存好几天呢。至于纸条上写的话，肯定会在他心里保存得更久更久。

四

学生们反映：小秋和小芳几天没搭腔了。

她俩住同院，本来好得像一个人似的，怎么不说话了呢？一了解，原来两家大人闹矛盾了，小芳的妈妈不准小芳和小秋来往。这才是"城门失火，殃及池鱼"哩！谁跟谁的事！

同在一个班，同住一个院，抬头不见低头见，不说话多别扭！

小秋扁桃体发炎，已经两天没上课了。下午放学后，我发现小芳在做值日，灵机一动，有了主意。我立即到办公室给小芳写了一张纸条："请你今天晚上到小秋家去一趟，告诉小秋的妈妈，我写的一篇报道小秋照顾盲人的稿子，报社准备用。但有一件事还得进一步落实，我明天抽空到她家去一趟。并告诉小秋，安心养病。"

我把纸条交给值日组长，嘱他做完值日出了校门口以后面交小芳。一再强调，不能早交，必须出了校门之后。

当晚，小秋的妈妈便到学校找我了——那时我住校。

"于老师，小秋这孩子让您操心了。"

"什么风把您吹来了！小秋病好了吗？"

"小芳到我家来了，说您明天要到我家来。您这么忙，哪能让您跑呀！"

于是，她用母亲那惯有的谈论子女的兴奋，滔滔不绝地向我介绍小秋照顾一位盲人的事。我专注地听着，尽管这已经是第二次了。其实，她何尝知道我的"醉翁之意"呢？

第二天，我向小芳致谢——感谢她到小秋家为我捎口信。

"还谢呢！"小芳说，"差一点没去成！"

"为什么？"

"开始妈妈不让我去。一看您写的纸条，才允许我去的。她还担心我说不清楚，让我先把纸条里的意思说给她听听呢！"

一张小小的纸条，居然有这么大的魔力。我想，内中的原因人人都可以揣摩出来。对于心理学家来说，当然就更不在话下了。

不过，写纸条并不是我的创造，我是从马卡连柯的《教育诗》中学来的。

堵截与疏导

一

一天，校长送给我一位学生，说是“慕名而来”。我从头到脚将该生打量了一下。当着校长的面儿，对一起来的家长说：“恕我直言，您的孩子我不能收。”

“这……”家长愣住了，正在递香烟的手顿时像凝固了似的，停在“半道”上。学生低下了头。

我没等家长反应过来，接着说：“您的孩子调皮得很。”

家长满脸堆笑：“是的，是调皮，是调皮。”

凝固了的胳膊动起来，一支香烟送到了我面前。

“谢谢，我不会抽烟。——您的孩子好打架。”

“这……对，和同学打过架。”他划火柴的手又凝固了，“正因为孩子不好，才请您管教管教、调理调理的。”

办公室的老师们都来为家长说好话。我沉吟了半晌，才点头同意将他收下。

当家长带着他的儿子放心地走了之后，办公室的老师连同校长纷纷说：“老于，你这家伙太不顾情面！你看你把家长和学生弄的，像个小二似的。”

一位青年教师问：“于老师，您怎么知道这孩子好打架？您是不是了解他？”

我说：“你没看到他脸上横一道竖一道的疤痕吗？”

这位青年教师长长地“噢”了一声。

其实，我并不是不收他，那不是连校长也得罪了吗？我不过是学诸葛亮的法儿，先“堵”他一下罢了。

《三国演义》讲了这么一个故事：关羽率本部五百校刀手攻打长沙。魏延因对长沙太守韩玄不满，将他杀死，引百姓出城，投拜关羽。谁知诸葛亮不但不褒奖魏延，反而命令刀斧手将他斩首，说他脑后有“反骨”。幸亏刘备讲情，才免一死。魏延怎么会比别人多长一块骨头呢？只不过诸葛亮通过此事看到了魏延的本质罢了。所谓“看他的过去，就知道他的现在；看他的现在，就知道他的将来”就是这个意思。诸葛亮有这个本事，这叫有预见性。预见到了，给他“堵截”一下，打个预防针。这一“针”非同小可，管了几十年，直到孔明去世。

新转来的这位同学当然不是魏延，不过爱打架，或者说经常打架是千真万确的。我第一句话“严正”宣布不收他，正是给他个“当头棒喝”。不如此，不足以振聋发聩，不足以在他面前立起一道具有威慑力的“墙”。后来，这个学生不但彻底改变了打架的毛病，而且成了一位上进心很强、学习成绩拔尖的学生。原因固然是多方面的，但不能不说与我开始的“堵截”有关系。

春天过去是夏天；河水暴涨会成灾；学生受挫会自馁；取得成绩会自满……一句话，事物的发展变化都是有规律的，而规律是可以认识、可以掌握的。掌握了事物的发展规律，就可以把握事物发展的总趋势，预见会出现的问题，未雨绸缪，把工作做到前边去，及时采取必要的措施，进行堵截，防患于未然。

二

水总是要流的。堵，只能让它不再流向我们所不愿意的方向。要使它流向我们所希望的方向，最重要的是疏导。在教育中，“堵”是很容易的，只需说一声“不能那样做”就行了。说到底，校规校纪，也只是起到了

“堵”的作用。只堵不行，有时候堵并不起作用。教育的艺术是疏导的艺术。有经验的老师发现有学生上课不注意听讲，并不指名道姓地批评，而是表扬那些专心听讲的人。这时你会发现，正忙活着干别的事的学生会立刻一本正经坐起来，两眼望着你。如果这时你再给他一个信任、鼓励的眼神，他至少可以安静几分钟。

这就是疏导，或者称它为“引导”。

引导的方法很多，主要是正面引导。上面讲的例子即是。

三

把小学生当成小孩子看待就大错特错了。记得陶行知说过，谁要把小孩当小孩看，自己就不如小孩。他们和大人同享一片蓝天。可以说，他们的天地是大人天地的雏形。

一个偶然的机会我听到了下面的一段对话：

“哼，于老师偏向。小娅凭什么当‘三好学生’？她比你差多了！”

“你说错了。小娅比我强。人家学习好，什么都不争。上学期她没评上‘三好学生’，只是笑笑。这学期我投了她一票。像这样的学生哪个老师不喜欢？”

孩子们面对荣誉、地位，不也有争有让，有的看得很重，有的看得很淡吗？他们背地里不也说长道短吗？

如何对待荣誉、地位？这是人生的一个课题，从小就要引导。

当再次评“三好生”时，我极力宣传那位说“小娅比我强”的名叫卓薇的学生淡泊名利的高尚思想境界，宣传人有自知之明的可贵。

小卓就生活在学生们中间，她的所作所为就像一幅淡雅的、赏心悦目的画平展在大家面前。我只不过是位解说员，一位看得比学生清楚、透彻的解说员，在为学生剖析、解说。没有娓娓动听的辞藻——真正美的东西无须装饰——但很动情。

身边的榜样有着更大的感化力量。

四

我教过一个叫曹闯的学生，长得虎头虎脑，留着小平头，头发短短的、直直的，见到他的头，就容易使人想起疏散、齐刷刷的毛刷子。他一刻也不闲着，再冷的天，头上也渗着汗珠，冒着热气。一个“闯”字活画出了他的个性特点。从一年级起，每天都有小朋友到办公室“告”他的状。不是把小同学撞倒，就是把别人的文具盒哗啦一声碰在地上。

他一个人坐一张桌子，即使这样，他也能搅得四邻不安。有时，我真想找根绳子，一头拴在他的耳朵上，一头攥在我手里，时时拽拽，给他提个醒儿。

三年级时的一天下午放学不久，我正在改作业，他像一头小狮子突然“闯”进办公室，嘴里喘着粗气，头上冒着热气。

“于老师，给！”

“什么？”

“您看看！”

我接过来一个只有书本那么大的小人造革包，打开一看，里面有 7 元多钱，还有一些单据之类的东西。哦，是一只钱包。

“在哪儿拾到的？”

“在我妈妈商店门口的汽车站。”

“是人民商场门口的一路汽车站？”

“是的。”

第二天，我把这事简单地对全班同学讲了。全班同学以小记者的身份采访了他。

“曹闯同学，当时只有你一个人吗？”

“曹闯同学，你为什么不在那儿等失主呀？”

“请问，这事你妈知道吗？”

……

小闯忙不迭地回答小记者们连珠炮似的提问，额上渗出了依稀可见的小汗珠。

大家感动了。我建议把这件事写下来，送到广播室广播。

“我能多写几件事吗?”有人问。

“你还想写什么?”

这位学生一连讲了两件鲜为人知的事。同学之间了解得到底比老师多。没想到小闯还有那么多值得写的事哩！大家之所以捐弃前嫌，深情地回忆起来，之所以产生表达的愿望，这与他拾钱包而进行的采访所形成的一种高尚的、令人动情的气氛分不开。还是古人说得对，“情动而辞发”。于是，我出了个作文题：《曹闯同学二三事》。这节课他成了全班同学赞扬、学习的对象。

他腼腆了，忽然变得像个小姑娘似的。虽然头上还有汗，但不冒热气了。

校长在晨会上表扬了他，广播站广播了他拾金不昧的事迹。他的名字飘扬在校园上空。

“正面”既包括为大家示之以范的先进模范人物，也包括一个人自身“正面”的东西。实践证明，以学生自身正面的东西来克服其反面的（或者说消极方面的）东西，效果更好，更容易达到扬清激浊的目的。

那次“采访”成了曹闯的转折点。由于后来我对他的每一点进步都不失时机地予以肯定，他变了。所有授课老师都说，他由一匹放荡不羁的小野马，变成了一匹懂事的小马。

五

要相信书的力量。

欧阳修认为：“立身以立学为先，立学以读书为本。”

刘向说：“书犹药也，善读之可以医愚。”

英国的卡莱尔称书籍是“当代真正的大学”。

美国的惠普尔把书籍比作“屹立在时间的汪洋大海中的灯塔”。

总之，读书能够“开心明目”，而且“利于行”。

中华民族几千年的文明史留下了多少足以使我们自豪的文化积淀！联合国教科文组织把清版《三字经》列为“世界儿童道德教育丛书”之一。被誉为小百科全书的《三字经》教育了一代又一代人，我从小就受到了它的熏陶，它是我做人、治学的良师。

我让我的学生一字一字地背诵，一字一字地领悟。

一天，我到战松家里去。他爸爸对我说：“战松现在可懂事了，每天晚上给奶奶打洗脚水，倒洗脚水。他奶奶说：‘孙子，奶奶现在能动，不用麻烦你。’战松说：‘奶奶，《三字经》上说，“香九龄，能温席”，我都 11 岁了，还不该孝顺孝顺您吗？小时候，您疼我；长大了，我该疼您了。’几句话，说得奶奶直流泪。”

如果把学生比作幼苗，那么，背的《三字经》等名篇佳作，学的岳飞的《满江红》等诗词歌赋，就是被埋进幼苗根部的具有巨大后劲的基肥。它们对孩子的影响将是终生的。

一位老师曾经对我说过这样一段话：他的父亲是读《钢铁是怎样炼成的》《静静的顿河》长大的，喝的是“洋奶”；我是读大批判文章、听样板戏长大的，喝的是“阶级斗争奶”。我的孩子应喝什么奶长大？理所当然应喝母亲的奶——中华民族传统文化——长大。“洋奶”有营养，但不能取代母乳。

引导学生读书，是另一种意义的疏导。

他山石

一

那些智商很高，可就是不知努力、不肯用功的学生最可气。我教过一位姓翟的女孩，是出了名的拖拉作业的角儿。个别谈话、在大庭广众之下严厉批评都无济于事。

一天下午，我让学生回家仿照《海滨小城》描写小城街道那一段的写法，写写校门口的那条路。我怕她不写，还专门问她有没有困难。她点点头说："没困难。"看她的头点得那么实在，我没再说什么。

"做完了吗？"第二天早上，我问她。

"没有。"她望着我，两眸明澈如水，目光坦白诚实。

我半天没说出话来。

她笨吗？不笨。有困难吗？没有。家务事多吗？不多。她是独生女，父母要她做的家务事儿几乎没有。

课堂上，我细心地观察了一下她写作业的情况，发现她极不专心，任何一点动静——比如有人的文具盒响了一下——都能使她写字的手停工。等她看清楚了，弄明白了，才慢慢地"复工"。那动作比电视中的慢镜头还要慢。

"喜欢看电视吗？"我问她。

"喜欢。"

"爸爸、妈妈也喜欢吗？"

“也喜欢，天天看。”

“不影响你学习吗?”

“不影响，我在自己的房间里。”

我明白了。这时，我不由得想起了我在一家教育刊物上读的一篇《让学生当邮差》的文章。写这篇文章的老师为了教育一位聪颖却又不爱学习的学生，经常给家长写信。信，大都当着学生的面写，即使学生不在跟前，也不封口。家长写的回信同样由孩子传递。这个办法很有效，使这位学生有了很大转变。我决定拿这个法儿试一试。

当天下午，我给小翟的家长写了一封信，是当着她的面写的。大意是：您的孩子很聪明，理解力很强，但是写作业时好分心。请您为孩子创造一个安静的环境。

措辞委婉，通情达理。

奏效！一连几天，小翟没有拖拉家庭作业。

于是，我又写了一封信。大意是：谢谢您的合作。您的孩子作业完成得很出色。请您注意：如果您的孩子每天晚上在1小时内还没完成作业，便立刻让她停止。那说明老师布置的作业多了。

“不多!”第二天小翟说，“昨天晚上我用50分钟就把作业写完了，妈妈给看的表。”

我一检查，不但完成了，而且字迹也工整。她的本来就明亮的眼睛更清澈，更有光彩了。

其实，这封信与其说是写给家长看的，不如说是写给小翟看的。

教育不是万能的，但彻底失败的毕竟是少数。动动脑筋，多数问题总可以找到解决的办法。自己的脑筋不够用还有别人的。古人说：他山之石，可以攻玉。

二

一把钥匙开一把锁。

有人抬杠：列车员的钥匙是万能的。他故意不提列车上的所有锁都是一样的这个事实。

倘若所有的学生都是一个样儿，就像列车上的锁那样，那么教育就省事了，就犯不着去伤脑筋了。

问题就在这里：学生千差万别。

同样是悟性很强但不爱学习的小东，我叫他当了一回邮差却毫无反响，就像马蜂蛰石头。后来我见到了他的爸爸。满嘴酒气，语无伦次。得！像这样一天到晚醉醺醺的，别说老师写的信，就是皇上下的圣旨，他也不会当回事的。

“五一”节前夕，我布置的写日记的家庭作业他又没有完成。

“从今以后，我布置的任何作文你都不要写了！”我大发雷霆。他害怕了。其他同学也惊住了，大气不敢喘。

从那以后，我不向他布置任何有关写作方面的作业，也就是说，凡是作文，都不允许他写。

一天，从果园回来，我让大家写一则日记。他向我恳求：“于老师，让我写吧！请相信我，给我一次机会。”

他可怜巴巴地望着我，两道本来扬起的眉毛，现在变成了个“八”字。

“不准写。”我冷冷地说，“我只相信你不愿意写作文。”

第二天，一位同学偷偷地告诉我：“小东写了，但不敢交给您。”我无任何表示。

在班上，我非常动情地表扬这次日记写得好的人，特别表扬了原来不如小东现在却大有进步的人。——老师说谁的作文好，还不是一句话的事？

小东一脸不是滋味的样子。

又过了几天，我才松了口——同意他写。我觉得火候到了。他很高兴。我望着他兴奋的脸，忽然想起马卡连柯教育一个爱偷东西的孩子的事。当那个孩子很痛心地向马卡连柯承认错误并表示一定悔过自新的时候，马卡连柯却连连摇头，说：“你呀，改不了的，还得偷，还会有第二次、第三次。”后来，那位学生果然旧病复发。马卡连柯说：“怎么样？还会有第三次的。”但是，再没有发生第三次。

想到这里，我对小东说：“我答应你写，是因为你要求很迫切。说真的，对你的话我并不完全相信。我敢肯定，你今后还会拖拉的。”

“再也不了！”

我笑着，不以为然：“还会的，而且不止一次。”

话是这样说，内心还是希望他从此幡然悔悟，永不再犯的。我小心翼翼地数着：一天，两天，三天……每过一天，担心就减少一分，放心就加大一点。

还是马卡连柯有预见性。当我数到第四个星期的时候，他的一篇作文（我记得很清楚，那是一篇写读书笔记的作文）又没按时完成。

“为什么没写完？是不是有特殊原因？”

“……”他无言以对。

“怎么样？我说对了吧？”

他垂着头，一声不吭。他的诚实是没说的。

“你已经一个月没拖拉作业了，对你来说，真是破天荒的。但是你到底是个没有毅力的人。我觉得，这回拖拉作业也不会是你的最后一次。”

他低头走了，没有像前一次那样向我发誓。但拖拉作业的事从此再也没有发生，直到小学毕业。

“他山石”，自然包括外国的。

锁，只要不是锈得一塌糊涂，总是能找到打开它的钥匙的。

三

我正讲着课，一位同学举手说：“于老师，李凤鸣偷看课外书。”

李凤鸣是从外校转来的一名男同学，作文成绩平平。我几次在他的作文本上写“请读课外书”，但他就是不听。他的家长说，他回到家只知道顽皮，很难坐得住。我想，现在他怎么居然由不爱看书到入迷了呢？我走到他跟前，并没有任何责备的意思，说：“能让我看看你读的什么书吗？我为你知道看课外书而高兴，这正是我所希望于你的。有一位名人说过，上课偷看课外书的人往往有出息。”

他笑了，把书递了过来。原来是本厚厚的《烈火金刚》。

“一定是你的一位亲戚借给你的。”

“是的。”

原来，不久前，他的一位当老师的亲戚见了我，我把凤鸣不爱读书的事告诉了他。他说：“这事包在我身上。你知道我是怎么让学生爱读书的吗？我专借故事情节紧张曲折的书给他们看，久而久之，就会着迷。”

李凤鸣果真手不释卷，而且都是大部头的。他的作文水平也有了明显的提高。

又是一块亮闪闪的“他山石”！从此，再碰到不喜欢读书的学生，我便使用这个方法——动员家长为他买有故事情节的书、有趣的书，不但要读童话书，高年级也可以让学生啃长篇小说，不管他懂多少。

“他山之石”比比皆是。

既然它能“攻玉”，我们为什么不用？

一面认识自己的镜子

一

学生快要毕业，或一个学期即将结束，我都要求学生给我写一封信，请他们和老师说说悄悄话，包括对我的看法和希望。每接一个新班不久，我还喜欢出个《新班主任印象记》之类的题目让学生写。起初，让学生写信多半是从“考试”这个角度考虑的——不把写信的要领和格式夯实，让每个人牢牢掌握住，万一毕业考试要学生写信，学生考砸锅的同时，岂不也砸了自己的牌子？至于写“印象记”之类，则纯粹是为了看看学生的观察力如何，别无他意。而且，我这个人比较大度，允许学生写我的不足之处。后来，我发现学生给我写的信（尤其是毕业班学生写的）和关于写我的作文，就像我给他们写的评语，它使我窥到了学生心目中的我，成了认识自己的一面镜子，于是，我把这种做法坚持了下来。

二

在学生的眼里，我是个“慈善家”。

徐晴在《于老师的笑》这篇作文里这样写道：

我们喜欢于老师，喜欢于老师的笑。他的笑能带走我们的一切忧愁、烦恼与害怕，带给我们无穷的欢乐。

一天，上作文课，于老师那双藏在眼镜儿后面的眼睛从四十双眼睛里发现了一双溜了号的眼睛。他不动声色，来到那位同学面前，并没有瞪起眼睛，拉长脸，还是毫不吝啬地把笑露了出来，亲切地问："杜飞，你的心是不是飞到花果山，向美猴王要桃子吃去了？"尽管声音很低，但是同学们还是听到了，教室里发出一阵笑声。杜飞低着头，脸羞得像个红苹果。他立刻把身子挺直，把手放好。

在我看来，于老师是个最大的慈善家。他总是慷慨地把笑送给别人。我们在于老师的眼皮下，可以无拘无束地笑，绝不会挨训斥。

王莎在《于老师》这篇作文里记了这么一件事：

一天，下着雪。课间，操场上一片欢声笑语，有的堆雪人，有的打雪仗。雪球砸进脖子里也不嫌凉；摔倒了也不怨地滑，而怨自己的脚不听使唤。于老师笑着说："这真是孩子的世界！"话音刚落，从一侧飞来一个雪球，正好砸在于老师的后脑勺上。于老师摸了摸那比别人凸起的后脑勺，说："这叫飞来的横祸。"有一个同学说："幸亏于老师的后脑勺凸起，要不，别人就成了于老师的替身了。"于老师听了，哈哈大笑，我们也跟着大笑。

于老师是我们中的一员。他是那么慈祥，又是那么活泼、那么开朗。

几乎所有的学生给我写的"评语"中都有"慈祥"、"和蔼"的字眼。张婕毕业前夕在给我的信中写道：

您在我的心目中，不但是一位好老师，而且是一位好的大朋友。您亲切、和蔼。我第一次上您的课的时候，就不怕您，一点也不怕。我永生也不会忘记您这位思想活跃、开阔，性格活泼的大朋友的。

在这封信里，张婕给我提了一条建议："我只希望您今后对同学稍微严一点。"担任过班长的尚立斌在给我的信中也提了这样的意见。他说："不久就要与您分别了，我感到万分留恋。我作为一名学生，向您提出一点建议，希望您以后对学生严一点，慈不掌兵嘛。我想，您这位宽宏大量的人，一定会接受的。”

读了他俩的信，我不由地掩卷沉思起来。孩子们多了不起！小小年纪便懂辩证法！辩证法从来是讲两点，不讲一点的。只讲宽，不讲严，是不符合辩证法的。

张婕写信不久，悄悄地对我说：“于老师，您知道背后我们每个人是什么样的吗？有人可坏了！”

一个“当面”，一个“背后”，又是一个两点论！

至于怎么个“坏”法，她没说。不过，小孩子的“坏”的概念和大人是不一样的。我把张婕说的这句话，理解为她为什么要我对学生“严一点”的注释，理解为她要我全面了解学生的建议——虽然她没直说，或者压根儿她就没有这个意思。

三

学生们给我下的“评语”中还有这两个字：幽默。

下面四段话，是我分别从张宁宁、李姗姗、丁翊和李晓春的作文中抄下来的。

> 一个星期四的上午，写作文时，我的同桌、外号叫“孙猴子”的胡文涛又耍起了“金箍棒”——铅笔，搞得我们周围“鸡犬不宁”。这时，于老师走到我们桌前，说：“孙悟空大闹凌霄宝殿了，连我这个‘玉皇大帝’也奈何不得了。宁宁，你一定得让他‘宁’静下来，不然，房屋要倒塌了。”
>
> 当时，我想：“于老师您真幽默，我怎么能克制住这个‘猴子’呢？”
>
> “宁宁，我对你说的话，一定要记住呀，你当他的克星没问题。你嘛，两个‘宁’字，以静克动，能不胜他？”

这时，我瞥了胡文涛一眼，他正一本正经地埋头写作文呢！

——张宁宁

这是上三年级的事。

星期四，我们敬爱的老朋友——于老师给我们上作文课。还没讲多久，看见房栋在玩铅笔，便说："房栋，你怎么叫个房栋！叫房栋不动也行，可又真动！唉，你改名叫'房不动'就好了。"

同学们听了，哄堂大笑；于老师也笑了起来。

房栋呢，却不动了。

——李姗姗

于老师指导完作文，忽然发现新大陆似的对我说："丁翊，你是怎么了，怎么两块玻璃片也架到了你的鼻梁上去了？"

我抬起头，望着他的笑脸，逗笑似的说："对，对！经过六年的努力，我终于和您有了相同之处，加入了由您率领的眼镜大军了！"

"嗬！那我和你之间就是司令和士兵的关系了，我的命令如山倒，对吧？"

"对，我是您的兵，您的话我百依百顺。"我笑着说。

于老师止住了笑说："好，既是这样，那我命令你，立刻写出一篇好文章来！"

"是！"我低头写起作文来，心情特别地舒畅，心里的话就像泉水一样哗哗地流淌出来。

——丁翊

我正专心地写作文，忽然觉得有什么东西砸在了我的胳膊上。我抬头一看，没什么呀！我再扭头向右一看，房栋在向我做鬼脸，原来是他拿透明胶带抽我，我有点生气了。他满脸堆笑地向我道歉："对不起，我不是故意的。"

"我才不相信你的鬼话呢！"说着，我隔着庄妍打了房栋一下。谁知，我的举动被于老师发现了，他走过来，笑着问："晓春，你拍谁身上的土呀?”我慢慢地站起来，说明了原因。

于老师笑着让我坐下，然后一本正经地说：“下课后继续拍，房栋身上的确够脏的了。”

我瞟了瞟房栋，他比我还羞。

——李晓春

我读了这些“评语”，自然是如坐春风。因为，我的幽默得到了学生的肯定。作为一个老师，我还追求什么呢?

这就满足了。

四

表扬和鼓励更是学生难以忘怀的。哪怕只是一句话，一个动作，一个眼神儿。

见了老师就脸红的张瑶在《于老师的眼睛》这篇作文里，记载了这样一件事情：

有一回，于老师提出了一个问题，要大家回答。他走到我跟前，伸出大手说：“张瑶，请你说说。”我一紧张，竟不知怎么回答了。我胆怯地望着于老师，他的眼睛里放射出慈祥的光芒，像在对我说：“大胆地说吧，我相信你一定会成功。”可是我还没想出来。于老师又把问题重复了一遍，脸上依旧带着微笑；他的眼睛又仿佛在说话：“怎么了？平时你可不是这样呀。”

经过于老师那双会说话的眼睛的鼓励，我终于正确地回答出来了。于老师长长地出了一口气，大手一挥，说：“完全正确!”

从此，我又多了一份自信，多了一份勇气。

张瑶写的，只是我期待的、鼓励的眼神，但她记住了，并坚定了学习的信心，增长了发言的勇气。

石颖在给我的信里，写了这么一段话：

您常说："石颖的作文写得不错，好好干！"每听一次，我的信心就增加一分。我由原来讨厌作文，到喜欢作文；由写得不好，到写得比较好，全是您鼓励的结果。于老师，我长大了，争取当一名记者，不，一定！……

石颖写的只是我说的一句鼓励的话，但她记住了，并对作文产生兴趣，乃至萌发了长大想当记者的愿望。

郑蕾在一封信里写的一句话，却使我陷入了沉思。她写道："我常常想，我要是能写出一篇作文，让您在班里读读，该多好哇！"

我把这句话当成她对我的委婉的批评。没读的，岂止她一个人！班级里被遗忘的角落多着哪！它从一个侧面告诉我，每个人都渴望表扬与鼓励。

张轶楠写的作文虽然经常受到我的表扬，但她在信里提了这样一条建议："您每次评讲作文时，总是代替我们读。您知道吗？这样只会起到鼓励作用，却不能锻炼我们的口才。今后能不能让我们自己读，并让我们也参加评论呢？"

读完这段话我就想，她是在给我上教学法课啊！而且，她讲的，绝不比我师范学校的老师差。

五

学生们给我写的信，还有写的关于我的作文，我保存了一部分。有的信纸已经黄了，有的已经皱得很厉害了。我读书、写作累了的时候，要么看看报纸，听听京戏；要么把学生写给我的信、作文拿出来读读，把和学生在一起拍的照片拿出来看一看。每次看到学生的信、作文和照片，就会产生一种说不出来的情感。说是幸福吧，其中又有一丝离别的思念；说是欣慰吧，其中又有一丝时光流逝的伤感。但是，我主要是把学生写的信和有关我的作文当成他们对我写的评语来读的。无论什么时候，它的确是一面认识自己的镜子。读这些“评语”时，我完全把自己当成了学生，而且是一个虚心的、善于思考的学生；不仅如此，还是一个读过之后能在工作中将优点发扬光大、将缺点加以克服的学生。因为我给学生写评语，就是希望他们读了之后，能发扬优点，克服缺点。

这是不是也叫“率先垂范”？

“幼吾幼，以及人之幼”

一

俗话说：“有儿方知报母恩。”的确，自己不经历生儿育女的艰辛过程，是体会不出父母的恩泽的。我想，孟郊写“谁言寸草心，报得三春晖”的时候，一定是有了孩子的；仅仅因为看到母亲为他远行缝补衣服，无论如何也不会认识得这么深刻。

当我得知儿子因为学习成绩下降而遭到老师的冷眼和体罚时，我的心被震撼了。我甚至下意识地想，这位老师也应该有个笨儿子或傻闺女！不然，他体会不出受到老师歧视的所谓“差生”的可怜。他们形单影只，从老师身边走过时，甚至不敢看老师一眼。下课了，别人在操场上跑呀、跳呀，他们却依在树干上或教室门旁，漠然地看。

我爱学生，对所谓“差生”从未歧视过。但我更加体恤、关照他们，是在我儿子被老师冷落了之后。

我深深地记住了孟子的话：“老吾老，以及人之老；幼吾幼，以及人之幼。”

我又加了一个字：“幼吾愚幼，以及人之愚幼。”

有儿方知父母恩；有了“差”孩子，才知疼“差”生。

是的，“漂亮的孩子人人喜欢，而爱难看的孩子才是真正的爱”（赞可夫语）。

二

祖庆涛是个留级生，长得胖乎乎的。学生们瞧不起留级生，管他们叫“留级鬼儿”。这个外号似乎是全国性的——我在昆明官渡区上课，一个小朋友读书一字一顿的，费了好大的劲，才读完了要求读的那一节。下课后，一位小朋友凑近我的耳朵说：“老师，他是留级鬼儿！”

上课，祖庆涛木然地坐着；课间，独自坐在位子上，呆呆地望着天花板，不和任何人讲话。

不行，我得让他挺起胸来。

于是安排了这样一节作文课：一开始，我请做了准备的庆涛的同桌向大家介绍这位新同学。先把外貌特征说了说，又介绍了庆涛怎样乐于助人——主动借给他橡皮，为他拾起掉在地上的东西等。接着，我请其他同学向庆涛介绍一下自己，并说一句欢迎的话。课堂上的气氛很活跃。有的说：“庆涛同学，欢迎你到我们班！我愿意和你交朋友！”有的说：“庆涛同学，如果有需要我的地方，请提出来。”

也许是激动，也许是没有在这种场合下讲过话，也许是真的嘴笨，最后，庆涛好不容易挤出这样一句话：“我，我也愿意和大家做朋友。”

我随即出了这样一个作文题：《我们的新同学——祖庆涛》，要求将这位新同学的长相、穿戴和同位介绍的事写下来。

就这样，一下子把庆涛和同学们的距离拉近了。

老师喜欢谁，学生们往往亲近谁；老师看得起“差生”，学生们就不冷待他们。反之，亦然。对学生有亲有疏，是当老师的大忌。

三

对像祖庆涛这样的学生的学习成绩期望值不能过高。硬要他们考一百分，就等于要求小指长得和中指一样长。这是不现实的。如果十个手指头都一般长，那就不叫手了。经过努力，差距可以缩小，但不可能消灭。

“于老师，怎么能让俺小涛的学习成绩上去呢?”庆涛的妈妈哪次见到我，哪次这样问，一脸的焦虑，一脸的企盼。在她看来，特级教师一定有高招，有灵丹妙药。

“你是营业员，庆涛的爸爸干无线电，我是小学教师，你看——”我指着远处正向门口走去的传达室的王师傅，“他是工友，工农商学兵，组成了一个社会。社会需要各种人才。文化成绩只是一个方面，把文化成绩的高低作为衡量学生优劣的唯一标准是不对的。孩子只要尽力了，能学到什么程度就学到什么程度。尺有所短，寸有所长。不少学习成绩不怎么好的学生，到了社会上却很有出息，说不定小涛以后还能作出一番事业呢!”

家长笑了，焦虑的阴云顿时从脸上消散了。

接着，我给她讲了一位美国总统的母亲的故事：一天，一位记者对一位美国总统的母亲说：“你呀，真了不起！因为你有一位了不起的儿子!”这位母亲说：“我还有一位同样了不起的儿子，他现在正在地里挖土豆。”

讲到这里，家长更乐了。

三百六十行，行行都要有人干；三百六十行，行行出状元。树立了正确的人才观，我们就会感到，每个学生都是一个“人”，就会把他当成“人”来培养。树立了正确的学生观和人才观，在教学中，我就不会——确切说是没有——搞“一刀切”，让所有的学生都去够同一高度的桃子。一刀切，用一把尺子去量全班学生，切出来、量出来的只能是失败和沮丧。庆涛的作文只要是一丝不苟地写，没有多大毛病，哪怕只有一拃来长，也照样得高分，照样在班里宣读。如果是比赛，也照样得到一份奖品。做到“没有大毛病”很容易——写草稿时，走到他跟前“如此这般”耳语一番即可。

让“差生”挺起胸膛，除了尊重他的人格，还要让他们不断体验成功的愉悦，尤其是学习方面的。

四

期中考试成绩一公布，张维维便哭了——数学只考了五十多分。经过努力，她已经一年多没出现不及格的情况了。

“哭，也好，也不好。”我说，“说它好，是说明你对自己不满意；说它不好，是因为它不能给你带来信心和勇气。让我看看试卷好吗?”

她取出卷子，我认真看了看做错的题。还没等我开口，她说开了：第四题看错了运算符号；第五题竖式对了，横式抄错了数……只有做错的两道应用题只字未提，看来，她现在还不会。

我说：“如果四、五两题不错，不就及格了！这次找出了毛病，就意味着下次的成功！要养成仔细审题、做后逐题检查的好习惯。好习惯的养成要从平时做起。我坚信下次你能考好。”

对于因为战败而哭泣的士兵，给予他的应该是鼓励，而不应该是指责。

后来，我见到了她的家长，重复了我上述的话。——也应当使家长有信心。

期末，她的数学考了78分！

我说：“下次能不能让‘7’和‘8’调换个位置?”

她莞尔一笑。

爱学生，要爱在他们碰到困难、受到挫折的时候，爱在他们感到沮丧、伤心的时候，爱在他们取得进步、沉浸在喜悦之中的时候。一句话，爱在他们需要爱的时候。

五

刘希隆的作文又潦草了，不但潦草，且“偷工减料”——当中省略了一部分。草稿上明明写着的，誊写时却“扔”了！

我终于按捺不住，狠狠地把他训斥了一顿。教室里鸦雀无声。偶尔发一次脾气具有震慑力量，教育作用也大，就像人们偶尔听到一声霹雳就特别惊骇，偶尔打一针、吃一剂药的作用就特别明显一样。但是，经常电闪雷鸣地发作，一旦学生产生了“抗药性”，也不会有好效果。而且，太严厉，会扼杀学生的个性，会使学生变得冷漠，甚至残忍。

从此，他轻易不敢马虎。好习惯的形成似乎都是由强迫开始的。严厉，也是爱的一种表达形式。可以想象得出孟母断机的情景：她见孟子逃学回家，把织布的梭子砸了，把织好的布剪断了，是绝对不会面带笑容的。

一连两天，刘希隆都不敢正眼看我。这不是好现象。我得找个机会夸他几句。他写字时，我走到他跟前。字是一笔一笔地写的，于是我举起了他的写字本对全班同学说："看刘希隆的字写得多工整，一丝不苟！"放下本子，我较重地拍了一下他的肩。让这较重的一拍，传递老师的爱意与宽容，拉近由于我两天前的训斥而疏远的距离，消除由于训斥而产生的隔阂。严格要求和耐心说服是相辅相成的两个方面，辩证法从来都是讲两面，不是讲一面的。

我教过一个叫刘书田的学生，他有个把大拇指放在嘴里漱的坏习惯。六年级我接班的第一天，他父亲就恳求我将他这个坏习惯纠正过来，并说"可以采取一切手段"，言外之意可以施以拳脚。"政策"有了，但作为老师的却总觉得不好使用。可是，一个多月的耳提面命奏效甚微。有则外国谚语说："人是习惯的奴隶。"确实如此。改掉一个坏习惯比养成一个好习惯难得多。

一天，写大字时他又不由得将左手的拇指送到嘴里。我走到他跟前一看，大字本子像大花脸，放在嘴里的拇指上还沾着墨汁，把嘴角都染黑了。我一巴掌将其左手的拇指从嘴里打了出来。

他惊恐地望着我。由他的目光，可以想象得出我怒不可遏的神情。

过了几天，我对他说："对不起，我那一巴掌打重了。"

"比俺爸爸的轻多了！嘿嘿……"他眨巴着机灵的大眼睛，"不过，您这一下，比俺爸爸打五十下还管用呢！"

"真的？那好，我索性再打几下，把你的毛病彻底矫治好算了。"说完，我扬起了右手。

他做了个鬼脸，跑开了。

心中藏着爱和善意，耐心说服也罢，电闪雷鸣发作也罢，指指戳戳训斥也罢，都是爱的自然流露。

日本心理学家松达哉说："和孩子进行亲密交流，训斥就会收到好的效果，给孩子的人格以好的影响，即使训过了头，也会取得孩子们的谅解。"

这就是为什么我对刘书田有"过火"行为，他却依然围着我转的原因吧。

是不是可以这样说，学生是否围着老师转是鉴别老师爱的试金石？

六

我经常这样对老师们说："热爱所谓的差生吧！我想，大家都会有这种感觉，毕业之后见了老师老远就打招呼的，多数是他们；老师有困难伸出援助之手的，多数是他们；逢年过节进老师家门槛最多的，还是他们。"

老师频频颔首。

忍耐·宽容

一

花朵是色彩斑斓的，学生是五彩缤纷的。

一年秋季，我接了一个五年级的班。前任班主任告诉我，这个班部队子女多，不好教。“不好教”怎么能和“部队子女”画等号？莫非部队子女带有火药味？

果然，第一节课，我一跨进教室，班长韩江平刚喊“起立”，站在第一排的一位黑脸男孩便嘭的一声站起来，右手朝前上方一举的同时，吼了一声“哈依”！

全班震惊。幸亏我有“不好教”的思想准备，否则，准被吓住。

有位站在后边的大个儿想笑，又急忙掩口，因为他的目光碰到了我的目光。此时，我已经学会了用眼睛说话。学生们直勾勾地望着我，统统是等着我这位新班主任电闪雷鸣大发作的目光。我忍了一会儿，后退一步天地宽，为什么要让学生们牵着走呢？我很快把冲到脑门儿的火压了下去，毕竟过了而立之年了。

我送给全班同学一个笑，很坦然，很真诚。笑，使学生，也使我自己轻松了。我示意其他学生坐下，微笑着走到这位黑黝黝、个子不高的学生跟前：“你是从哪儿来的？”

他不安起来，感到手足无措。这时，主动权完全在我手里了。

“说你是德国留学生吧，可嘴里说的是日语；说你是日本留学生吧，你举右手的动作又像德国法西斯的军礼。你到底是从哪国来的?”

班里发出一阵笑声。他更不安了，干笑了一下。我郑重地说：“我很喜欢你，真的。你敢当着全班同学的面这样做，证明你是相当有勇气的。”

我想问他姓甚名谁，家住何处，但又觉得不妥，这样一问，他对我的笑和说的话肯定会产生怀疑，于是把到了嘴边的话咽了下去。我拍拍他的宽宽的肩，请他坐下。

从此，他再也没有在班里搞恶作剧。因为他有军人的气质，我“封”他为“班长助理”——做操、放学时负责整队。“正史”上没有“班长助理”这个官儿，正如“弼马温”正史上找不到一样。能找到的，我怎么好封呢?

他很卖力，工作很顶真。我到他家去过两次。他在部队工作的爸爸非常客气，对我说了许多感谢的话。

二

一天，隔壁班的班主任陈老师对我说：“你班的一位学生和我班的几个淘气鬼中午到校后，把笤帚放到半掩的门上。一位女学生推门进教室，笤帚像有红外线制导似的，不偏不倚，正好砸在她的头上。”

“谁?”

“那位班长助理呗!”

这位同事真会幽默，但我很平静。因为我早就做好了他犯第二个、第三个错误的思想准备。对孩子的教育企图“毕其功于一役”是不可能的。人不是机器，就是机器还有出毛病、不听话的时候呢。

我先找这位被砸的女学生，问明了情况，并向她道歉，说这事我有责任。

这事被我班的学生知道了，矛头一致对准了“助理”：“你好意思，要老师替你承认错误!”

他主动找我来了，怯生生的，眼皮也不敢抬，当初大吼“哈依”的勇气荡然无存。

我什么也没有说，重重地拍了拍他宽宽的肩。

后来，这位学生随军转学到东北去了。他参加工作后曾给我来过一封信。信中说：

> ……我永远忘不了您对我的宽容。您没有把我看死，盯死。您的宽容使我懂得了怎样做人。要知道，在您以前，没有一个老师喜欢我，我一动，他们就瞪眼、发火，斥责，我自然也不喜欢他们，甚至怀有敌意……

字如其人，见字如面。看到他的宽大而不拘谨的字体，我便想到了他的模样：圆脸，大眼睛，黝黑的皮肤，宽宽的肩膀。个儿不高，全身却透着一种豪气。他，叫崔世成。

赞可夫说得对："教师这门职业要求于一个人的东西很多，其中一条要求自制。在你叫喊以前，先忍耐几秒钟，想一下：你是教师。这样会帮助你压抑一下当时就要发作的脾气，转而心平气和地跟你的学生谈话。"

发脾气很容易，忍耐却很难。虽然，只需要几秒钟。

三

说老实话，老师时时刻刻都有被学生推到愤怒边缘的危险。

我获得特级教师的殊荣之后，一所学校聘我为该校的"萌芽文学社"的作文辅导员，每星期两节课。

文学社的学生们确实很有文学味，善于想象，富有感情，而且有悟性。他们来自各个班，都是好苗苗。

一天，我和往常一样，随着上课的铃声走进教室。只听后面有人说："什么'特级'，原来是个'四眼'。"

出言不逊，骂我的。不知什么时候，也不知道什么人给戴眼镜的人送了"四眼"的雅号。我寻声望去，此人面生。不消说，是刚来的。他高高的个儿，胖胖的身材，脖子跟脸的直径好像差不了多少。

又是一个愣头青。我怎么老是碰上这样的角儿！显然，他又想考验考验我的耐性和涵养了。

没等我作出反应，其他学生发话了：

“你怎么骂老师!”

“你是哪个班的?”

还有一位学生扬言要把这位胖子的脸“拍扁”。

听！威胁人，都带有文学味。

人人“见义勇为”。那场面叫我好生感动。大概这些爱好文学的孩子都属于心理学上所说的“胆汁质”类型的人，热情，爽快，易兴奋，易冲动，而又直率。

开始时，胖子满脸的不屑。后来见腹背受敌，稍微有点紧张。

这时，我心软了，急忙“救驾”：“安静，请大家安静！我感谢大家为维护老师的面子而‘仗义执言’……”

“不是面子，是尊严，老师的尊严!”一个学生站起来纠正我的说法。——文学少年的词儿多。

“谢谢!”我接着说，“不过，这位新来的同学只是说话不得体，观察力还是很强的，一下子便抓住了我的特点。”

全班同学睁大了眼睛，直直地望着我。

忍耐是第一步。我不但能忍耐几秒钟，而且能忍耐几分钟，但是，更重要的是宽容。宽容才能创造出一种和谐的、轻松的、愉快的氛围。

我望着每个人，坦诚地面带微笑。希望每个人，包括小胖子，都能融在这宽容形成的氛围之中，希望我的微笑能成为加快融化速度的催化剂。此时，我的脑子里突然萌生了一个念头，决定改变我原定的作文训练计划。

“同学们，”我像平时拉家常一样说，“我们相处快两个月了，不知大家对我的印象如何?”

大家七嘴八舌议论开了。

“猜猜看，我有多大年纪？看谁最有眼力?”当议论处于低谷时，我撂出了这个问题。

议论的波澜又起。

“再估计估计我有多高？实事求是，我不怕别人说我是个二等残废。”

一阵笑声过后，又是一阵近乎乱哄哄的议论。

火候到了。我随手在黑板上写出一个作文题目：《于老师印象记》。

“写起来有困难吗？”

“没有！”全班一个声音。

我走到胖子跟前，问：“你刚来，觉得有内容可写吗？”

他急忙站起来，态度非常好地说：“有。”

“有，是一方面。愿意写吗？”

“愿意。”

我拍了拍他的后脑勺，请他坐下。他不也很懂事吗？很懂规矩吗？我想，在这样的集体中，在由于老师的容忍、豁达、调侃而形成的这种和谐的气氛中，你允许他放肆也放肆不起来，就像我们进了北京的人民大会堂而不好意思随地吐痰一样。

四

一年春天，我在北京见到了学生魏亚军。他在北京大学读完研究生后，任职于中国民航总局。师生边用餐，边饶有兴味地回首往事。

“于老师，您还记得我和刘扬偷黄瓜的事吗？”

“依稀记得。是不是爬大卡车偷的？”

“是的。”魏亚军笑了，说，“一天中午，我和刘扬发现院子里停的一辆军用卡车里面装满了黄瓜，见四下无人，便爬上去偷吃。谁知刘扬向您‘自首’了。”

说完，放声大笑。

我纠正说：“不是‘自首’，是人家‘斗私批修’斗出来的。——那年头不是兴‘斗私批修’吗？结果，拔出萝卜带出泥，把你也说出来了。”

魏亚军接着说："我知道以后，心里很害怕，想，这下您准得狠狠地训斥我一顿。可是，一天过去了，两天过去了，您就是不找我谈话。而我又没有刘扬的勇气，去主动向您承认错误。也就第三四天吧，您找我了，对着我的耳朵，悄悄地问：'偷来的黄瓜好吃吗？'我听了之后，真是无地自容，比挨打挨骂还难受。"

我说："这叫'冷处理'。冷静一下再处理，往往会宽容得多，效果也会好一些。当然，'冷处理'的前提是忍耐。"

亚军举起酒杯说："这就是经验！我敬老师一杯！"

第四辑

站在巨人的肩膀上

我和其他老师相比，并没有什么迥然不同之处。我之所以在教学上有所作为，就是我不傻。我善于博采众长。各门各派，兼收并蓄。既不闭关锁国，又不夜郎自大。一言以蔽之：我敏于发现“巨人”，并马上爬到其肩膀之上，直直地站立起来。

站在巨人的肩膀上

一

牛顿有句名言："如果说我所见的比笛卡尔要远一点，那是因为我是站在巨人的肩膀上的缘故。"

只有傻瓜制造蒸汽机还从观察烧开水开始，而不去吸收瓦特及前人的成果。

我和其他老师相比，并没有什么迥然不同之处。我之所以在教学上有所作为，就是我不傻。我善于博采众长。各门各派，兼收并蓄。既不闭关锁国，又不夜郎自大。一言以蔽之：我敏于发现"巨人"，并马上爬到其肩膀之上，直直地站立起来。不只是巨人，只要在某一方面比我略高一筹的，哪怕一个生字的处理有独到之处，我都要学。

"敏于发现别人之长"的关键并不在于一个"敏"字，关键要具备一个"虚"字和一个"诚"字。要虚心，要有诚心。少了一个"虚"字，缺了一个"诚"字，就很难发现别人的长处，就很难将别人的优点学到手。即便发现，也会采取不屑一顾的态度。

少"虚"缺"诚"，是学习的大敌、做人的大敌。

二

我的古诗《草》的教学颇受广大教师的好评。我国著名语文教育专家李伯棠教授极为赞赏，欣然挥毫写下了《寓庄于谐，妙趣横生，教得轻松，学得愉快》的评论文章。他称我的这节古诗教学是“古诗教学园地中一朵奇葩”（见 1987 年第 10 期《小学教学》）。见诸报刊的专家评论文章竟有五六篇之多。后来这节课拍成电视，在中国教育电视台多次播出。

其实，这节课我吸收了著名特级教师袁浩先生的许多长处，是“站在巨人的肩膀之上”，才“看得远一点”的。

“站”是什么意思？第一是“学”，将“巨人”的长处学到手；第二是发展、创新。鹦鹉学舌不叫“站”，“活剥王昌龄，生吞郭正一”更不叫“站”，尽管王昌龄、郭正一是“巨人”。最重要的是在学习、继承的基础上加以发展。

李伯棠教授最为欣赏的地方，恰恰是我的创新之处。现将李教授说我“把课堂教学戏剧化了”的最后“复习”部分的教学，实录如下：

师：小朋友，回到家里，谁愿意把新学的古诗《草》背给妈妈听？（生纷纷举手，师找一名学生到前面来）好，现在我当你妈妈，你背给我听听好吗？想想到家里该怎么说。

生：妈妈，我今天学了一首古诗，背给你听听好吗？

师：好！（生背）

师：我的女儿真能，老师刚教完就会背了。（众笑）

师：谁愿意回家背给哥哥听？（师指一名学生到前面来）现在我当你哥哥，你该怎么说？

生：哥哥，我背首古诗给你听听好吗？

师：哪一首？

生：《草》。

师：弟弟，这首诗我也学过。它是唐朝大诗人李白写的！

生：哥哥，你记错了，是白居易写的！

师：反正都有个“白”字。（众笑）我先背给你听听：离离原上草，一岁一枯荣。野火……野火烧……烧不尽……哎，最后一句是什么？

生：春风吹又生！

师：还是弟弟的记性好，谢谢你。（众笑）

师：谁愿意背给奶奶听？（指一生到前面）现在，我当你奶奶。你奶奶没有文化，耳朵有点聋，请你注意。

生：奶奶，我背首古诗给您听好吗？

师：好。背什么古诗？

生：背《草》。

师：草？那么多花儿不写，为什么写草哇？

生：因为草有一种顽强的精神，野火把它的叶子烧死了，可是第二年春天，又长出了新芽！

师：哦，我明白了。你背吧。（生背）"离离原上草"是什么意思？我怎么听不懂？

生：这句是说，草原上的草长得很茂盛。

师：还有什么"一岁一窟窿"？（众笑）

生：不是！是"一岁一枯荣"。枯，就是叶子黄了，干枯了；荣，就是茂盛。

师：后面两句我听懂了。看俺孙女多有能耐！小小年纪就会背古诗。奶奶像你这么大的时候，哪有钱上学呀？（众笑）

什么叫创造，什么叫有新意，从中可见一斑。

三

我有好多课，如《高大的背影》《曼谷的小象》等的教学思路、处理方法倒不是听了一些成功的课受到启发而琢磨出来的，恰恰相反，我是听了一些不太理想的课产生的。对于我来说，这些执教的老师是先行者。我看他们"过河"，使我知道了水的深浅，水的流速，水底的平坦与坎坷；记住了他们没顶的地方，看清了他们踉跄的方位，默想着我蹚这条“河”时应该怎么样……我的不少好的教学方法、好的主意就产生在这听课的一刹那。

《月光曲》里有这样一段话：“有一年秋天，贝多芬去各地旅行演出，来到莱茵河边的一个小镇上。一天晚上，他在幽静的小路上散步，听到断断续续的钢琴声从一间茅屋里传出来，弹的正是他的曲子。”其中“幽静”一词，词典里的解释是：“幽雅寂静。”我听过三位老师上这一课。三位执教者都是原封不动地将词典里的解释抄在黑板上。把一个好端端的、非常有意境的词给讲死了。我坐在教室后面为之扼腕的同时，思索着处理的办法。我觉得此词只可意会……

课堂上，我请学生们细细读这一段课文，边读边想象当时的情境。学生读时，我在一旁轻声提示：“请注意两个‘小’字——贝多芬是在一个‘小’镇的一条‘小’路上散步；请注意这是一个秋天的有月光的夜晚；请注意贝多芬听到的是断断续续的钢琴声……这样一种环境，这样一种静，就叫幽静……”

学生们读得深沉而静谧，让人明显地感觉到“幽静”所表达的意境。显而易见，他们已经意会出了它的难以用语言描述清楚的意思。试想，如果不是一座小镇而是一座繁华的城市，如果不是一条小路而是一条大路，如果不是一个有月光的夜晚而是一个伸手不见五指的夜晚，能用“幽静”这个词来形容吗？“幽静”一词在这里的内涵用下定义的方法是难以说清楚的。下定义不但使这个词失去了神韵和特定的丰富的内涵，也使通过朗读、通过想象意会词语的意思的训练化为乌有。

中央教科所著名语文教学专家张田若先生听了我上的这一课，对我这个词的处理方法赞叹不已。

先行者吃了“一堑”，我跟着长了“一智”。这是我与众人不同之处，也是我在教学上之所以能够取得成功的原因之一。

科学家搞科学实验从来没有一次就搞成功的，但每失败一次都离成功近了一步。从这个角度讲，吃了“一堑”的先行者们也是巨人，站在他们的肩膀上，同样也能“看得远一点”。

四

最应该而且最值得站的，是理论家这些巨人们的肩膀。站在他们的肩膀上，将使我们看得更远。

20 世纪 80 年代初，一位有两个儿子上高中的邻居请我写住房申请报告，这件事引起了我对传统作文教学的反思。孩子上了十来年的学，却不会写申请报告，岂非咄咄怪事？教育是干什么的？教育不就是传递有关生存的、生活的，对自然的、对社会的一切经验，从而谋求提高与发展吗？狩猎，教弯弓射箭；耕种，教握锄掌犁……为什么社会生活中需要的写作技能和本领反而不传授了呢？我开始考虑作文教学如何面向社会生活需要的问题。

恰恰这时，中央教科所语文教学专家潘自由先生提出了“言语交际表达训练”的理论。理论家的理论开阔了我的眼界。在潘老师的具体指导下，我殚精竭虑地进行了探索。在实践中，又不断地完善了潘老师的理论。经过多年锲而不舍的努力，终于摸索出了一条作文教学的新路子，自成一派，并在全国产生了广泛的影响。华中师范大学杨再隋、雷实教授给予了我极高的评价。周一贯先生认为“言语交际表达训练”这项实验“代表了当代作文的主要走向”。

有了理论家的指导，我感到如鱼得水、如虎添翼。

五

1995 年 4 月 9 日上午，南京大行宫礼堂。

江苏省教委副主任周德藩，全国著名教育家斯霞、王兰，以及来自全省的一千多名老师在听我执教《马背上的小红军》。

代表们用热烈的掌声为我的课作出了评价。

斯霞老师握着我的手，连声说：“上得好，上得好！令人耳目一新！”

王兰老师说：“你的课就像一杯龙井茶，看似平淡，其味儿无穷。”

掌声，是代表们的无字的评价；“令人耳目一新”，是代表们的有字的评价。

我想，“新”就新在我体现了省教委颁发的关于“改革和加强中小学语文教学，大面积提高语文教学质量”的22号文件精神。一句话，体现了周德藩“语文姓语”的思想。

现在已经证明，历史将进一步证明，周德藩主任提出的“语文姓语”是一个划时代的科学论断。

语文课要强化语言文字训练，已成为大家的共识。语文教学不能再左右摇摆了。

朱作仁教授在给我的一封信中说：“希望尽量把语文课上得朴实些；要给学生以大量的读写活动时间。切忌一问一答到底。可否把提问降低到最低限度？节约出时间让学生做读写活动，发挥他们的潜能。”

于是我照着做了，把提问降到了最低限度，把语文课上成了“君子动口又动手”的读写实践课。于是，大家便觉得“耳目一新”。——如此而已。

我曾聆听华中师范大学杨再隋教授关于语文教学的论述。一次，他在南京听了《美丽的丹顶鹤》后说：“语文教学就要重视感悟，让学生自己读书，在读中感悟课文的思想感情。大凡讲给学生的、灌输给学生的，都很难留下什么痕迹。听完课，一位老师问我，‘高雅’这个词不讲能行吗？我说，行。因为这个词讲不清，即使讲清了，二年级的孩子也记不住。学生大了，会懂的。就像‘含情脉脉’这个词，等学生知道含情脉脉了，就知道什么是‘含情脉脉’了。”

听的人都笑了。

从此，我在语文教学中，更注重一个“读”字、一个“悟”字，再也不为一些说不清、道不明的词语而发愁了。

理论不能束之高阁，有作为的教学离不开理论的指导。

不站在理论家这些巨人的肩膀上，所得所见，就会极其有限。

而我，作为一个工作在一线的特级教师，最大的与众不同之处，是能把理论转化为“生产力”——把所得所思转化为课堂教学行为，并取得良好的教学效果。

目中有人

一

每次走到教室门口，耳畔便响起徐州京剧团高老师指导我演《沙家浜》“智斗”一场戏时说的话：“上了场，要有精、气、神，眼里要有观众。”每次开教室门的感觉，和演《沙家浜》挑开舞台上场门的幕帘的感觉一样，立刻会精神抖擞，即使肚子疼，也会全然不知。

我的目光会在瞬间将学生环视一遍，我会让坐在左右两侧的学生都感觉到我眼里有他们。我对学生的聚精会神会立刻作出表示——或微笑，或颔首。对个别思想不集中，或者随便讲话的人，我会立即作出反应。我要求每个学生都记住这样一句话：老师讲课时，你的眼睛如果不看老师，我将认为你是个不专心的人，没有礼貌的人。

“看陆慧娟多么精神！”我说。

我表扬陆慧娟还有一个目的，想提醒她的同桌沈勇。上课好一会儿了，沈勇的心还没收回来，还在摆弄他的文具。果然，陆慧娟为之一振的同时，沈勇也好像被人击了一掌似的，立刻放下文具，端坐“成佛”。我立刻送给他一个满意的表示——点头。

有时，我说得比这明显：“你看，沈勇的同桌陆慧娟听得多专心！”我为什么把沈勇也带上？其他学生不知道，沈勇心里却明白，他会立即把身子挺直，两眼一眨不眨地看着我。这是“敲山震虎”一词的反用。

“我请你思想集中一下，不要心猿意马。”如果个别学习、听讲不专心的学生的目光就是不和我的警示的目光相碰，我会立即这样提醒他，也会发出这样的警告："你是不是想考验一下老师的忍耐性?"

有一天，我听一位青年教师的课。下课后，我用四个字做了概括："目中无人。"我说："你讲课，很少离开讲桌，老是看教案，第四排有两个学生动手打起来了，你都没发现。可以断定，平时你上课，班级纪律不会太好。"

这位老师并不为我的"单刀直入"而介意，仍然频频点头。

我继续说："原因很简单，因为你'目中无人'。小学教师走进课堂，要'目中有人'。教案应烂熟于心，将百分之八十的思想集中在学生身上。对个别不守纪律的人视而不见，对个别学生随便讲话充耳不闻，不及时制止，他们便得寸进尺，而且势态会很快扩大，直至难以控制，最后，老师不得不借大发雷霆、罚站，甚至把学生轰出教室等措施来维持纪律。要学会嘴、眼、耳'协同作战'，嘴里讲着课，眼睛观察学生的表现，耳朵听学生的动静。讲课时，要把目光调离教案。侧身倾听一个学生的发言时，眼睛要观察别的学生的举动——因为当老师专心听某一个学生发言时，个别人常常会趁机做小动作。进了课堂，要机敏、果断、利落，不但处置问题要利落，说话也要利落。"

接着我讲了这么一个例子。一天上作文课，魏家福一连三次找同桌尹淑华说话，尹不但没和他搭腔，还友善地提醒他注意听讲。我立即停止指导，郑重地说："我要好好表扬尹淑华，同位三次找她讲话，她都没理。我也要表扬魏家福，他终于虚心接受了同桌的意见，现在认真听课了。"全班肃然。"全班注意——"我接着说（讲到重要处，我一定提醒全班学生注意)，见每个人都注视着我了，我一字一顿地强调，"这次写《阎窝参观记》，一要把看到的、听到的，按顺序写下来，二要适当地写一写自己的联想。你看到了当年日本侵略者杀害中国人民的场所，你看到了芦苇荡，一定会想到当年的情景的。记住：文章因有联想而生动，因有联想而感人，因有联想而丰富多彩。——请写吧。"我之所以戛然而止，因为魏家福的表现也给我传递了这样一个信息——老师讲得多了。如果还要长篇大论地说下去，那也叫“目中无人”，一定还会出现第二个、第三个魏家福。

最后，我对这位青年教师说：“听了你的课，使我想到了年轻时的我。”

这时，他的脸上才露出一丝笑意，一点轻松。

人人都不是一生下来就会走的。

二

学生都知道我有这么一个特点，课堂上，有时我会突然停止讲课，让学生说说刚才我讲的什么，或者让他们读课文的某一部分。他们也知道，我喊的往往是思想开小差的人，或者是昏昏欲睡的人。我这一“军”，十有八九会把他们“将”死，使他们陷入十分尴尬的境地。一般情况下，我不会令他们太难堪，会马上示意让他们坐下。因为我的目的只不过是想提醒他们注意听讲，或者把他们的瞌睡虫赶跑罢了。发现学生乏了、困了，就让他们说说、读读，这也是一种很好的调控手段。

我很赞赏低年级老师上课时安排的“课间活动”——课上到大约一半时，让小朋友或唱唱歌，或做做小游戏，或做做由老师自己编排的什么操。这又是一种调控手段。

中高年级就不需要了吗？也需要。一节课40分钟，一个上午坐在教室里听三四节课，八九岁、十一二岁的孩子能不疲劳？眼里光有教案，而没有学生的人，才会置疲倦的学生于不顾，还在那里滔滔不绝地讲。

“全班起立！”一旦我发现学生打哈欠，有的人的头需要用手臂支撑的时候，我便会发出这样的口令。“请先伸个懒腰。伸懒腰好哇！它有利于健康。”学生们便嘻嘻哈哈地举起双臂，痛痛快快地伸个懒腰。“请用双手搓搓脸。搓脸好哇，它可以搓掉睡意和疲劳。”于是，学生们又用力搓脸。“个个像小猫洗脸。”有时我会这样开个玩笑。然后请学生坐下。这样一个过程，前后不过两分钟，但是学生们的精神会为之一振。

三

“刚才读书的时候，谁的后脑勺被老师摸了一下？”我站在讲桌前问，“被摸的人请举手。”

小朋友目光直直地望着我，没有一个举手的。

我用命令的口吻说：“被老师摸了一下的小朋友请站起来！”

小朋友你看看我，我望望你，怯怯地、陆陆续续地站起来。

我表扬说：“这些小朋友刚才读书特别认真，我是从他们的表情上看出来的，从他们的声音中听出来的。我摸一下后脑勺是赞扬的意思、满意的表示。”

十几位站起来的人顿时松了一口气，变得激动起来。这不仅仅是表扬，我的话还给了每个学生这样一个信息——老师时刻注意着他们。

学生们知道我随时都在注意着他们，上课时自然也就不大敢掉以轻心；知道我抚摸他们的后脑勺是赞扬、肯定、满意、喜欢的表示，自然也就以在课堂上能得到我的一下抚摸为荣。

“妈妈，上课的时候，于老师摸了我两次后脑勺。”一天，郑蕾放学回家对妈妈说，“一次是我写作文草稿的时候，一次是我读作文的时候。”

妈妈心不在焉地应了一声。心想，摸后脑勺有什么好说的？

“妈妈，这是老师夸我呢！夸我写得好，夸我读得好。”

女儿加了一句“注释”，这才引起了妈妈的注意，高兴地说：“噢，是这么回事！”

我对郑蕾的妈妈说：“其实不在于什么动作，而在于学生的每一点成功，每一点进步，老师是否能看到，并及时予以肯定。个人价值实现的标准之一，就是得到了别人的承认。这一点，我特别有感触。上学时，老师给我写的哪个毛笔字画了双圈（字写得好，老师便在上面画一个红圈，特别好的，画两个红圈），至今都不忘；对老师写的关于夸我的作文批语，至今都记得，而且仍然激励着我。还有一点，我这样做是让孩子们知道，老师时时刻刻都在关注着他们。”

四

其实，课堂上，我的精力多数是放在那些学习懒惰、拖拉以及有困难的学生身上的。

“我的老家有一句谚语叫‘站一站，二里半’。意思是说，几个人同行，如果谁嫌累，哪怕只是在路边站一站，停一停，就会发现，前边的人已经把他落下了一大截。”一天，我对写作业慢腾腾、写一会儿停一会儿的王思维说：“请你记住这句谚语。”

王思维的笔杆立刻摇动起来。

“还记得我说的那句谚语吗?”过了几天，我又问他。

“记得。——‘站一站，二里半。’”

后来，我只要发现他磨蹭，便用手指轻轻地敲一下他的桌子。

可是，不久，一个星期一的上午，王思维没到校上课。班主任向家长询问原因。家长奇怪地说：“不对呀，他早晨背着书包上学去了呀!”一了解，原来他星期天的家庭作业没做，怕老师批评，逃学了。

“你呀，不是站一站的问题了，而是整整站了一天。”我说。

他低着头，默不作声。

我继续说：“人人都有惰性。这个惰性靠谁去战胜呢？靠自己。谁战胜了惰性，谁就会取得成功。”

话虽然这么说，但我心里是虚的。因为我知道，做事拖拉一辈子的大有人在。但我也相信，经常念叨“站一站，二里半”的谚语，对学生会有作用的，包括王思维。到了六年级下学期，他终于幡然悔改，学习勤奋，以优秀的成绩考入重点中学。

但是，千万不要把手握钢笔、眼睛望着天花板或盯着作业簿出神的学生都当成懒汉。

有一天，李健手扶着脑袋，用嘴吹语文作业簿。一吹，上面的一张纸便掀了起来，用劲大一点，第二、三张也跟着动。一次，两次……我走到跟前，他才发现我。作业簿上写着这样几个字：“造句：即使……也……”。

“你是一面吹，一面想怎样造句，对吗?”

他脸红了，不好意思地看了我一眼。

“即使你半天想不出来，也不去问老师，是吗?”

他一高兴，一会儿便造出了这样一个句子：

“遇到难题，我即使半天想不出来，也不去问别人。”

“再加一句：我相信自己。”我建议。

于是他又写上了“我相信自己”的话。

一次，我见杨绪清坐在座位上发愣。我走过去一看，原来她写作文时走入了“死胡同”。她前边是这样写的：“我家的小狗十分可爱，长长的毛，大大的耳朵，圆眼睛，黑鼻子，宽嘴巴……”下面接不下去了。

我小声对她说：“你呀，是闭着眼睛走路。前边路不通了，是不是?发现走不通了，赶快回头嘛，别死心眼。你把‘毛’、‘耳朵’、‘眼睛’都放到前面去，看看行不行?它头上、身上的毛……怎么样?请你接着说下去。”

“它头上、身上的毛很长……”

“像什么?”

“像头小狮子。”

“再说耳朵。一双耳朵怎么样?”

“一双大耳朵耷拉着，遮住了半个脸。”

“多妙！就这样写。”

她茅塞顿开，埋头写起来。

如果这时对她也念“站一站，二里半”，就委屈她了。这样做，等于在拉着车子撞到东墙上的牛的身上抽鞭子。这时候，她需要的不是指责，而是指点。

教学—— 一门遗憾的艺术

一

师范毕业前夕，教了我们三年的班主任赵维仁老师语重心长地说：“衷心希望同学们在今后的人生旅途上，多说‘我幸亏’，少说‘我不该’。”

倏忽之间，30 多年过去了。

回顾 30 多年的经历，不要说做人方面，单就教学方面，我就不知说了多少“我不该”。几乎每节课都留下了“我不该”的遗憾。

看法、体会和我仿佛的人肯定不少，不然为什么会有“教学—— 一门遗憾的艺术”之说呢？

遗憾，意味着反省，意味着认识的升华，意味着进步与提高。

不过，教学留下的遗憾不同于电影、电视留下的遗憾。电影、电视一旦公开上映，它的败笔所留下的遗憾是不可挽回的。大导演塞西尔·戴·米勒以一丝不苟的工作态度著称，可是他导演的《十诫》却闹了个大笑话。在该片的剪辑和观看样片的过程中，他竟没有发现，在大批犹太人向埃及流亡的镜头里，一个群众演员戴着手表！使这个笑话登峰造极之处还在于：戴手表的群众演员扮演的是一个盲人。而教学的遗憾是可以弥补的，因为还有第二次、第三次、第四次乃至更多次教这一课的机会。每个遗憾都是通向教学自由王国的一个里程碑。

二

用了三课时教完了《画鸡蛋》，学生竟不知道达·芬奇是男是女。一时间，在学校里传为笑谈。

事情是这样的。

段校长听完我教的《画鸡蛋》（这课写的是意大利著名画家达·芬奇小时候画鸡蛋的故事）后，问坐在后排的一个小男孩："请告诉我，达·芬奇是男的，还是女的呀?"

小男孩摇摇头，说："不知道。"

同位的小女孩看了小男孩一眼，用瞧不起的语气说："学了半天还不知道达·芬奇是女的，真笨!"

段校长忍不住哈哈大笑。

这笑声像鞭子抽在我的心上。尽管如此，尽管同事们指责校长提的问题太"刁钻"，但我认为这个问题提得好，发人深省。凡夫俗子是决然想不出来的。

鞭挞虽然叫人疼痛，叫人难堪，叫人遗憾，但收获的却是佩服，是奋进，是成熟。

三

"小朋友，达·芬奇是男的还是女的呀?"我记住了校长的这个绝妙的提问，当我应邀到一所小学再上《画鸡蛋》时，也向小朋友提了出来。

回答竟是惊人的相似！居然也有好几个人说达·芬奇是女的!

不言而喻，名字中的"芬"字和课文插图上的达·芬奇那一头金色卷发是这些小朋友们误认为达·芬奇是女性的原因。这是心理定式的消极影响造成的。对于这些孩子来说，他们缺乏的是细心。

因此，我趁势告诉小朋友："读书最最要紧的是仔细，把每个字都看清楚，看进眼里。请大家再仔细读课文，读得慢一点，看看达·芬奇到底是个男的，还是女的。”

最后的认识统一了——达·芬奇是个男的。因为，课文里写达·芬奇用的都是单人旁的“他”。

一个错误答案，使我长了一个见识——教学时要引导学生仔细地读书。不读书，光哇啦哇啦地讲，哇啦哇啦地分析怎么能行？如今我又用这个错误答案让学生们长了一个见识——读书要字字入目，不可一目十行。

值得。

可是，课后座谈时，老师们在肯定了“达·芬奇是男还是女”这个问题提得好的同时，指出了我板书时把“简单”的“简”的笔顺写错了。“简”字下面的“间”，应当先写“点”，不应当先写“竖”。

又是一个遗憾！可见，人不能忘乎所以。

四

“慎独”最难，也最可贵。

没人听课，也能一丝不苟地教，对于广大老师来说，这是不成问题的。我指的是平时上完课也能回过头来审视自己，从中发现不足，找出点“遗憾”来。我想，这才是高层次的“慎独”。

我曾坚持了较长一段时间写“教后感”——每教完一课，记下成功与不足。

下面是我教《小交通员》后写的“教后记”：

> 这一课我是采用“变序法”教的，即一开始抓住“随机应变”这个词，先讲什么叫“随机应变”，再让学生读书、思考并回答欧阳立安是怎样随机应变的。效果较好，重点很突出。可是，回过头来处理一、二两段时，太不简洁，又把重点淹没了。变来变去，把自己变混了。其实，一、二两段写的是立安之所以能随机应变的基础，即原因。这两段读一读、点一点就行了。

从事教研工作以后，因为多数课是上给老师看的，多少带有示范的性质，所以更是不敢不慎重了，有的课常常试讲多次，才“拿”出去。试讲好几次就说明“后一次”的“前一次”留下了遗憾。

1984年春，为了接待来我市参观的兄弟省市的同行，我准备上《燕子》一课。备好课之后，我独自来到民主路小学的一个班试讲。

问题不少，最大的问题是没讲完。还有学生问我燕子在水面飞行时为什么要“点水”，我一无所知。我暗想，幸亏试讲了一下，如果在大庭广众之下出现了这样的问题，岂不栽了？

于是赶紧修改教案，删去了非重点的第二段，并向生物老师请教燕子点水的原因。

《燕子》一课教学一举成功。来自常州市钟楼区的周阿秀局长当即邀我去常州上课，这是我第一次“冲”出徐州。许多同行为我高兴，说：“于永正的‘燕子’飞到南方去了！”

不过，这节课还是留下了点遗憾。课堂上果然又有个学生问我燕子在水面飞行时为什么点水的问题。因为我“胸中”有“成竹”，所以回答得从容不迫：“燕子在水面上飞行之所以经常用尾尖或翼尖点水，是因为它在吃游到水面上的小鱼小虾时，可以起到缓冲作用，不至于一头扎到水里去。”

话音刚落，一个叫张健的学生站起来说：“于老师，您说的燕子吃小鱼小虾是错误的。我在书上看过，在乡下也观察过，燕子不吃小鱼小虾。它在水面上飞行时，吃的是小飞虫。”

张健同学得到的是一片啧啧赞许声，而我得到的是遗憾。

缺乏知识，缺乏思考，缺乏慎重，得到的只能是遗憾。不过，我通过查询，证明了张健说的是正确的后，到了常州便避免了新的遗憾。

类似的遗憾还有。一次，我到张家港实验小学上《新型玻璃》。“玻”字右边“皮”的笔顺，我一直都是先写“竖撇”，这可能是受草书的影响。而在这以前，没有任何一个人给我指出这是错误的。我在张家港刚板书完课题，马上有位同学说，“皮”字应该先写“横钩”，再写“竖撇”。坐在旁边的一位老师对我说，是应该先写“横钩”。我表示谢意之后，立即把

“玻”字重写一遍。虽然“知过必改”是一种美德，但这次错误毕竟是当着那么多老师的面出现的，所以多少觉得脸面上不好瞧。

后来，我查了《汉字笔顺规范》一书，证实了学生说得对。后悔不该事先没查资料，便贸然行事。从此，我备课的时候，一定把所有的生字以及在黑板上板书的字的笔顺全搞清楚。

五

我还好为别人而遗憾。坐在教室后面听别的老师的课，竟常常为之扼腕。一次，我应邀到徐州市铁路分局第三小学听青年教师韩秀君试讲《狐假虎威》（因为她要到济南参加济南铁路局里的阅读教学比赛）。听到半截，有一个环节处理得不当，我按捺不住，叫了个“暂停”，然后走上讲台取而代之，哇啦哇啦地讲起来……

下课了，小韩大哭起来，说什么也不参加比赛了。我也很后悔，不该如此唐突，让她下不来台。不过，后来她还是去济南了，而且获得了一等奖。

当她捧着获得的一等奖证书来到我家致谢时，当初我叫“暂停”的尴尬，当初对我的怨恨，当初向校长要求打退堂鼓的泪水，都化为乌有。我也不再为我当时的莽撞而感到过意不去。

一次，我听一位老师教巴金的名篇《海上日出》。一位学生问“奇观”是什么意思，老师说就是“奇异的景象”。我小声问坐在我身边的一位学生：“你听懂了吗?”他点点头。我又问：“‘观’在这里是什么意思?”他说：“是看的意思。”

当时我很为这位老师没有抓住这个机会进行训练而遗憾。我想，老师应抓住这个契机，让学生查字典，先看“观”有几种解释，再据词定义，讲“奇观”的意思。（字典里“观”字有三解：一是看，二是景象，三是对事物的看法。“奇观”的“观”显然应做“景象”讲）这样一来，学生不仅知道了“观”字的三个意思，知道这里的“观”字应做何种解释，能力的训练也就含在其中。交给学生一根钓竿，不比交给学生一条鱼更好吗？

发现问题（不管是别人的还是自己的）不能只跺脚，更不能一撇嘴了事。发现问题的一刹那，随之而来的应该是思考，思考怎样解决问题的办法，而不是画上个句号。智慧的火花，往往就是在这时被激发出来的。

六

教学 30 多年来，一个最大的遗憾就是我对学习语文的规律认识得晚了。

如果 30 年前就认识到了学习语文的规律，那么——

我一定摒弃烦琐的内容分析，重视语文的实践活动，让学生多读、多背、多写。

我一定重视古诗文的学习，让学生在学习语言的最佳期背诵一定数量的古诗文。

我一定从低年级起，就让学生练习写作文，由简到繁，由易到难，写他们的所见、所做、所思、所感。

我一定手把手地教孩子写好钢笔字、毛笔字，让他们认真描红、仿影、临帖……

幸亏现在认识了。还不算太晚，因为在我的前面还有一段不算短的路。

有“幸亏”，就有“我不该”，这就是生活的辩证法。只不过有心计的人会使“我不该”出现得少些，并使因业已出现的“我不该”而带来的遗憾向“我幸亏”转化得快些。

教学，还有另一种语言

一个老师上课要使学生愿意听，因素是多方面的。有知识方面的，有语言表达方面的，有授课内容安排技巧方面的，也有师德方面的，等等。这里，我想谈谈伴随语言方面的，这是很重要的但往往又不被人们注意的一个方面。

什么叫伴随语言？伴随语言包括副语言（笑、哭、呻吟、叹息、嗯和啊之类的声音）及身势语言（面部表情、点头、摇头、皱眉、耸肩、手势等动作）。

伴随语言的作用很大。大家知道，列宁的演说是很有魅力、很有号召力和鼓动性的，常常使听众沸腾起来。除了他学识的渊博，观点的正确，内容的深刻，语言的犀利流畅、幽默风趣外，还有一个十分重要的原因，就是他的伴随语言运用得恰到好处——他的丰富生动的面部表情、配合得体的手势动作以及抑扬顿挫的声调等，起了很大作用。人们都有这样的体会：从收音机收听相声或知识讲座不如在电视机里收看效果好。为什么？就是因为收音机无法将说相声或搞讲座的人的身势语言传递给听众。美国语言学家研究证明：人们谈话，35%的内容是靠单纯语言表达，65%是靠伴随语言表达。这两个数据告诉我们，讲话者的伴随语言是多么重要，它的表情达意的作用是多么巨大！还有一份材料说，学生获得信息的总效果等于7%的文字加38%的声音加55%的面部表情。这位研究者则从听者的角度告诉我们伴随语言的重要性。这就是为什么同一内容的讲稿坐着讲不如站着讲、冷冰冰地讲不如笑吟吟地讲、在对材料熟悉的情况下读不如说好的原因所在。

听过我的课的同志说我上课有一定的吸引力，常常引起学生感情上的共鸣，取得了较好的教学效果，其中一个重要的原因，是我能够较恰当地、自然地运用伴随语言。

首先，我很注意面部表情。进了课堂，我努力做到微笑中显热情，严肃中显慈祥，给学生以轻松、愉快、机敏、富有朝气的感觉。我总是让每个学生都感到，我在亲切地注意着他。阅读教学是信息的传递和反馈的过程。教态亲切，课堂气氛轻松，师生关系融洽，老师传递的信息就易为学生接收，记忆也牢固。反之，效果就差。有位教授说过："知识好比种子，教师的亲切态度好比阳光，儿童的愉快心情好比土壤——只有这时的播种，才能使知识的幼苗茁壮成长。"这句话是很有道理的。当然，课堂上学生不可能不出现问题。碰到令人不快的偶发事件，要果断地从速处理。我从不没完没了地训斥学生。一般情况下，我都是以几句诙谐的、婉转的批评代替训斥。这样既能使学生乐于接受，不使事态扩大，又不破坏课堂上的轻松气氛，影响师生的情绪。但是，这并不是说老师就不能对学生进行严厉的批评，不能采取必要的甚至带强制性的教育手段了，只不过不是在课堂上而已。

上面说的，是指一般情况而言。语文老师的课堂表情还要受到课文内容的制约。感情基调低沉的课文，读讲时自然就不应该而且不可能微笑了。

其次，我很注意讲课的姿势和声调，以姿势助说话。讲到重点处加重语气伴之以轻击黑板的动作，激越处声调拔高伴之以挥臂、昂首的动作，难过处声音低沉伴之以痛心疾首的动作，轻松处慢声细语伴之以活泼的眼神和手势……就会产生良好的表达效果。要做到这一点，则必须掌握好教材，领会课文表达的思想感情。我备课首先备"读"——反复地朗读，揣摩文章蕴涵的思想感情。一旦读出"味"来了，读书、讲课的表情、姿势以及音调也就自然显现了。当然姿势和声调要尽量贴切、自然，不然会弄巧成拙。

以上所说，有它的技巧性或者说艺术性的一面，但更重要的是要树立正确的教育思想，要热爱学生，有一定的涵养。不热爱教育事业，不热爱学生，走进课堂怎么能亲切起来呢？没有一定涵养，课堂上一遇到令人不快的事就发火，哪里还有心笑呢？同时，还要摆正教与学的关系，即主导与主体的关系。我上课时力求让学生感到我不过是领着他们学习的大朋友而已，而他们才是学习的主人。

此时无声胜有声

一

那还是20世纪70年代初。一位听过我课的老师大惑不解地问："于老师，学生每次自由朗读课文时，您是怎样让学生戛然而止的呢？您可是连一次'请停下来'也没说呀！"

我笑笑说："不知您注意没有，学生读书的时候我在什么地方？"

"好像都在学生们中间走动。"

"对。学生们读书时，我便在他们中间走动，或了解情况，或解答疑难，或提醒要保持正确的姿势，即使什么也不说，对个别不自觉的学生也会有督促的作用。这样也会使学生产生亲近感。学生快要读完了，或者我认为该停下来的时候，我便快步走向讲台，站在讲桌中间，目光扫视全班学生。这'走、站、扫'三个连续的动作，便是向学生发出的'停止读书'的信号。这三种信息，至少有一种会被大多数学生接收到。即使有个别学生没注意，左右的同学也会提醒他。这样，老师就不必一遍一遍地说'请停下来'了。"

其实，这也是一种语言，叫作体态语言，也有人叫它身势语言的。体态语言包括面部表情和头、手、肩、身的动作、姿势等。有些是自己规定的，如上面说的"走、站、扫"。有些是约定俗成的，如跷起大拇指表示赞许（至少在我们中国如此）。有些似乎是与生俱来的，带有国际性，如愤怒，竖眉瞪眼；羞愧，面红耳赤；小孩向妈妈抗议或表示不满，则坐在地上不起，甚至打滚。

体态既然也是一种语言，我们教育工作者就不能不研究它，并在教学中运用它。

二

兖州矿务局37处职工子弟小学坐落在济宁南部的旷野上，孤零零的。除了西部不远处有几幢工人宿舍，再也没有别的了。这是一所新建的小学。校园里没有草，没有花，几株小树也是栽上没多久的，多数树上只挂着三两片叶子。

这里的校长是我同学的朋友的朋友。他托他的朋友找到我的同学，由我的同学转来了他的邀请信。盛情难却，于是有了济宁之行。

和我同来的特级教师徐善俊先上《草船借箭》，这是他最拿手的课之一。

“学生怎么样?”下课后，我问他。因为光顾备自己的课，没来得及听他上课。

他悄悄地对我说：“注意，要求不要高，点到为止。”意思是叫我“心中要有数”。

果真如此。我提的第一个问题就“卡了壳”。尽管这个问题不能再容易了，但仍旧没有一个举手的。

因为我心中有了数，便耐着性子，重复了一遍：“小朋友，你们看一看，图上画的是谁？他在干什么?”说完，教鞭仍然指着图中的周总理。眼睛扫视了一下，鼓励他们说：“看哪一个小朋友有勇气，第一个举手。”说完，我把左手迅速而有力地高高举起，连身子都侧立起来了。

这一下，带起了两只小手。我心里一高兴，又把刚才的话重复了一遍，再一次有力地举起了左手。举手的学生陡然增加了三倍——有六个小朋友举起了小手！

“可以请人回答了，这就不容易了。”我在心里说。

我请第一个举手的小朋友回答。讲得很对，可惜音量太小，听起来费劲。我身子向前微微一倾，把右侧的耳朵对着他，同时把五指并拢的右手放在耳朵后，以增大耳朵的接收量。这是一副十足的“洗耳恭听”的姿态。

他立刻明白了我的意思，提高嗓门说：“图上画的是周总理，还有小朋友。他们在听老师讲课。”

我为他的声音响亮而鼓掌。全班小朋友都像我一样，也为他拍手。课堂气氛顿时活跃起来。

我的“举手”、“把耳朵对着发言的学生”以及“拍手”，都是体态语言。我有力地举起手，有一种诱导作用，又由于小孩的从众心理强，所以他们也会跟着举手。我不管他会还是不会，先把课堂上“万马齐喑”的局面打破再说。要知道，在公开课上，出现这种局面是很令老师尴尬的。学生在公开课上发言声音小是普遍现象，我听课时常常听到老师们向学生提出“大点声说”的要求。我一般不直说。实践证明，用体态语言表达这样的意思效果更好。而此时的鼓掌，比说一句“说得真好”更显热烈而有分量，更易打破沉闷的局面。

课后，徐善俊心悦诚服地说：“还是你有办法。”

我说：“我是使出了全身解数，口、耳、手、眼，全部用上了，就差下位拽孩子的耳朵了。”

我曾看过齐白石画的一幅国画，上面画了一个葫芦，葫芦上趴着一只蝈蝈。他画的葫芦，只用了两三笔，线条粗犷，力透纸背。看上去，那葫芦像快晒干瘪了似的。趴在葫芦上的蝈蝈则精绘细描，就连那翅膀上致密的脉络都画得一清二楚，就像活的。这一粗一细，给了我很多启示。上课不也应如此吗？大的框架要粗线勾勒，小的细节要细线描画。教学中最能给人留下印象的，往往不是整体构思与设计，而是对细节的处理，是一句机敏的话，一个得体的动作。

三

我有一位同事，善于用眼睛说话。一天，他班的学生做课间操时来迟了（因为数学老师拖了堂）。他不动声色，身子笔直地站在前面，双目直视远方。迟到的学生们像训练有素的士兵，唰唰唰，瞬间便站成了两行。个个像站在前面的老师，收腹挺胸，精神抖擞。

我向他学会了用眼睛说话的本领。

一天，我上作文课，内容是“学古文，编故事”，老师们瞧稀罕，呼啦来了一大帮，教室后面都坐得满满的。我先教学生一篇古文——《凿壁借光》。全文不足80个字，一讲便懂，读三两遍便能记住。懂了之后，我要求学生们将它改写成一篇500字左右的故事。在讲要求的时候，我发现有两名学生在谈话，而且声音很大。要是平时，我只需提醒一句就行了。但今天后面坐了这么多的老师，这样做会使他们难堪。这时，我突然停止讲课。教室里刹那间出现的出奇的静，竟使他们有些慌乱。当他们的目光和我的目光接触到一块的时候，立刻明白了一切，马上坐得端端正正。这时，我又开始了讲课。

老师上课要眼观六路，耳听八方。眼睛老是盯着备课本和课本，是无能的表现；眼睛老是看着天花板和窗户，是胆怯的表现；眼睛老是看着某些学生、某一角落，被忽视的人就会有冷落感，还会给个别不专心听讲、不守纪律的人以可乘之机。

“六路”要观，“八方”要听，但是要“看”有重点，“视”有目标。每接一个新班，我先上“观察”课，看看哪些学生好走神，哪些学生好动，哪些学生肯讲话。我把他们看在眼里，记在心上，作为上课重点注视的对象。

一位家长对我讲了这么一件事。一天，她问上课注意力不集中的儿子：“上于老师的课你表现得怎么样？能专心听讲吗？”儿子回答说：“我听课的时候，于老师好像并不注意我。可是不知为什么，只要我一动，他就会发现。”

他哪里晓得，从教他的第一天起，他的名字就写在我的“特别监视”的“黑名单”上了。

不满、警告、严厉、生气、亲切、鼓励、期待等信息都可以让眼睛快捷便当地告诉学生。

用眼睛说话，可以少费许多口舌，会让人觉得老师沉稳，会使课堂“干净”。批评学生要限时，说的话要限量，尽量不给学生留下背后挖苦、嘲笑的把柄。这是我特别提醒自己的。

有的老师唠唠叨叨，班级管理等却不尽如人意；有的老师——比如我的那位同事——虽然一声不吭，对学生很少发脾气，班级管理得却井井有条。我想，这与他们善于或不善于用眼睛说话有一定关系。

四

“小朋友，狐狸怎样说才能把老虎蒙住？请放下书，看于老师读狐狸说的这一段话。注意：耳朵听老师读的声音，眼睛看老师的表情、动作。”

学生们放下书，饶有兴趣地看着我。

我朗读道：“老天爷派我来管理你们百兽。你吃了我，就是违抗了老天爷的命令。我看你有多大的胆子！”

读“老天爷”时，我把右手向前一指；读“你们百兽”时，右手向眼前的假想的老虎一点；读“我看你有多大的胆子”时，嘴一撇，用鄙视的目光，斜视着假想的站在眼前的老虎。

孩子们乐了。我还没有要求他们读，就手舞足蹈地大声念起来。那声音，毫不夸张地说，比贝多芬的《月光曲》还动听哩！

我指导二年级的学生读古诗《草》时，每句的体态语都做了推敲。读“离离原上草”，我半眯着眼睛作出极力远眺的样子，同时右手掌心向下（覆手）伸向远方，以示草原辽阔、一望无际之意；读“一岁一枯荣”，伸出右手食指点两下，以示“一年”、“一枯荣”之意；读“野火烧不尽”，把手有力地摆动两下，以示草的生命力顽强之意；读“春风吹又生”，右手有力地向上伸直，以示春天小草破土而出，蓬勃向上之意。

这样做，不但有助于学生理解，而且大大激发了学生的朗读兴趣，活跃了课堂气氛。

说话、朗读时的表情、动作等体态语言，和纯语言如影随形，如响随声，自然而然地参与表达，是一个整体。但是，由于人的文化素养不同，性格不同，对课文内容的理解不同，体态语的运用也千差万别。如果说一般人运用体态语言是不自觉的话，那么，作为知道何谓体态语言及其作用而又从事教育工作的我来说，就应当是自觉了。所以我讲话时，特别注意表情和体态；在读课文时总是认真体会文章表达的思想感情，揣摩朗读的语气、声调、眼神、表情、动作，有时对着镜子读。

当然，运用体态语言和运用纯语言一样，也要得体。这里说的“得体”，一要有分寸，二要看对象。如果用上面说的方法指导六年级的学生去朗读古诗《草》，一定会贻笑大方；如果讲《草船借箭》像袁阔成那样眉飞色舞，学生一定会疑心我是个评书演员。

五

“报告。”办公室门外传来一个男孩的声音。他叫孙建军，课间，和邻班的一位男生动起了拳脚。

“请进。”

他低着头，一步一挨地走到我身边。

我起身，搬来一把椅子，放在我的侧面，掌心向上一指说：“请坐。”

他一五一十地讲了事情的经过，承认了自己的错误。

我用手理了理他那蓬乱的头发，然后用手照后脑勺拍了一下，说了两个字：“你呀——”说完，拉着他到了隔壁的教室，向被他打了一下的男孩道歉。

回到办公室，一位年轻的教师对我说：“于老师，看您多么彬彬有礼呀！多有耐心呀！”

“您说的是我说的话吗?”

“还有您的一举一动。”

我告诉这位年轻的老师：“请人进门，请人坐下，手掌心一定要向上，向下就表示不耐烦。批评学生，最好让学生坐在侧面，这样会减少对立情绪，减少畏惧感，使学生感到老师平易近人，易于接受批评。即使一般性谈话，坐在或站在侧面也好，这样使人感到亲近。你看电视里，国家领导人接见外宾时，没有一个是面对面地坐着的，不要小看了体态语，作为一个老师要好好研究它。”

“看来，我们年轻人太粗枝大叶了。”

“不，这是普遍现象。所以许多人，包括我自己，要不断地学习，活到老，学到老。”

六

“苹果展览”室里传出一阵阵解说声：“老师们，这是红星苹果。为什么叫它红星苹果呢?请看它的萼洼。它的萼洼里有五个棱，看上去像一颗五角星……”

声音清脆悦耳，自然流畅。

这是我班的“认识苹果”作文活动的最后一个部分——举办苹果展览。所有讲解员都是我班的学生。

走出展览室的老师们纷纷夸赞道：“于老师，您班的学生真行，口齿清晰，落落大方，彬彬有礼。”

前一批出来了，后一批又进去了。

“欢迎老师们到我们这儿参观苹果展览。”站在展室入口的刘蓓面带微笑说，“请进。”说“请进”的同时，伸出右手，掌心向上，向室内一指。

老师们参观完了，站在展室出口的徐敏双手交叉，置于腹部，笑着对老师们说：“请老师们对我们的展览提出宝贵意见。老师们请走好。”

客人进屋，微抬右手，掌心向上，向室内一指，表示诚挚、热情。高了不行，高了表示欢畅、赞扬；低了更不行，低了是表示无可奈何。参观的人要离开，双手自抚腹部表示恳切、谦虚。高了也不行，抚胸表示反躬自问。这些体态语言都是严格训练出来的。学生们清晰流畅的口头语言配以得体的体态语言是这次展览取得良好效果，并且获得老师们高度赞扬的根本原因。

这种“尽在不言中”的无声语言的育人功能，我想也是不言而喻的，只不过像它本身那样，是无声的罢了。

老师，也是一本教科书

一

有位朋友问我："你当了特级教师之后，最大的感受是什么?"

我说："最大的感受，觉得我应当是个'人'了。"

朋友嘴一撇说："别开玩笑了，不评为特级教师，也是个人。"

我告诉朋友，我说的这个"人"，是加了引号的。确切点说，我是一本书—— 一本封面上写着一个大大的"人"字的教科书。

我发现，当学生们得知我是特级教师以后，他们那一双双明澈的、求知的、探索的眼睛看我比看语文课本还专注。是的，学生们用稚嫩的小手轻轻地翻开语文书的第一页的同时，不也就翻开了"我"这本书的第一页了吗?

我，作为一名特级教师，应该成为一本好的关于"人"的书。

一方面，我要不断地为自己写上新的内容；一方面，要不断修改过去已经写的那一部分。

二

一本书捧在手里，人们首先评价的不是它的内容，因为内容须看过之后才能下结论。首先评论的是什么？是它的装帧。同样，老师这本书出现在学生们面前，学生们首先品评的也是老师这本书的"装帧"——即老师的仪表，老师的气质，老师的精神状态。

五官、身材是爹妈给的，即使有对不住学生的地方，也没有办法，改变不了。但是，不胡子邋遢、不蓬头垢面、不衣冠不整、不面带沮丧、不唉声叹气地出现在学生们中间，我是能做到的。

“同学们，孔子说：‘登峄山而小鲁，登泰山而小天下。’我们这次攀登峄山，使我们领略了齐鲁大地的秀美风光，看到了山东大地的巨大变化。这次峄山之行，给我们留下了多少美好的回忆！那奇特的石，那深邃的洞，那叮咚作响的泉……”

这是我带学生从峄山回来后上的作文课的开场白。我动情的描述，立刻点燃了学生记忆的火花，人人都兴奋起来。

“情动而辞发”。学生们打开了回忆的闸门，把在峄山的所见、所闻、所思流于笔端，形诸文字。

“写五彩石形象逼真，写狗爬洞生动有趣，写断机石联想丰富……”我读了部分作文草稿夸赞道。

一位外校来听我的课的老师下课后，从后排走到讲台前对我说：“以前，总以为眉飞色舞是夸张，没想到还真有这么回事。看你在课堂上的那个兴奋劲儿，真是眉飞色舞，神采飞扬。”

我笑笑，说：“那是因为峄山美，学生写的文章美。”

放学前，这位老师有事找我。可是，当她得知我请假到医院去看昨天生病住院的妻子后，惊呆了。她喃喃地说：“怎么从于老师身上一点也看不出来呢？他上作文课是那么轻松，谈笑风生！”

为什么要让学生看出自己不好的心绪呢？进了课堂，我的身份只有一个：老师。这时的我，应该是一泓清水、一股春风、一盆炭火。

三

每学年开学，我们经常听到大人与孩子、孩子与孩子之间这样的问话：“喂，你的老师教得好吗？”

“教得好”与“教得不好”是朴素的，也是高度概括的评价老师的语言。

我希望学生读了我这本书的第一页就能在天头上批上“教得好”三个字，所以我备课从来不马虎。我这样要求自己：每节课都能让学生得到点什么，都能留下美好的回忆；每节课都争取得到学生的“教得好”的评语，就像学生每次交给我的作业也希望得到我写的一个“优”字一样。

“小朋友，我国南边有一个友好邻邦——泰国。泰国的首都叫曼谷。”说到这里，我随手将“曼谷”二字写在黑板上面，接着说道，“曼谷是一座终年百花盛开、景色迷人的城市。它是世界上名字最长的城市，汉字译音全名是‘共台甫马哈那坤奔他哇劳狄希阿由他亚马哈底陆浦欧叨辣塔尼布黎隆乌冬帕拉查尼玛哈酒坦’。”

我憋足一口气，念完了40个字。学生们咯咯地笑起来。为了把这40个字念流畅，我练了不知多少遍。因不懂泰语，也不知在哪儿停顿，只是念。

“什么意思呢?”我解释说，“就是说，曼谷是个神仙城、伟大的城、玉佛的住处、坚不可摧的城、被赠予九块宝石的世界大都会、幸福的城。这个名字实在太长，泰国人叫它‘共台甫’，外国人则管它叫‘曼谷’。有一天，中国记者代表团到曼谷访问，遇到了一点麻烦，结果被一头小象给解围了。”

说到这里，我在“曼谷”后面写上“的小象”三个字。然后说：“咱们今天就学习《曼谷的小象》这一课。请打开书，看看中国记者遇到了什么困难，小象是怎样帮助解决的。”

这是我教三年级《曼谷的小象》一课的导语。虽然稍长了些，但我斟酌再三，没舍得将它去掉。实践证明，它激发了学生读书的兴趣，同时也为理解这篇课文奠定了一定的基础。

“导语”的一个“导”字，道出了它的分量与作用。好的导语之所以令人难忘，是因为它的确起到了“导”的作用。

我每次提笔写教案的时候，笔尖常常在“导语”二字后面停留很长时间。备《曼谷的小象》时，我忽然想到我剪下来的关于曼谷名字趣闻的剪报，于是翻了出来，把它抄下来，作为导语。

当然，正如写文章一样，虽说开头很重要，但毕竟不是重点，要尽量简洁。

《壁虎》一课写得精美绝伦。第二段写的是壁虎的外形，真是栩栩如生。“这一段写了壁虎外形的哪几个方面？每个方面有什么特点？”我请学生们带着这个问题读第二段。读书之后，学生们依次说，我依次在黑板上画。学生们说完了最后一部分——尾巴，我的板画也完成了—— 一只活生生的壁虎出现在黑板上。直观性原则在这里得到了充分体现，形象思维和抽象思维在这里达到了完美的结合，课堂上洋溢着欢愉和轻松的气氛。

接下来，我请学生看着板画，从头到尾把壁虎的外形说一说。学生说到“壁虎的尾巴又细又长，爬行的时候左右摆动”，我开玩笑地说：“壁虎是跳迪斯科的大专家。你们知道青年人跳迪斯科，起先是跟谁学的吗？——壁虎！”学生们自然又免不了咯咯地笑。

若干年后，学生们长大成人了，还常常回味着我的教学，如数家珍一般。有的学生竟能再现我当年的表情、动作和语言。可见，“我”这本书，不是一杯淡而无味的薄酒，不是一览无余的《小学生作文选》。

这足以令我聊以自慰的了。多学点知识，多学点本领，多点趣味性，这本“书”学生读起来就会有味道。

四

1980 年的一天，一位学生突然问我：“于老师，您相信‘UFO’吗？”

他见我迟疑了，便很懂事地说：“‘UFO’就是飞碟。您相信有外星人吗？”

那时，我才注意到咱们国家有一本叫《飞碟探索》的杂志，我才从里面知道了许多有趣的关于飞碟的事，我才取得了和学生讨论飞碟的资格。

老师要不断地学习，不断地获取新的信息。有人把接受新知识比成充电，这太形象了。每充一次“电”，就为自己这本书增添了一点新的内容；准确地或比较准确地回答了学生的一个提问，学生就会感受到“老师”这本书的厚实。

后来，我发表了所谓“外星人”纯属子虚乌有（至少在目前）的观点。我引证了外国有人说美国人乘阿波罗登月都纯属假的这一报道。我说：“录像都不足以为凭，何况照片呢？还是让‘实物’来说话吧。”

学生听了，眼睛里露出异样兴奋的目光。

六年级的学生提的问题常常更有深度。学《琥珀》一课时，有个学生问：“于老师，说琥珀是松脂的化石有什么证据？”

我说：“起初，人们并不知道琥珀是怎么来的。有人说它是大海的泪珠，是浪花把它冲到海滩，送给穷人的礼物；有人说它是硬化了的神鱼的卵。人们不了解的事物，往往便神化它。后来，有人不小心把它落在火里，立刻散发出松脂的香味，把它送到化验室一化验，它的组成和松脂一样，人们这才明白，原来琥珀是松脂的化石。”

我还告诉学生，几年前，在我国的河南省西峡县发现了一块重5.8千克的大琥珀呢。

我胸有成竹，言之凿凿。

学生们听了我的解释，眼睛里顿时放出满意而又兴奋的光彩。

从学生的目光中，我看出，他们感到了“我”这本书的厚重。他们肯定会在心里这样说：“于老师怎么知道得这么多呢？”

几十年来，我每天看书看报是少不了的，每天看《新闻联播》是少不了的，跟家人、朋友经常到大自然中走走是少不了的。这样，才会使自己这本书不至于变得轻薄，更具有“可读性”。

不厚重，谁还愿意读呢？

五

一次，全校大扫除。中午放学前，班长向几个小组布置了任务，要求中午回家做好物资上的准备。

“班长，下午我的任务是什么？”我一本正经地问班长，俨然是个老战士。我给自己做了个规定，每次大扫除都要以“普通一兵”的身份，和学生一起劳动。

班长俨然是个“老班长”，略加思索，以班长的口吻说：“擦玻璃的同学任务比较重，请你下午带抹布和卫生纸，擦教室北面的窗户吧。”

“是。”

下午，第二节课刚下，我便出现在窗台上。“其身正，不令而行。”学生们很快各就各位。

只要发现学生的桌子下面有片纸屑，我就会不声不响走过去，弯腰捡起来。凡是看见了我这一动作的学生，便会立刻向自己座位周围的地面上瞅。一旦发现谁的座位下面也有纸屑，也会像我一样，不声不响地拾起来。哪位学生的橡皮掉在地上，我会马上走过去拾起来，一声不响地放到他的桌面上。学生说“谢谢”，我则轻轻地抚摸一下他的肩，意思是说“不用谢”。

要求学生做的，我首先要做到。——这也是我对自己的一条规定。

一本书光有知识性还不够，我们中国人更看重的是“道”。自古以来，就有“文以载道”的说法。“道”不仅体现在大事上，更多的是体现在举手之劳的小事上。“学高为师，身正为范”，我努力从“学”和“身”这两个方面写好自己这本书。

六

天很冷，还下着小雨。路上行人稀少。

我从巷口里出来，向东一拐，发现公共厕所旁边躺着一个人。那不是我班的学生刘其太吗？怎么躺在路旁？我赶紧走过去。他脸色蜡黄，但很清醒。他告诉我，刚才从厕所出来，头一晕，便倒下了。

我把他背起来，送到了他的家里。——他的家离这儿很近，我知道。

家长见我身上沾满了泥水，很过意不去。我说：“就是别人也得帮助呀，何况是我的学生呢？”

数学试卷批改完了。李静、张惟又是一个“不及格”。我把卷子从头到尾看了一遍，企图找到老师改错了的地方，可惜没有。

我把他们喊到教室门口，和他们闲聊。先说他们的衣服如何如何整洁，再夸他们的字写得如何如何漂亮，然后说：“告诉你们，我上小学的时候数学成绩最差，常常考不及格。老师批评我不用功。到了中学，我知道用功了，可是数学成绩还不好。所以，现在只会教语文。”

“您也考不及格？是不是也觉得在班里抬不起头来？”他们的身子凑近了我。

“是的。不过，我想，我也有长处呀！干吗抬不起头来呢？”

二人的眼睛里立刻露出了宽慰的神色。那神色在说，噢，于老师也曾考过不及格呀！

我注意到，他们领到试卷时没有哭。我给他们一个安慰的笑，轻声，但有分量地说了一句：“让我们再努力。”

我没有用“你们”，而是用的“我们”，而且“我们”说得特别实在。

1996 年的“六一”国际儿童节刚过去不几天，我们班到部队去参观、慰问，离开营房时已是下午 1 点钟了，这是夏季一天中最热的时候。身材不矮却很瘦削的刘劼平背着一架 120 贝司的手风琴在前边走着，我几步追上去，边从她背上拿手风琴边说：“你还没有手风琴重呢，让我替你背吧。”大个儿男生夏志成连忙把风琴从我手中夺了过去，说：“于老师，让我背。”背好之后，他转脸对刘劼平说：“喂，我是替于老师背的，可不是替你背的哟！”到了六年级，男女生之间似乎有了那么一层说不清的东西。

“那我也得谢谢你！因为手风琴毕竟是我的呀。”刘劼平大大方方地说。

走出营房大门，我请学生们先上车，学生们则请老师们先上车。女同学请男同学先上，男同学则说“女士优先”。

师生之间、学生之间充满着温馨。

如果说知识、能力乃至于乐观的情绪、风趣的言谈、雷厉风行的作风等是“我”这本书的内容，那么，爱则是这本书的“主题”。

七

老师这本教科书不可能写得尽善尽美，正如学生们读的语文教科书不可能编得无瑕无疵一样。但是，当我认识到学生们在跟我学语文的过程中，在跟我一起活动的过程中必然受到我的人格的影响时，我就自觉地、努力地去写好、改好这本书了。

时刻记着我是一本关于“人”的教科书，真不知道少说了多少不应该说的话，少做了多少不该做的事。

教学机智

一

著名特级教师徐善俊教《赤壁之战》有一个精彩的环节：课文学完了，他问学生："大战结束后，周瑜在庆功会上会怎样向将士总结这次取胜的原因？如果你是周都督，会说什么？同样，曹操也会总结这次大战失败的教训，如果你是曹操，会怎样向部下做总结？"

不论哪个班，每次讲到这里，学生的发言都异常热烈。别看他们小小年纪，你一言，我一语，对双方成败的原因分析得既全面又透彻。这个教学环节的意义绝不仅仅是揭示课文的主题。

可是，有一次在民主路小学上这一课时，一位小男孩的发言却差一点使徐老师陷入"困境"。这个小男孩说："我看过《三国演义》，曹操是个从来不认错的人，他怎么会向部下分析失败的原因呢？"

一句话使课堂的气氛像凝固了似的。听课的人屏息望着徐老师，看他如何回答。

只见徐老师先是笑了一声，继而表扬这位学生读书用心，然后说："你说得对！咱们就不让曹操开总结会了。但是，你说曹操回去以后，独自一人会不会反省自己？咱们现在就把他的内心话掏出来，行不行？"

这一问，课堂气氛顿时又活跃起来。学生把曹操的"内省"说得一五一十。

听课的老师由衷地鼓起掌来。这掌声是为学生喝彩，也是为徐老师的

“起死回生”的教学机智喝彩。

可以这样说，在小学里，没有一节课是风平浪静的。在教学中，随时随地都可能发生预料不到的事。原因很简单，学生是活生生的、有思想的人。因此，教育心理学要求教师具备敏感、迅速而准确的判断能力，能够随机应变，灵活机智地处置教学中出现的各种情况。

二

运河师范附属小学的阶梯教室里，连过道里都摆满了椅子，坐满了人。老师们正在听我教《马背上的小红军》。

这篇课文写的是陈赓过草地时遇到一位掉队的小红军。陈赓让他骑马，他说不累；陈赓给他青稞面，他拍拍鼓鼓的干粮袋说有。陈赓走不多久，觉得不对头。当他掉转马头找到小红军时，小红军已经倒下了；陈赓刚把他扶上马背，他便停止了呼吸。

一个学生刚朗读完第一段，他的同位站起来问：“于老师，‘深情’是什么意思？”

这课我上过好几次，从来没有人提过这个问题，我备课时也从未考虑过。第一段是这样写的：

“陈赓同志回顾自己革命经历的时候，曾经深情地谈起这样一件往事。”

这里的“深情”显然不能就字面解释为“满怀深厚的感情”，这个“情”是很复杂的。在学生没有读懂全文之前，即使老师把自己的体会讲出来，也是很难理解的。

全体听课的老师都望着我，看看特级教师如何处理这个问题。这对我来说，无疑是个不大不小的考验。

“学贵有疑”。我首先肯定这个问题提得好，说明这位同学读书动脑子了。然后说：“等学完课文咱们再讨论这个问题，我想，提问题的这位同学一定会自己找到答案。”

课文学完了，我请她说说对“深情”的理解。她是这样说的：

“陈赓感到不该轻信小红军的话。他看到小鬼的干粮袋里装的是一块烧得发黑的牛膝骨时，他后悔极了，感到对不起这位小红军。”

我说：“不错，这个‘情’里，有后悔之情。”

她接着说：“小红军宁肯牺牲自己也不愿拖累别人，他这种精神，陈赓每次谈到的时候都很敬佩。”

又有一个学生站起来补充说：“这里还有赞美的意思。”

我动情地做了小结：“这个‘深情’，有后悔之情，有自责之情，有敬佩之情，有赞美之情，当然，还有怀念之情。陈赓每次谈到这件事的时候，是深深地怀着这些复杂的感情向人们诉说的。所有这些，同学们都通过读课文体会出来了，很不错的。古人说的‘书读百遍，其义自见’是很有道理的。”

这时，我明显地听到了听课老师的赞赏声。

假如我一开始就做解释，阅读教学就会黯然失色。

这种教学机智，来自对教材的熟悉，来自“学生为主体”和“授之以渔”的教学思想。

三

我按照“基础训练”里关于写一个人的要求，打算上课时请一位会拉手风琴的女生为大家演奏一首曲子，然后将她的动作、外貌写下来。上课这天，家长把这位女孩子打扮得如花似玉，并亲自送来了手风琴。

可我一进课堂，发现黑板没擦，一黑板数学题。我略一沉吟，产生了一个念头。于是，我拿起黑板擦儿，一下一下地擦起来。嘴里说：“也许是上节课老师拖堂了，值日生没来得及擦；也许是个别同学的题没做完，不能擦……”

话音未落，几个学生快步走上讲台，夺我手中的黑板擦儿。

“咱们合作，优势互补，我擦高的，你擦低的。”我对其中的值日组长说，“正好有两个黑板擦儿。其余同学请回座位。”

这一切不过三分钟。学生们的表情很复杂，有内疚，有自责，也有抱怨。“同学们多懂事儿！纷纷争着擦。”我一边拍着手上的粉笔末儿一边说，“咱们这节作文课有东西写了。把刚刚发生的事儿写下来怎么样？题目就叫《擦黑板》。”

我简单地交代了要求。只一节课，一篇写人的作文就完成了。值日生们写得最出色，不但写出了老师擦黑板的表情、动作、语言，还写出了他们的真情实感。他们差不多都写了这样的话：“当我听于老师说‘也许是上节课老师拖堂了，值日生没来得及擦’的时候，心里真难受，其实老师没拖堂，也没有人没做完作业……”

我评析了几篇学生的习作，总结了写人、写事要注意的问题。第二节课仍按计划进行——请那位女同学为大家演奏一首曲子，然后写下来。

面对一次意外的情况，就这么灵机一动，就使学生多了一次习作的机会。而且在学生看来是那么顺理成章，那么不露斧凿痕迹。

“灵机”不是别的，说到底，就是“有心”。在有心者眼里，随时都能发现生活中有价值的东西，用来服务于教学。

四

二年级上学期的“基础训练7”里安排了一次怎样接待客人的练习。课堂上，我让学生体会志刚和齐叔叔的说话语气，将二人的对话熟读成诵，然后请两个小朋友到讲台前，一个扮“齐叔叔”，一个扮“志刚”，进行演练。

齐叔叔：志刚，你好！

志刚：齐叔叔好！

齐叔叔：你爸爸在家吗？

志刚：对不起，爸爸不在家，到图书馆去了。齐叔叔，请到屋里坐吧！……

刚演到这儿，教室的门被推开了。门缝里伸进了一个约莫60岁的妇人的头。她对着教室后面喊了一声：“小华！小华！哎，小华呢？”

许多小朋友掩口笑了起来。

我立即请扮演“志刚”的小涛回答这位老奶奶的话，由他来“接待”这位“不速之客”。小涛还真听话，落落大方地迎了上去：“奶奶，请问小华姓什么？上几年级？”

奶奶说：“小华是俺孙女，姓丁，叫丁小华，上二年级。你们不是二年级吗？”

小涛说：“奶奶，丁小华我认识，在二年级（2）班，我们是二年级（1）班。走，我带您去找。”

小涛领着老奶奶出去了。小朋友们用热烈的掌声肯定了他的出色表现；同时，对这位“不速之客”发表了看法，说她说话太不礼貌。我趁势问：“那么，这位奶奶怎么说才合适，才不至于让人笑话呢？”

通过一阵叽叽喳喳的议论，小朋友们不但知道了怎样有礼貌地接待客人，而且知道了到别人家该怎样说话。

“纸上得来终觉浅”。真正锻炼人的口才和能力的，还是现实生活的言语交际。学生对这一次意外的、真正的言语交际的感受，要比刚才的演练要深切得多。

不错，这种情况太偶然。但是，教学机智主要是，也恰恰是表现在你处理教学中的偶发事件上。

我请一位小朋友到讲台前读黑板上的生字。九个生字读对了八个，只有“搂在怀里”的“搂”字读成第一声——阴平。我说：“这个字是个多音字。我们平时说的‘搂头盖脸’的‘搂’，读第一声，但在这里不读第一声。你再想想。”第二遍，他还是读成第一声。叫他回到座位上看书上的拼音吧，太浪费时间；直接告诉他吧，又没有意思。我灵机一动，把他搂了一下。小家伙十分机灵，立刻大声说：“lǒu！”

一个动作，使他读准了“搂”的读音。我敢说，这个字他会牢牢记住的，至少会比直接告诉他记得牢固。因为植入他脑子里的，不光是通过耳朵所传递进去的声音，还有通过视觉传递到大脑里的形象，有触觉传递到大脑里的感受，有所有感官感受的并传给大脑的老师的情感。

总之，教学机智来自教师的综合素养。

听　课

一

天下着雨。虽然是暮春季节了，但颇有几分凉意。我冒着雨匆匆走着。突然一把伞从我身后举过了我的头顶。我回头一看，原来是徐州教育局薛守固局长。一问，他也是到马市街小学听来自上海的左友仁老师的课的。他批评我出门不该不看天。

那天，左老师上的是《航天飞机》。当时的感觉是，从来没听过这样好的课，从家里来，挨雨淋值得。后来，又听了他的《小珊迪》《伟大的友谊》等课。左老师上课，全身心地投入。他朗读《小珊迪》催人泪下。另外，左老师教材把握得好，处理得非常巧，巧得让人叫绝。《小珊迪》，他抓了三个“想”；《伟大的友谊》，他抓了一个过渡段，一下子把全文带起来了。可以说，这些课是“纲举目张”的典范。特级教师高万同曾以郑板桥的“删繁就简三秋树，领异标新二月花”来赞美我的课，我受之有愧，用它来形容左老师的课却是恰如其分的。

1996年秋，我应邀到绍兴讲学。是早上到的。本想上午在宾馆休息一下，可听说上午贺诚上课，我立即赶到开课的教室。课刚刚上。我悄悄坐在最后一排一个空座位上。贺诚上的是《田忌赛马》。因他思想太集中，竟没发觉我的到来。

下课后，学生陆续走出教室，他才看到了我。他急忙走过来，双手握着我的手，说：“幸亏没有发现您，不然我会紧张的。”

我觉得这位年仅三十多岁的特级教师更成熟了。他除了依然保留着上课时的那种极其动情、极其投入的特点外，语言文字训练的意识明显增强了。

我不放弃一切听课的机会，无论是名师的，还是普通老师的。一次我们到民主路小学看作业。检查完了，正欲走，刘尊立校长说，二、三两节课有两位青年教师上研讨课。我一听，来了兴致，接着跑到教室听了两节课。

听课成了我教学生涯中的一个重要的、不可缺少的组成部分。听特级教师的课，听一节好课，能开眼界，长见识；听一般的课，能发现问题，能窥见自己的短处，使自己少走弯路。我把听课比作蜜蜂采蜜。叮的花的数量越多、品种越多，收获就越大，酿的蜜质量就越高。

我国当代名师的课我几乎听遍了。斯霞、李吉林、袁浩、庄杏珍、左友仁、贾志敏、支玉恒、靳家彦、李蒙钤、徐善俊、张平南、张光瑛、顾家彰、陈文彰、张树林、张均篪、张化万、顾美云、刘中和、杨丽娜、张伟、贺诚、施建平、孙双金等人的课都不止一次听过。他们都是我的老师。如果说我在教学中酿出了一点“蜜”，那是因为我从上述大家及许多鲜为人知的普普通通的老师们身上采了高质量的“花蜜”的缘故。我酿的“蜜”，是名副其实的“百花蜜”。

听课很累，但干什么不累？农民种地、工人做工、战士训练不更累？

“成就”是“付出”结出的果实。

二

我的看图作文——“四毛的故事”上遍大江南北，受到一致好评，并拍成电视片。这应归于贾志敏老师，是他的一节看图作文——“检查卫生”启迪了我。一年，我们一起在洛阳讲学，有幸听到了他的这堂作文课。他的化“静”为“动”（即师生把图中的事演出来）的做法，使我大开眼界。他把“课堂素描”（即在课堂上表演一个生活小品，让学生观察写作文）融入了看图作文之中。这是个创造。我借鉴了他的做法，修正了我设计的“四毛的故事”看图作文教案，化静为动，结果出现了意想不到的教学效果。

名家的课固然可以模仿，例如我上的“练武”、“枪声”，基本上是由贾老师的课“化”来的。但是，一个有出息的老师不能停留在模仿上，更重要的是要学习名家的教学思想和开拓精神，举一反三。要根据自己的特长，设计出自己的教学路子，上出自己的风格。我上的《惊弓之鸟》《壁虎》《狐假虎威》以及许多作文课，都是自己的创造。但实事求是地说，如果我“闭关自守”，不看那么多名师的课，我是很难设计出来的。这就是听名师课效应。如果给它起个名字的话，不妨叫它“开眼界效应”。它的影响是无形的，但又确实是客观存在的。

创新、发展必须植根于借鉴、学习的沃土之中，“空中楼阁”是不存在的。

三

1987 年春季的一天上午，我到徐州铁路分局第三小学去听青年教师韩秀君试讲《狐假虎威》。她要代表徐州铁路分局去济南参加济南铁路局教育处举办的青年老师阅读教学比赛。这事非同小可，所以我听课特别专注。听她讲“狡猾的狐狸眼珠子骨碌一转，扯着嗓子对老虎说：‘你敢吃我！’”这一节时，因为一个“扯”字没处理好，而且读的语气也不对，我竟忘记自己的身份，噔噔噔走上讲台，拿过小韩的教本，说：“你看我是怎么处理这一节的。”听课的老师被我这一“反客为主”的举动惊呆了。下课后，小韩哭着对她的张校长说：“我不上了！我不上了！”张校长连哄带训地把她的眼泪止住，一起来到会客室，“恭听”我的“教诲”。

小韩不负众望，在济南上的课十分成功，得了一等奖。

我一坐在教室后面听课，便不由得把自己摆了进去。学生活动，我便成了学生；老师讲解，我便成了老师。这就是所谓的参与意识吧。

“这一点不成功，如果我上，该怎么处理?”我听课发现不足之处总是这么自己问自己。说起来也怪，这时脑子转得特别快，常常能想出个好主意来。例如上边谈的那个“扯”字，我上了讲台是这样处理的。第一，扯是什么意思?（“拉的意思。”这个，小朋友都能说出来）第二，“扯着嗓子”什么意思?（有的小朋友说：“把嗓子拉长。”我说：“嗓子拉长，谁受得了?”大家明白了，“扯着嗓子”是使劲把声音拉长）第三，既然这样，“你敢吃我”该怎么读?“扯着嗓子”弄明白了，怎么读也解决了。下课后，老师都说这样处理好。这个方法就是我听小韩讲这一节时感到不合适，在瞬间想出来的。平时，我听过课和老师交换意见时，不但能开诚布公地指出不足之处，而且能当即指出纠正毛病的办法。我不做那种只能诊断出病症而开不出医治病症药方的医生。

别人说我的脑子好使，其实不对，应该说是我好使脑子。

一天，我到一所小学听一位青年教师讲《新型玻璃》。课上完了，给学生留下了什么呢?留下了一黑板字！先是写的五种新型玻璃的名称，其中最少的是四个字——“吸热玻璃”，有的多达7个字——“夹丝网防盗玻璃”。每种玻璃后面，又分别写了各自的特点、用途。多亏书上只介绍了五种，再多一种，黑板就写不下了。看着黑板上的板书，说这是上的一节常识课，人们也会深信不疑。说明文说明文，人家书上已经把新型玻璃说得明明白白了，老师还要喋喋不休地再“说”，岂不是多余?何不把老师“说”，改为学生“读”，然后让学生“说”?

听完了课，我的教学思路也出来了。我教的时候，共分两步。第一步，请大家读课文，思考：课文共介绍了几种新型玻璃?是哪几种?直到每个学生把课文读正确、流畅了（做到这一步并不容易），我才让学生回答。醉翁之意不在酒，而在一个“读”字上。第二步，再读，直到基本上熟读成诵了，再让学生以《新型玻璃自述》为题，介绍其中一种玻璃的特点和用途。写好后，再读给大家听。整个儿两节课，贯穿了一个“读”字，突出了一个“写”字，取得了良好的教学效果。

这样的例子很多。我到外地讲学时上的《在仙台》《月光曲》《白杨》

《曼谷的小象》等的处理方法、练习设计，好多都是听别人上这些课时想到的。

为什么听课能听出办法、听出主意来？思来想去，应了这么一句话，叫“旁观者清”。——看人家上，是最容易发现毛病的。

但是，我又不同于一般的旁观者，而是具有强烈的参与意识的旁观者。当然，像听韩秀君老师课的那种取而代之的做法有些莽撞，但把它变为“隐性”的，即在脑子里取而代之——取代老师和学生——是可取的。

再者，听别人讲一篇课文，实际上是一次进一步熟悉教材的过程，而好的教法很多是在深入钻研教材的过程中产生的。一天，淮北市实验小学的丁校长让我和徐善俊去听一位老师的课。他上的是《白杨》。这篇课文是借物喻人——明写白杨，暗写人。这位老师总体上把握得不错。对于白杨，他抓得很准，什么特点啦，什么品格啦，都讲到了，但怎么“暗写人”的呢，他却茫然。当时，我便在课文上去找。是啊，哪里是“暗写”呢？读着读着，发现了两个“沉思”。评课时，我提出：讲白杨，抓住一个“高大挺秀”，讲人抓住两个“沉思”。一句话，使这位青年人茅塞顿开。

这次听课的过程，是曲线型的再学习、再认识教材的过程。

教材把握准了，一般地说教法也就有了。

四

1994年秋，天津著名特级教师张树林在徐州电业局礼堂上《火烧云》。一位女学生在回答“作者从哪几个方面写火烧云的变化”时，卡了壳。张老师慈祥地用他那音色纯美的男中音说：“请不必着急，好好想一想。”

时间一秒一秒地过去了。全场出奇的静。许多学生举手，表示要为同伴解围；老师则为她捏了一把汗。

“想不出来可以看书。”张老师依旧笑着。

在老师的鼓励与期待中，她终于圆满、准确地答出来了。

我深深地被这个细节所折射出来的教学思想、教学观念感动了，顿时觉得认识得到了升华。

李吉林老师执教《桂林山水》时当场作画，把抽象的“怪石嶙峋、危峰兀立”立即化为形象的图画。

徐善俊老师执教《景阳冈》抓住了三个“闪”字，使这一课的教学熠熠生辉。

靳家彦老师执教的《跳水》，构思精巧，课上得既扎实又活泼，使师生陶陶然于一体。

一位教师讲《坐井观天》，总爱提问左边的学生；朗读课文时，不停地在学生中间走动，这？……

我坐在教室的后面，目睹着许多老师的一招一式。成功的，不成功的，值得商榷的……这时我觉得我不是在听课，而是在照镜子。他们使我发现了自己的不足，使我明白了应该怎么做，不应该怎么做。

五

1994 年初冬的一天，我陪中央教科所的张田若先生到民主路小学听课。张田若先生听课特别专注，有时学生发言声音小了，他侧着耳朵听。他不像我们总是不停地记，只是偶尔在本子上写点什么。

讲课时，我瞟了一眼他的听课簿，他没有记整个教学过程，记每个环节干什么，他记的内容分两类，一是成功的地方，一是值得商榷的地方。成功的地方一二三四……值得研究的地方一二三四……

我向张老讨教怎样做听课记录。张先生说：“我们读书不是要做笔记吗？记什么？无非是两个方面，一是记论述精辟的、有见地的，能使自己产生共鸣的语句；一是记值得商榷的观点。记下来之后，有时还可以顺便加几句批注，写出自己的看法和改进意见。没见有人阅读时，把一本书都抄下来的！听课也是这个道理，我只记感受深的、有价值的东西，记值得探讨的东西，把精力都集中在记笔记上，不仅没有必要，还会影响思考。”

这对我是个启发——听课还要会做听课记录。

我现在听课基本上是学张田若先生的方法做记录的。不过我多了一条，就是在“问题”下面加“假如我来教，打算怎么办”的设想。即使和授课老师再交换意见，也写上，它是我的宝贵财富。如果听过课后，觉得整个课堂结构构思很巧，非常合理，就快速补记一下。

但对名师的课，我一般都做较详细的记录。

让我们的教学“增值”

一

这是一节一年级的社会课，课题是“你从哪里来”。课文告诉小朋友，人是母亲生的，母亲从怀孕到生孩子很不容易，我们要关照孕妇，孝敬母亲。为了上好这一课，这位执教老师还特地请来了一位孕妇，回答小朋友在学习中遇到的问题。所有问题的答案都表达了这样一个意思：母亲怀孕要付出很多很多。但是，这位孕妇从走进教室到离开教室之前竟没有人请她坐下讲！和我一起听课的卢咏莉教授一个劲儿地摇头。

一位教低年级数学的老师，刚把“萝卜”、“白菜”（用纸做的教具）贴到黑板上，啪嗒一声，一只“萝卜”掉在地上。一位小男孩连忙跑到黑板下拾起来，双手递给了老师。没想到，这位老师白了他一眼，说：“上课不要随便下位!”

走进我们的课堂，这样的现象我们会经常碰到。这是我们教学中普遍存在的问题，这些问题有一个共同的名字叫作“知识本位”——教学中，我们关注的是知识，注意的是书本，是教案。“知识本位”，也叫“目中无人”。

二

就知识这个层面上，我们的教学就没有问题了吗？有，而且也不少。

前不久，徐州市教研室为初中二年级的学生出了两道数学题，一道是查阅资料或上网，看看勾股定理是怎么被证明出来的；一道是到商店调查一种商品，了解它的出厂价、销售价，等等，用这些调查来的数据证明一个定理。一位读初二的学生告诉我，为了做这两道题，他又上网，又跑商店，好容易做出来了，但是没得满分；虽然没得满分，可是通过这个探究的过程，能力增长了不少，收获很大。另一个在另一所中学读书的学生的回答使我吃惊：他说，这两道题他们全班每个人都得了满分——20 分，因为这两题是老师给做出来的。老师说："同学们，这两题共 20 分呢，我保证你们一分不失。"

这种问题也普遍存在。知识是很重要的，无知便无能，但是怎么让学生获取知识？是在老师组织、引导下，学生们自主、合作、探究，还是灌输？是老师把"鱼"捉到送给学生，还是"授之以渔"，并且提供一个"渔场"引导学生自己捕鱼呢？

三

如果我们跳出"知识本位"这个误区，还会发现更多的问题。

请看 2002 年 12 月 30 日出版的《小学教学改革与实验》刊登的《老师，您真的伤害了学生》一文中举的四个案例（这四个案例都出自小学生之手）。

> ［案例一］
>
> 那次上《卢沟桥的狮子》一课，老师让同学们按顺序读课文。当轮到我时，我很激动。可老师却没有叫我，而是让全班同学齐读。我顿时感到无地自容，我知道，不就是因为我上次朗读时卡壳了吗？你看不起我不让我读，我还不想读呢。从那以后，我对朗读非常反感，有一种抵触情绪，甚至连语文课也不愿意上了。
>
> ［案例二］
>
> 一次自习课上，老师随堂辅导，我先举手问问题，隔我一排的学

生××后举手。老师的眼光滑过我，却背转过身朝××走去。我感到非常失望，也很自卑，原来老师的眼里没有我。后来上课即使我有了问题，也不敢问，慢慢地也就不愿问了。

［案例三］

一次上《五彩池》一课时，老师让我们用喜欢的方式读读自己喜欢的句子。我主动站起来读。当读完“明明是清水……有的像起伏的丘陵……有的像成簇的珊瑚”之后，老师让其他同学对我的朗读进行评价。许多同学都说我的声音洪亮，但把一些字读错了。这时，老师表扬了他们：“你们听得真仔细！”接着老师又让其他同学读自己喜爱的句子。看着老师表扬他们，对我不闻不问，我心里很不是滋味，刚才那股高兴劲没有了。

［案例四］

在上《加了一句话》一课时，老师问：“中午，老妇人在街头乞讨什么也没得到，晚上过往行人纷纷给她铜币。这么大的变化说明了什么？”我看到全班举手发言的同学不多，于是主动站起来回答老师的问题。我想我的回答肯定会得到老师的表扬。这时，老师看了我一眼，说：“还有哪位同学比他说得更好些？”我一听，顿时泄气了，这不是明摆着不承认我的回答吗？

类似的情况在我们的教学中是不是也随处可见？可以说，比比皆是。显而易见，这些问题已经涉及老师的教育观、学生观、思想方法等方面了。

我在和北京师范大学卢咏莉教授讨论上述问题时说：“我们应当让我们的教学‘增值’。”她很赞同我这个说法。

如果教一年级社会课的那位老师，请孕妇坐下回答学生的提问，讲完了，小心翼翼地扶送她走出教室；如果那位教低年级数学的老师真诚地向拾“萝卜”的小朋友道一声“谢谢”；如果那位教初中二年级的数学老师放手让学生去做那两道题，不放心的话，和学生一起去做；如果我们在教学中多关注“人”，多给学生一份尊重、一份信任、一份鼓励、一次机会，多一点同情和爱抚，那么，我们的学生所得到的就不仅仅是知识、能力，而且有良好的情感体验，会对学习产生兴趣，并逐渐形成正确的价值观、人生观。这样的教学就叫“增值”。这样教，我相信我们的学生一定也会很棒的。如若不然，我们的教育确实令人担忧。

四

下面，具体说说我所说的“增值”是什么意思，也就是说应该增什么“值”。

首先，增加人文性。最近我读了中科院院士杨叔子的一篇文章，题目叫《同根生，融则利》。真是受益匪浅！他说：“科学是‘立世之基’，人文是‘为人之本’。”“科学是求真，人文是求善。”“物不格，知不致，背客观现实而为，违自然规律而行，逆历史潮流而动，即反科学，则必败必亡。意不诚，心不正，身不修，人而不人，似人非人，即反人文，则必祸必灾。一个社会，一个人，科学与人文是不可分割的，不可缺一的。科学与人文，两者相融则利，相离则弊。”

他说得何等好啊！反思我们的教学，我们不少人的确忽略了比知识、能力更重要的东西，即人的情感、态度、价值观。而人文的东西不是靠说教所能奏效的，是靠感化、靠影响，是在学生和教师相处中（即教学中、活动中），靠老师言行的感化和影响。理性说教的作用极其有限，有时很可能等于零——当老师在学生心目中是“老虎”或者什么地位也没有的时候。当学生遇到困难时（无论是学习上的，还是生活上的），老师要伸出援助的手，让学生在感受老师的关爱中学会关爱别人；当学生遭遇挫折时，老师要予以鼓励，让学生在老师的鼓励下变得坚强；当学生在取得进步时，老师要及时激励，让学生在激励中获得更多的成功体验；当学生不能正确对待自己、对待别人时，老师要以自己的人格，自己的言行告诉学生应该怎样去做，告诉学生什么叫互相尊重……古人说：“学高为师，身正为范。”“身正”指的就是人文性，就是一个“善”字。为什么说当老师不易？因为既做到“学高”，又做到“身正”，要付出巨大努力，要不断地修炼。

其二，增加对弱者的呵护。素质教育的要义是面向全体学生，让每个学生都得到全面发展，让每个学生都主动地、生动活泼地得到发展。由“精英主义”教育到“大众主义”教育是教育的一大进步。如何对待班级中的弱势群体，是摆在每个教育工作者面前的一项艰巨的任务。他们也是人，有着独立的人格，同样地应当受到尊重，而且老师应当给予他们更多的关爱，使他们能在自己的原有基础上，在各方面得到力所能及的发展，把他们培养成合格的公民，对自己、对别人、对社会负责的公民。要正确地对待他们中的所谓顽劣行为，既要理解，又不姑息迁就。对他们要特别注意教育的方式方法。要使他们懂得什么叫负责，既要善待自己，又不要忘记别人，要为别人着想。这一部分学生，一般学习上都有一定困难，所以还要在学习上予以个别指导，对他们要有极大的耐心，千万不能要求过高，也不能企图一蹴而就，尽力使他们能有所进步。“东方不亮，西方亮”，有短处就有长处，老师的责任是发现每个弱者的长处，扬长避短，变短为长。

其三，增加探究性的学习。让学生在探究性的学习中获得知识、能力和方法，引起学习兴趣。这里说两点：第一，要改变学习方式，变灌输式为自主、合作、探究式。彻底改变满堂灌、满堂问的局面，把时间留给学生，把“发现”留给学生。第二，要努力使我们的探索性学习设计具有综合性。

我们曾经为三年级的学生出过这样一道作文题：《说说我的姓和名》。最初的要求是：你姓什么，叫什么，这个名字是谁起的，有什么用意。后来又增加了这样的内容：你的姓氏在《百家姓》里能找到吗？如果能找到，请把原文引出来；你的姓氏是怎么来的？从古到今，在你的姓氏中出过哪些杰出人物？请通过咨询或查阅《百家姓》《百家姓考》等有关书籍，并根据以上问题写篇文章。写好之后，先读给家里人听，回到学校再和同姓氏的同学交流一下。

我们还给六年级的同学出过这样一道数学题：请计算一下你爸妈用来喝茶的杯子的容积，再了解一下一个健康的成年人一天要喝多少水；然后计算一下，爸妈用他们的杯子一天应喝几杯水，并把计算结果告诉爸妈。估算一下，你见过周围的人用来喝水的杯子的容积，告诉他，为了他的健康，用这个杯子一天要喝多少杯水。

这些题都属于探究性的，而且具有综合性。它不仅着眼于知识、能力、过程和方法，而且具有人文性。可以说，越具有探究性，越具有综合性，它的“值”也就越大。

五

要想使我们的教学“增值”，关键在于老师。老师要有新的理念，要有扎实的科学文化根底，要有较好的个人修养和高度的责任感，还要善于思考，会出主意。总之，要不断地学习，不断地实践，不断地反思，不断地总结。

把“发现”留给学生

一

千万不要低估了学生的潜能，更不要说在信息社会的今天了。

2001 年 7 月 7 日，我在新疆乌鲁木齐市八一小学，为来自全疆的一千多名同行上《我的伯父鲁迅先生》一课。学了一、二两段，我深深地被新疆学生的悟性所感动，学第三段“谈碰壁”时，我灵机一动，一改前面“引读”的方法，来了个“大放手”——让学生以老师的身份自己去批阅。我告诉学生，所谓批阅，即像老师改作文一样，圈圈点点，批批改改。转换角色，实际上是把学习的权利交给了学生。这时，每个学生立即变得认真起来。课堂上，他们的体会和见解不但使我，也使听课的老师感动、吃惊。限于篇幅，现仅把第三自然段的教学，实录于下：

师：下面请一位同学读读第三自然段。

生：(读)“哪一点不像呢？伯父转过头来，微笑着问我。他嘴里嚼着，嘴唇上的胡子跟着一动一动的。”

师：请谈谈你是怎么批阅这一段的。

生：我在“他嘴里嚼着，嘴唇上的胡子跟着一动一动的”这句话下面画了波浪线，然后加了个眉批：“观察仔细，写得具体。”

生：我加的眉批是：“生动、形象。”

生：我把这一自然段都画上了波浪线，加的眉批是：“写得具体生动，读了如闻其声，如见其人。”

> 生：我的眉批是："写得栩栩如生。"
>
> 生：我的意见和上面同学的不一样。我认为"他嘴里嚼着，嘴唇上的胡子跟着一动一动的"这句话应该删掉，因为这句话是多余的。
>
> 生：我也觉得这句话是多余的，删去更简练，而且读起来更通顺一些。
>
> 生：我认为这句话还是保留的好。因为读了这句话，我们就像见到了鲁迅一样。鲁迅逝世了，周晔写得这么细致，我想，也有纪念的意思……

这就是我们的学生——年仅十一二岁，才读小学五年级的学生。如果说，他们的褒扬性的眉批还在意料之中，那么，两位学生发表的相反意见（认为最后一句该删去），却是我万万没有想到的。如果说，认为因"具体、生动"而主张保留的看法不足为奇，那么，认为值得保留的原因是因为"有纪念的意思"，则是很独到、很深刻的。

谁能说他们的"发现"没有道理？谁能说他们是"小孩子"？对他们的不同感受我不但表示尊重，而且表示钦佩。当时我就想：课堂上，我们的确不应该包办得太多，应该把"发现"交给学生。当我继续把"发现"交给学生，学生果然又给我们带来了意想不到的惊喜。在学习第四及第五自然段时，学生们的"发现"绝不亚于我们老师。

这一自然段是这样写的：

> 爸爸跑到伯父家里，不一会儿，就跟伯父拿了药和纱布出来。他们把那个拉车的扶上车子，一个蹲着，一个半跪着，爸爸拿镊子给那个拉车的夹出碎玻璃片，伯父拿硼酸水给他洗干净。他们又给他敷上药，扎好绷带。

以往，我每教到此，都把鲁迅及其弟弟救助车夫的一系列动词板书出来，加以分析，让学生从中体会人物的思想感情。这次，我"退居二线"，让学生谈谈应当板书哪些词语。学生们边读边想边画，课堂上出现了极为专心的场面。几乎所有学生都画出了"扶、蹲着、半跪着"这三个词，不少学生还画出了“跑、夹、洗、敷、扎”等词。我请两位同学把上述词语写在黑板上（他们写的字也不比老师逊色），并说说为什么要板书这些词语。学生的回答同样让所有的老师叹服：“因为我们从这些词语中可以看出鲁迅和他弟弟非常善良，非常同情劳动人民。”有位同学说：“我从这些词语中不但看出了鲁迅和他弟弟很善良，而且还看出鲁迅懂得医学。”

由此，我们可以得出这样一个结论：要相信学生，应该把“发现”交给学生。

二

四年级有一篇课文叫《全神贯注》，写的是大雕塑家罗丹邀请著名作家斯蒂芬·茨威格参观他的工作室的故事。到了工作室，他只顾修改刚塑好的女像了，竟把他的好友忘得一干二净，临走时，差一点把茨威格锁到屋子里。后来，茨威格把这件事写了下来，并深有感触地说了这样一句话：“人类的一切工作，如果值得去做，而且要做好，就应该全神贯注。”教学这篇课文时，我未做一点分析，就是引导学生仔仔细细、认认真真地去读书，学生之间、师生之间比着读。读熟之后，我说：“茨威格看到了这件事，说了一句发人深省的名言。但名言不一定出自名人之口，老百姓说的话，也有好多名言。你们知道了罗丹的这件事，想不想说点什么，能不能也写一句‘名言’？”

没想到学生的感悟能力竟是这么好！请看泰兴市襟江小学部分三年级学生（因为该校四年级学生已经学过这篇课文，故而借三年级一个班上这一课）写的“名言”：

“做什么事都要全神贯注，只要全神贯注，就一定能成功。”

“不满足 + 一丝不苟 + 全神贯注 = 成功。”

“没有最好，只有更好。”

“不满足现在，只满足未来。”

“人不断地皱眉，就能不断地发现自己的缺点，不断地发现自己的缺点，就能不断地进步。”

还有一位学生写了一首诗：“罗丹罗丹真专心，朋友在家不‘放心’，我们应该学罗丹，全神贯注永记心。”（我称这首诗是“心”字诗）

该校杨金林校长听完课后，感慨万端，说：“没想到孩子的潜能竟这么巨大！”该班的语文老师说：“听着孩子朗读自己写的名言，看着同学们激奋的精神状态，我简直不相信这是我教过的孩子。对孩子们我要重新认识，对自己的教学，我要彻底反思。”

是呀，学生说的哪句话不是这篇文章的中心思想？看来，不仅一句话、一段话，学生能发现我们老师可能发现不了的东西，就是一篇文章的主旨，学生也会感悟出来，而且他们的“发现”往往超出了我们老师。学生的表现使我有了这样一份清醒：不能小看了学生，教学中，要尽量少“告诉”。

三

词语教学，多数情况下更不需要“告诉”。

《狐假虎威》是二年级的一篇课文。学生读了几遍课文之后，我请小朋友们用一句话把这个故事说出来。其实，只要把课文的最后一句话——“狡猾的狐狸是借着老虎的威风把百兽吓跑的”——稍微变通一下就行了。小朋友找到后，是这样说的：“‘狐假虎威’就是狐狸借着老虎的威风吓唬百兽。”我接着问：“那么，‘狐假虎威’的‘假’是什么意思呢？”小朋友开始的回答都是这样的：“是真假的假，狐狸的威风是假的，老虎的威风是真的。”

当我要求他们再读书，特别是想一想最后一句话时，学生们看出来，这里的“假”是“借”的意思。但我并不满足学生发现了正确的答案，而是请他们再查查字典，看看“假”有没有“借”的意思。一查，“假”字果然有此义项。从学生的表情中，我们可以发现，他们为自己弄懂了一个问题是多么高兴。有位老师曾经问我，为了弄清一个字的意思，有必要费这么大的劲吗？老师一说不就得了吗？这使我想起了明代胡宪仲说的话："引之自悟，则得之渐，故为身心之益；倾之速悟，则得之轻，故为口耳之赘而旋忘之。"意思是说，引导学生自己领会，就能逐渐获得扎实的知识和能力，对学生的身心发展有益；大量讲授而期望学生很快明白，获得的知识就肤浅、有限，因为师生口授耳听反倒疲劳，很快就会忘记。我们的先人对这个问题认识得多么深刻啊！总而言之，自己读懂和听老师讲懂的意义是大不一样的，我们应该尽快从重结论而轻过程的羁绊中解脱出来。须知，过程产生方法，过程产生能力，过程产生悟性。

四

说到释词，不由得想到写字教学。在写字教学中，如果把"发现"交给学生，对培养学生的观察、审美和书写能力的作用就更大。每次写生字词，我都是让学生先"读帖"，认真观察每个字的结构，每一笔在什么地方起笔，在什么地方收笔，边看边书写。"读"过之后，我便请学生到黑板上写——看看"读"懂了没有。这种做法，对培养学生的专心致志、克服粗枝大叶的毛病十分有用。如"咳"字，不细心看，很容易把两撇（七、八两笔）写得基本相同。我提示后，学生再"读帖"，明白了，原来第一撇（第七笔）要写得长。再如"多"字，即使"读帖"之后，仍有许多人把它写得像弯腰驼背的小老头。我请大家再"读帖"。三读两读，问题发现了，原来是第二个"夕"的撇起笔高了。规范的写法是，它应在第一个"夕"的点下（第三笔）起笔。真正"读"懂后再写，"多"字的腰杆便立即挺直了。

这样训练久了，学生变得细心了，能够自己发现每个字的特点了，写字时"想当然"的毛病也少了。在写字教学上，"发现"也比"告诉"好。"告诉"，所得是有限的；而"发现"，却受用终生。

五

一般地讲，我指导学生朗读时不先“范读”，因为一开始范读，实质上也是“告诉”。在教学中，我朗读课文，只是为了和学生交流，我从不期望（也不该期望）全班学生的心中只有一个“哈姆雷特”。一句话，一段话乃至一篇课文该怎样读，也应当让学生去读，去体会，去“发现”。同样一句董存瑞说的话：“班长，让我去炸掉它！”有的学生激昂慷慨，读得声音很大，但也有读得声音较低的，听起来，每个字就像从牙缝里挤出来的一样（真是咬牙切齿），孰优孰劣？都很好嘛！都有味道嘛！即使有人读得“不到位”，但好歹是他们自己悟出来的，总比从老师的“告诉”中得来的好。因为那是模仿来的，是“克隆”出来的，而不是“自得”的。

《高粱情》一课中有这样一句话：“我小时候练摔跤时，教我的伯伯说：‘站得像高粱一样，要有它那抓地的根，要练到根从脚脖子上生出来。’”学生读这段话时，都把“得”读成“de”。我便把“得”字写在黑板上，说：“大家知道，‘得’有三种读音。它在这句话里该读哪个音，我备课时没拿准，请同学们读一读，看看该读什么音。”说罢，我把“de、dé、děi”这三个音节写到了黑板上。

经过一番读、议、查，学生们取得了共识，认为该读“děi”，而且从字典上找到了“理论根据”，告诉我：在这句话里，“得”是“必须”的意思。我表示接受，并表示感谢。学生为自己“发现”了正确的，而且被老师采纳了的答案而兴奋不已。

课后，许多老师夸我钻研教材细心，说他们从来没注意这个字，一直读“de”。

上面说的仅仅是一个字的例子。刚才说了，一句话，一段话乃至一篇课文，放手让学生去读，他们都能有所“发现”，都能找到自己的感觉，读出他们的理解来，只是程度不同罢了。有些学生的语感、语气、表情，常常使我们当老师的吃惊，甚至自叹不如。

六

一天，我带学生去游泳。我把几位做事毛毛糙糙的学生拉到身边，小声对他们说："你们看看，胆大的和胆小的，他们的表现有什么不同；会游的和不会游的有什么区别；好逞能的和不善于张扬的又有什么两样。"我一提示，他们便细心地观察起来。看着看着，他们忍不住乐了——原来班里好逞能的小胖子跳水跳"砸"了！他整个身子像炮弹一样，重重地落到游泳池里，肚子砸到水面上，发出很大的响声。小胖子爬上岸来，捂着肚皮连声叫道："疼死我了，疼死我了！没想到水这么厉害！哎哟，哎哟……"

我的提示使他们专心了，发现了过去没有发现的（或者说视而不见的）东西，写出来的文章自然也比以前鲜活多了。这个方法叫"比较"。

指导学生观察和作文时，更应当把"发现"留给学生。但必要时，方法是要告诉的。

七

有人用三个算式分别表示三个不同层次的教学。第一个层次的教学叫"告诉"，用"5×3=15"表示；第二个层次的教学叫"启发"，用"5×3=?"来表示；第三个层次的教学叫"唤醒"，用"5×3=14"来表示。是呀，5×3怎么能等于14呢？不对吧？于是大家都会瞪大眼睛，去探讨，去思考。唤醒所有学生，调动所有学生的积极性，让所有学生都投入到学习中去，这是最理想的教学境界。我努力向第二、第三个境界迈进。凡不需要告诉的，则不告诉；非要告诉的，也不马上告诉，到了不得已，才告诉。

当然，要启发、引导学生去发现，而且能发现得准，老师必须先发现，尽量地去发现，即把自己要教的东西把握好。备课时，我一旦发现了别人（包括教学参考书）所没有发现的东西，是很兴奋的。自己发现了，在学生面前却要装糊涂，只是在关键的时候点拨、引导一下。不能盲人骑瞎马，心中无数。至于学生的发现出乎我们的意料之外，有的见解甚至比我们更深刻，更高明，则又当别论。每遇到这种情况，我总是比自己发现的还要激动、兴奋。

学生的潜能是很大的，但必须去开发，而且会开发，才能发挥出来。否则，只能永远“潜”在心中。所谓“会开发”，就是老师要树立正确的学生观和教学观。“把发现留给学生”，实际上反映的是一种教学观。现代教学论的核心是两句话：学生是学习的主人，是主体；老师是引导者、帮助者，是主导。老师的责任是唤起并引导学生的学习活动，并使之体验到学习的成就感。现代教学论最看重的是过程，而不是结果。学生在老师指导下自己去探索、研究，即使得到的结论是错误的，它对学生的发展起的作用，和老师把正确的结论直接告诉学生所起的作用，是不能相提并论的。现代教学论认为，教学应当是民主的，师生之间应当是平等的，课堂氛围应当是和谐的、宽松的。只有这样，学生的潜能才能得到开发，把发现留给学生，学生才能有所发现。

让学生体验成功的愉悦

——我是怎样激发学生学习兴趣的（一）

一

上四年级时，韩松的作文还很差。内容空洞且不说，最伤脑筋的是思维紊乱，东扯葫芦西扯瓢，前言不搭后语。看他的作文，有点像看卡通画，思维跟不上节拍。是不是他正是受卡通的影响才写成这个样子的，也未可知。

但他有个长处，就是虽然从一年级到四年级一直没写出篇像样的文章，却从不灰心，仍然一丝不苟地、尽心尽力地去写。“屡败屡战”的精神令人感动。

尽心，也值得表扬。我几次把他的作文本在学生中传阅——只看字不看内容，看人家韩松是怎样工工整整地写字的。表扬是郑重的、动情的。

一天，我叩开了他家的门，送给他两本书，一本书的扉页上写了塞万提斯的一句话：“努力是成功之母。”另一本书的扉页上写上了我的一句话：“读书吧，书会告诉你怎样写好作文。”

我请韩松的家长为他准备一个大点儿的书柜，多为孩子买点书，当时给他开了一个书单。我对韩松说：“以后来你家时，首先看你书柜里有多少册书。”

进步是缓慢的，却是能够感觉到的。哪怕只用准一个词，写好了一句话，我都毫不吝啬地在下面画上波浪线，在旁边写一句赞许的话。

到了六年级，他的作文起了明显的变化，我多次在班里读他的作文，并请他向全班同学介绍写作文的经验。他红着脸，只说了五个字："我喜欢作文。"

一次，我因为外出耽误了两节作文课。回来后，学生们拉着我，非让我补课不可。韩松趁人不注意的时候，塞给我两张稿纸，悄声说："于老师，这是我自己写的一篇作文，题目是我自己出的。"

我激动了。我觉得，我成功了，至少在韩松身上。

我不由得想起语言文字学家倪海曙说的一句话："对于孩子来说，学习的最大动力，第一是兴趣，第二是兴趣，第三还是兴趣。"

韩松能自觉地写作文，不正是兴趣的驱使吗？他的行为，不正证明了兴趣是孩子们克服困难，排除障碍，锲而不舍，以抵于成的最大动力吗？

美国学者鲁德说："兴趣不是学习的先决条件，而是学习的产物，是良好的教学的必然产物。它来之于取得成就的满足。"

韩松对作文的浓厚兴趣，就是来之于他一次一次的"取得成就的满足"。其实，这"成就"完全是我用放大镜找出来的，或者压根就谈不上"成就"而是我硬说的。老师说的，学生总是相信的。

班主任老师感慨地说："如果换个老师教，韩松准是个后进生。"

二

难就难在教"后进生"上。

一次，一位听课老师翻着我班学生的作文簿，不解地问："于老师，为什么有些写得很不错的文章，你才给打了 90 多分，而有些写得不怎么样的文章，你却给了个满分呢？"说完，随即把张雷的作文和靳冲的作文翻给我看。

我看了看说："手指有长有短，能力有大有小，成功的标准自然也不一样。譬如举重，有 100 斤力气的，举起 100 斤才算成功；有 50 斤力气的，举起 50 斤就是胜利。硬让举 50 斤的人去举 100 斤，他只有累趴下的份儿。

靳冲的文章和张雷的文章当然不能同日而语。但对靳冲来说，他已发挥了最高的水平，所以给他个满分。”

这位老师连连点头。

我接着告诉他：我评价作文因人而异，不横向比较。无论是谁，只要发挥了他的水平，超过了昨天，都给满分。

“同样是满分，含‘金’量可不一样。”

“如果横向比，文章的质量当然有差别。”

正说着，靳冲走过来，让我看看他写的草稿。我对这位听课的老师说：“他就是靳冲。”

“能让我看看吗?”这位听课的老师问。

“写得不好……”靳冲脸红了。

“请老师指教指教嘛。”我对不好意思的靳冲说，“这是煤矿子弟学校的张老师。”

她浏览了一遍连声说：“不错，不错！看来你很喜欢作文，是不是?”

“喜欢。”靳冲眼睛忽闪了一下。

课后，我对这位张老师说：“我想，您一定看出我班学生，特别是像靳冲这样所谓的后进生为什么对作文如此感兴趣的原因了。一句话，就是让他们不断体验成功的愉悦。苏联教育家苏霍姆林斯基就是这么做的，他从来不给学生打不及格的分。写得不好，怎么办？暂不打分就是了，等修改好了之后再给分，目的就是不让学生失去信心。”

“问题是，一般老师从来不给看不上眼的作文打高分。”张老师说。

我说：“是这样。说是从实际出发，要因材施教，实际上真正这样做的人少。大家习惯于用一把尺子衡量所有学生。岂不知，这样量的结果，后进生会越来越短，越来越矮。”

三

聪颖而且秀气的贝贝患了恶性脑瘤。消息传来，老师和同学感到窒息，心上像压着一块大石头。医生很快为她做了手术。手术很成功。

出院后，我和几位同学去看她。她母亲见到我和贝贝的同学们，偷偷地抹眼泪。贝贝到底是个孩子，见了我们很高兴，扎着绷带的脸露出了笑容。她能一一叫出同学的名字，我很欣慰。

她问我，什么时候能上学，什么时候能上作文课。

我心里一酸，说："你的病很快就会好的。好了，就能上学，和同学一起玩。"

家长说："她最想上学，尤其是想上作文课，经常念叨着：小伙伴们写了几篇作文了？"

贝贝从小学电子琴。二年级参加市里的比赛曾获一等奖。上三年级，她写过一篇关于学习电子琴的作文，很真实，很动人，我在班里读了，后来，还上了墙报。

还有一次，从邳州市运河师范附属小学回来，她写了一篇《依依惜别》的文章，写得感人至深，我在班里读的时候，连听课的老师都被深深地打动了，纷纷把它抄了下来。

是柴火，都可以点燃。是好柴火，只一把火就可以使其熊熊燃烧，且一发而不可收。

寒假过后，贝贝终于圆了上学的梦，她又回到了同伴的中间。个个同学都体贴她，关照她。她学习更认真了，作文写得更工整了。我写的批语也与往常不同，就连句号，也点得特别圆。中国教育电视台到我班拍电视，我尽量让她发言，给她一些镜头。目的只有一个，尽量多地给她一些满足，给她一些愉悦，为了她的病。

可是，就在毕业前夕，她突然发起了高烧，又住进了医院。我和校长去看她，她打着吊针，脸上没有一点血色。她轻轻喊了一声"于老师"，喃喃地说："我最后一篇作文没写完……"

不久，她便走了。她父亲说，她戴着红领巾，表情安详，身旁放着生前用的书包。里边有一本专门为她才买的作文簿。她喜欢作文。

我永远记着她父亲描述的关于她的最后这一幕。

四

上小学四年级的蔡苏，只四篇作文就用掉一个大作文簿。他的父亲大吃一惊，说："明明是一个很简单的故事，他怎么会如此节外生枝?"

"看您!"我说，"孩子写少了，您犯愁；写多了，也犯愁。蔡苏写的，叫'放胆文'。古人说了，作文要先放后收，开始不要约束孩子，想怎么写就怎么写。如果写不出来，倒是个问题了。然后才在写"放胆文"的基础上，讲一些写文章的方法，注意事项。随着年龄的增长，阅读量的增加，知识的不断丰富，孩子会懂得怎样写文章的。但是，没有第一步的'放'，就不会有第二步的'收'。"

家长半信半疑地听着，半信半疑地端详着我在他儿子作文簿上批的一句话："你真成了作家了!"

我的话，蔡苏却十分相信。

从此，他天天以书为伴。对他来说，兴趣已变为志趣。

优秀学生的兴趣逐渐升华为志趣，意味着教育的更大成功。

我对学习优秀的学生的关照，绝不亚于后进生。我不因他们能不断地随时随地尝到成功的喜悦而有一丝一毫的忽略。对他们，我着意加大评价时的使他们喜悦的剂量，使兴趣转化为志趣。

五

理论家们研究的多是带普遍性规律的东西。普遍性的规律，毫无疑问对实践有着指导作用。但是，对实践者来说，最棘手的却是"特殊性"。"让学生不断地体验成功的愉悦"有激发学习兴趣的巨大作用，正如一定的温度和湿度会使植物的种子发芽一样。可是，也正如虽然具备了一定的温度和湿度，却仍有个别种子不发芽，或者发得不好的一样，也有个别学生只振奋一阵子就拉倒的。这种"柴"水分太大，只燃烧一会儿，便悄然熄灭。几粒种子不发芽，几棵幼芽夭折，对种植者来说，损失是微乎其微的，植物学家大可不必去管。但是，一个学生掉队了却不行，因为他是未来社会中的一员，在他的家庭里则是重要的一员。

小建军对语文学习始终提不起劲。昨天才表扬他作业完成得好，字写得一丝不苟，今天的作业竟只做了一半。我想，即使是“大肚能容容天下难容之事”的弥勒佛看到他居然无所顾忌地交来只做了一部分的作业，也会勃然大怒的，甚至会怀疑有关教育法规上规定的不准体罚学生的条款是否合适。

辅导后进生很容易使老师失去耐心，后进生进步之缓慢又往往使老师失去信心。每逢此时，我便会对自己说：“慢！后退一步天地宽！”

后退之后，无可奈何的气便消去大半。接下来自然还是找他谈谈。

“作业怎么没做完?”

“看电视了。”他嗫嚅说。

我严肃地批评了他对自己的行为的不负责任，并责令其补上。

对他就得实行“胡萝卜加大棒”的政策。一方面，不能有偏见，要继续不断地为他创造成功的条件，敏于发现他的闪光点；另一方面，要严格要求，“大棒”始终拿在手中，虽然不一定举起来。

遗憾的是，直到毕业，他也没成为“韩松”式的学生。不过，令我聊以自慰的，他没有对学语文产生厌恶情绪。还有，升中学考试，他的语文出人意料地考了 88 分！那年，全市的语文平均分八十五点几。

88 分，对他来说，沉甸甸的。

对于我，88 分发出了这样一种信息：不要对“胡萝卜”失去信心，即使对小建军这样的学生，也是有作用的。

爱屋及乌

——我是怎样激发学生学习兴趣的（二）

一

有人在北京一所中学做了这么一项调查：你喜欢什么学科，为什么？你不喜欢什么学科，为什么？

学生们在“为什么喜欢”这一栏里，34.4%的人回答是“因为老师教得好”；在回答“为什么不喜欢”这一栏里，23.3%的人回答说，是“因为老师教得不好”。

这是已经谙于世事的中学生的回答。小学生是怎么回答这一问题的？

1980年校长到我班（那时我教的是三年级），问了同样的问题，结果是：90%的人说喜欢语文，在回答喜欢的原因时，众口一词：“于老师教得好。”还有相当一部分人加了一句“于老师和蔼可亲”。

这个结果也许是理论家们意料不到的，甚至不愿接受的。怎么？教得好，学生就喜欢你教的学科？道理何在？其实道理既简单又明了：爱屋及乌。你教得好，学生就信赖你，喜欢你；喜欢你，就喜欢你教的学科，对你教的学科感兴趣。如此而已。

用心一想，大学生又何尝不是如此？成年人又何尝不是如此？

这个调查结果使我更自觉地朝“教得好”的目标努力。

二

要上好第一节课。倘若接的是新班，我更是精心设计。新官上任都要烧“三把火”，何况当老师。每接一个新班，我都对自己提出了这样的要求：第一炮要打响，要抓住每个学生的心。

“同学们，今天，我给你们介绍一位新朋友。他是谁呢？请看——”

我用彩色粉笔勾勒出下面一幅图：

“他叫四毛，是三毛的弟弟。”

学生哈哈大笑。

“请比较一下，四毛和三毛有什么不同？”

发言的人很多，而且热烈。因为每个学生对张乐平笔下的三毛都了如指掌。

比较完了，我说：“四毛在班里学习成绩数一数二，可是有个毛病——有时候马虎；还有，好耍小聪明。有一天，发生了这么一件事——”

我擦掉第一幅图，改为：

学生们饶有兴趣地看着，会心地笑了。

“发生了一件什么事？谁说一说？”

发言争先恐后。这个并不难。不但说得好，而且根据表情，大家一致认为四毛是把卷子倒过来给家长看的。

好了。接着，我引导学生推前想后——四毛为什么只考了 66 分？是谁让他把卷子拿给家长看的？到了家，情况又会怎样？结果如何？并请他们把想象的情景表演出来。最后把推想的前因和后果连缀起来，就成了一个有头有尾的故事。学生们自始至终处于兴奋的状态之中。津津有味地看，津津有味地说，津津有味地演，津津有味地写。

—— 这是学生升入四年级我上的第一节作文课。

又一个学期的第一节作文课开始了。我在黑板出示了下面一幅四毛练武图：

学生们熟悉的四毛又出现了，课堂上的气氛顿时活跃而轻松，人人争着说图意。

接着我又一一出示了下列两幅图：

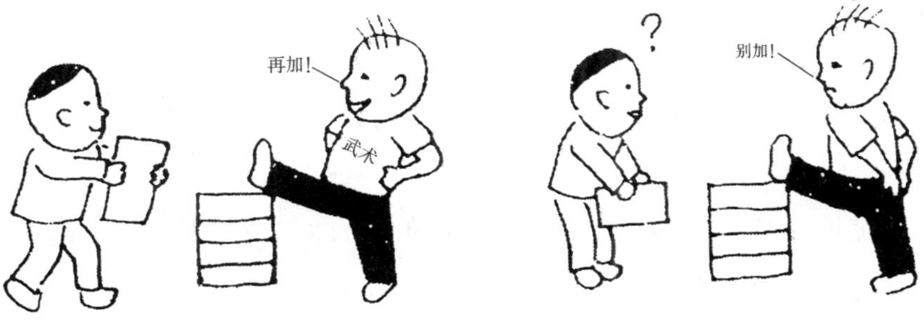

“可是，加到第四块砖头的时候，四毛捂着屁股喊了一声：‘别加了!’

你们猜猜，他为什么不让加了呢？”我说完，出示了第四幅图，但是四毛的后半身我用纸给盖起来了。

学生们七嘴八舌地猜，可没一个猜对的。

嚷嚷了一阵子之后，我把纸一揭——

原来四毛的裤子炸开了缝，露出了白屁股！学生们又一次捧腹大笑。

“写吧，”我说，“题目就叫《四毛趣事》，副标题是‘练武’。”

暑假过去了，学生们升入了五年级。

“同学们，和大家一样，四毛也过了一个很有意义的暑假。除了读了不少书，还经常到野外采集动植物标本，收获不小。”第一节作文课上，我煞有介事地说。

讲完，依次出示了五幅图。第一幅：四毛扛着逮昆虫的网兜对妈妈说，他要到山上采集标本。第二幅：四毛在山上的大石头旁发现了一个大蛋，脑海里出现了个大问号。第三幅：他抱着蛋，喜滋滋地往回走。第四幅：一块石头将他绊倒，大蛋滚出老远。第五幅：四毛走到蛋跟前，“妈呀”一声，抱头鼠窜——事先我把蛋遮盖起来，问学生：“四毛为什么大惊失色，跑开了？”

有的说，被下蛋的大鸟发现了，来啄他；有的说，蛋的主人来了，要抓他……

我把纸一揭，呀！原来，一条蟒蛇的头从破了的蛋壳里伸了出来！嘴里还吐着长长的信子！

几个女学生尖叫起来，男学生则拍手大笑。

于是学生们兴趣盎然地以《幸亏摔了一跤》为题，写了一篇作文。

一节新颖有趣的课，会使学生们兴奋好一阵子，有的一二十年后还念念不忘。

第一节课至关重要，要精心设计。当然我们不可能节节课上得漂亮。然而，我也绝不能就此偃旗息鼓。我常常提醒自己："该动动脑筋了。"你想，就是一段相声，如果只有一个包袱，也会令观众扫兴的，何况教学？

新颖有趣，学生才会产生学习的兴趣。

三

开头很重要，包括每节课的开头。

有一首诗叫《金色的细雨》，讲的是飞机播种，绿化荒山的事。

1998 年秋，我到上海市闸北区第一中心小学上了这一课。一开头，我在黑板上写了个"雨"字，请同学们组词。于是出现了"大雨"、"暴雨"、"狂风暴雨"、"毛毛雨"、"细雨"……我把"细"写在了"雨"字前面，组成了"细雨"。然后，又在前面加上了"金色的"三个字，组成了"金色的细雨"。我说："同学们，我们见过滂沱大雨，毛毛细雨，可没听说过更没见过'金色的细雨'。细雨怎么会是金色的呢？请打开书，读读《金色的细雨》这一课。谁读懂了，告诉我。"

学生们迅速翻开书，带着好奇和探究一头扎进书本里。

还有一篇课文叫《新型玻璃》。我设计了这样的开头：

"同学们，在一个伸手不见五指的夜里，一个黑影闪进一座陈列着珍贵字画的展览馆里。他猫着腰来到窗户下，摸出玻璃刀，朝窗户的玻璃上划去。可是，玻璃刀刚划上去，展览馆里立刻响起急促的报警声！保安人员迅速从四面八方赶来，这个企图划破玻璃盗窃展品的罪犯束手就擒。哎！玻璃会报警吗？是的。这是一种新型玻璃。"说到这里，我随手将"新型玻璃"四个字板书在黑板上。"请大家打开书，看看《新型玻璃》这一课共向我们介绍了几种新型玻璃；它们新在什么地方，有什么用途。"

这种开头方法为学生留下了一个悬念，大大激发了学生读书的兴趣。

四

《高大的背影》写的是一位三轮车工人深夜送素不相识的母子二人到医院看病的事。到了医院，小孩的母亲和三轮车工人有这样一段对话：

“同志，这个……您拿着，喝杯酒御御寒气吧！”

“嗨，大娘……快，快，看病要紧！我在这儿等您，等孩子看完病再拉你们回家！”

我问“这个”后面的省略号省略了什么。

一个学生回答说，省略了“酒”字，是老大娘拿出酒让三轮车工人喝的。

“大娘出门前，料定路上有人送她，于是在腰里别上了一瓶酒？”我问。

学生们笑了，摇摇头。

多数学生认为省略了个“钱”字。

“但是，为什么要省略掉，不把钱字说出口？”

经过一番深思，一位学生说：“三轮车工人乐于助人的品德是金钱买不来的，也不能用金钱来衡量，所以大娘没好意思把‘钱’说出口，但是，不表示一下又过意不去，所以说话就吞吞吐吐了。”

语惊四座！听课的老师无不发出由衷的赞叹。

我说：“同学们，一个小小的省略号就有这么多学问！在这里，它既表示内容（钱）的省略，又表示说话吞吞吐吐，多耐人寻味！同学们，学语文多有意思啊！——谁来读读？”

由于领悟了其中的意思，学生们读得有滋有味。

下课后，一位老师说：“看来，只有老师读出味来，才能引导学生读出味来！什么这法儿那法儿的，吃不透教材就没法儿！”

我同意这个观点。“教得好”的基础，或者说前提，是教材把握得好，作者的思想感情体会得好。这种“好”，好在它有丰厚的底蕴和内涵，好在它能激发孩子们的求知欲。

五

我喜欢朗读。

我读《卖火柴的小女孩》，能听到教室里的啜泣声，不仅我，还有学生，止不住流下凄怆的泪；我读《黄继光》，能使学生热血沸腾；我读《半夜鸡叫》，能让学生先是气得发抖，继而咯咯地笑……

好的朗读能震撼学生的心灵，愉悦学生的身心，激发学生的想象，培养学生的语感。

我是山东人，普通话讲得不好。但我肯钻研，能准确地把握课文，较好地领悟文章表达的思想感情。

有老师说："语文这东西很奇怪，有些地方一旦细考究起来，反而说不清了。"是这样。有些词句只可意会，不可言传。朗读不仅是意会的最好办法，也是表达意会所得的最好办法。声情并茂的朗读，如同赋予作品以生命。所以，备课时我先备"读"，不把文章读得有声有色，觉得"其言皆出吾口"、"其意皆发吾心"，我是不敢进课堂的。

学生们喜欢听我读课文。他们之所以喜欢上我的语文课，我想与我动情的朗读是分不开的。

声情并茂的朗读可以激发学生的读书兴趣。

六

语文课上，能写一手让学生惊叹的字，写一篇让学生钦佩的"下水文"，能画上几笔传神的简笔画，都可以博得学生的高度评价，都是获得"教得好"这一赞誉的要素，使小学生本来就明显的"向师性"愈加凸显，进而产生巨大的学习语文的兴趣。

"教得好"（或曰"讲得好"）是中小学生回答问题时的一种简洁的说法，是一种高度的概括。其实，"教得好"的内涵是极为丰富的。它是老师的教学思想、教学方法、文化功底，乃至品格、个性的集中体现。任何一节成功的课，都是以上诸方面的综合反映。

“教得好”当然也包括老师的教学机智，包括教学过程中的启发、点拨和激励。只是为了叙述的方便，我才把有关这方面的内容单分出来，放在上一篇（《让学生体验成功的愉悦》）里说了。

老师因教得好而获得学生的喜欢；学生因喜欢老师，进而喜欢他所教的学科，对他教的学科发生浓厚兴趣，道理就是这么简单，这么明白。这叫“爱屋及乌”。

所以，我经常这样对自己说：要努力教好。

为儿童打开通往周围世界的窗口

——我是怎样激发儿童的观察兴趣的

儿童本来是喜欢玩的，古人有云："童子之情，乐嬉戏。"可是，现在不少儿童竟不乐意玩，不愿意参加诸如参观、游览之类的活动。为什么呢？——怕回到学校写作文。

有些老师，在学生活动前，活动中，总是提出"认真观察，回校作文"一类的既不能激发儿童兴趣又不能使其掌握观察要领的话。这就难怪儿童要害怕了。应该知道，活动的意义远远不只是能够获得写作素材，而是要"在儿童面前打开通往周围世界的窗口"（苏霍姆林斯基语）。如何达到这个目的？是很可以研究的。

下面是我的几点做法，提出来供大家参考。

一、做"广告"

广告有极大的诱惑力。一天，我带学生到皇藏峪游览。去前，我对学生说："皇藏峪有山有水，有树有寺，真是个山明水秀、鸟语花香的好去处。单说那树，就多得不得了，奇得不得了。瑞云寺院里有棵'痒痒树'，你用手在树干上一抓，树叶就会颤动起来，你说神不神？"只两句话就把学生的心说得滴溜滴溜的，恨不得立刻飞到瑞云寺。

做"广告"，就是把活动的内容、参观的事物的精华，披露一点，加以渲染，以引起儿童参加的欲望、观察的兴趣。

二、谈趣闻

有一次，我准备带学生搞“急行军”的军事游戏，有些女生似乎不感兴趣。于是，我向她们讲了这样一件趣事：“去年秋天，我带学生搞‘急行军’。行军过程中有传口令、防空、越过雷区等活动。同学们行进在郊外的大道上。突然，‘连长’大喊一声：‘卧倒！敌机来了！’同学们迅速地就地趴下。谁知路旁的一位老大娘也扔掉篮子，慌忙卧倒了！大家直想笑，可又不敢笑。我站起来，扶起她，说：‘大娘，我们是搞演习的，没有敌机！’”说到这里，大家哈哈大笑。这次活动，大家玩得很开心，作文也写得很生动。

一年放寒假，我给学生拟了几个作文题。其中一个是《到××家作客》。有的学生撇嘴说：“作客有什么写头！”我便讲了我小时候写《到姑姑家作客》，曾经获得区里作文比赛一等奖的事，并介绍了我写的“表弟爬上桌子抓菜”的有趣情节。顿时，大家眉开眼笑。

三、讲传说

我们学校附近有一条普通的小巷，叫“回马巷”，此巷最近修整一新。我建议学生到那儿看看，并写下来。许多住在那里的学生脸上露出了不屑的神色。这时，我讲了一个关于“回马巷”来历的传说：这条巷子呈U形，明朝时，在巷中间建了“府牢院”，中段被挤占得只能过一个人。朱洪武皇帝巡视徐州，一天骑马从这小巷经过，因中段路窄，过不去，只好勒马折回，因而这条巷取名“回马巷”……

我这么一讲，这条小巷立刻引起了学生的注意，人人都去观察了一番。他们在写《回马巷》一文时，不少人在描述中插进了上面的传说，使文章增色不少。

至于名胜古迹、名川大山的传说就更多了。参观、游览前若讲给学生听一听，必将引起他们的兴趣。

四、吟古诗

每年春天，我都要带学生春游。每次去前，我便吟诵古人赞美春天的诗句，什么“沾衣欲湿杏花雨，吹面不寒杨柳风”啦，“绿杨烟外晓寒轻，红杏枝头春意闹”啦，等等。这些美丽的诗句，常常激得学生游兴大发，同时也为他们作文提供了引证的资料。

一年春天，我带学生游云龙山。走前，我教了苏轼描写云龙山麓景色的一首诗：

醉中走上黄茅冈，满冈乱石如群羊。
冈头醉倒石作床，仰观白云天茫茫。
……

这首诗（包括上面引用的诗句），不仅能激发儿童的游兴，而且能启发儿童观察联想，更好地展开自己的想象力。

五、做提示

由于儿童的注意力不够集中，不善于分配，对许多美的、有意思的东西视而不见，充耳不闻，在活动、观察中还需要老师提示、引导。

有一次，我们在郊外野餐。一位小组长腰扎围裙，手持铁勺，从滚开的锅里舀出一点菜汤，用嘴来回吹了几下，一仰脖子送进嘴里，嘴唇咂了又咂。看样子是尝尝咸淡是否合适，味道是否鲜美。那模样很逗人。我及时提醒旁边的人观察。尔后，我问：“谁能把这个细节说一说？他像什么？能打个比方吗？”

提示时，老师要“引而不发”。

做“广告”，谈趣闻，讲传说，吟古诗，作提示，除了可以引起学生活动、观察的兴趣，避免观察的盲目性，使目标集中外，还可以培养学生的注意力，使观察具有准确性、精密性。

后记

这是一本关于教育的文集。书中收录的文章，记录了我从教半个多世纪以来，对教育的实践与感悟。

我不只是教语文的。我是教育工作者，是老师。我是站在“教育”——即“育人”这个高度来思考我从事的工作的。

站在“教育”这个层面上，我看得就会远一点，想得就会深一点。

——我们要有什么样的学生观和人才观?

——未来需要什么样的人才?

——我们怎样做才能培养出这样的人才?

——小学教育应该为学生留下什么?

——小学语文教育应该为学生留下什么?

——我作为一个老师，应该具备什么样的素养?

……

这些，都是我经常思考的，而且是在实践去探索的。

“教师”时代应该成为过去，取而代之的，应该是“导师”时代。

但，我们应当把学生“导”向何处?还是追求高分吗?

高贵精神、自由思想、文明行为的缺失，学习兴趣的泯灭，是我最忧心的。

如果老师们读了我这本书，都思考“教育”二字，那我就没有浪费大家的时间，就不是鲁迅先生批评的“图财害命”的那种人了。

当然，我没有忘记弟子赵志祥。这本书里的多数文章是他帮我输进电脑的。

于永正

2013年10月10日于徐州南湖花园

出 版 人　所广一
项目统筹　代周阳
责任编辑　代周阳　　杨建伟
装帧设计　许　扬
责任校对　贾静芳
责任印制　叶小峰

图书在版编目（CIP）数据

给初为人师的女儿20条贴心建议 / 于永正著. —北京：教育科学出版社，2014.6（2024.5 重印）
（于永正教育文集）
ISBN 978－7－5041－8287－6

Ⅰ.①给…　Ⅱ.①于…　Ⅲ.①中小学教育—文集
Ⅳ.①G63-53

中国版本图书馆CIP数据核字（2014）第 009125 号

于永正教育文集
给初为人师的女儿20条贴心建议
GEI CHU WEI RENSHI DE NÜ'ER 20 TIAO TIEXIN JIANYI

出版发行	教育科学出版社		
社　　址	北京·朝阳区安慧北里安园甲 9 号	邮　　编	100101
总编室电话	010－64981290	编辑部电话	010－64981151
出版部电话	010－64989487	市场部电话	010－64989009
传　　真	010－64891796	网　　址	http://www.esph.com.cn

经　　销	各地新华书店		
印　　刷	运河（唐山）印务有限公司		
开　　本	720 毫米 × 1020 毫米　1/16	版　　次	2014 年 2 月第 1 版
印　　张	18.25	印　　次	2024 年 5 月第 17 次印刷
字　　数	260 千	定　　价	58.00 元

图书出现印装质量问题，本社负责调换。